权威·前沿·原创

皮书系列为
"十二五""十三五""十四五"时期国家重点出版物出版专项规划项目

BLUE BOOK

智库成果出版与传播平台

河南蓝皮书

BLUE BOOK OF HENAN

河南人才发展报告（2023）

ANNUAL REPORT ON HENAN'S TALENT DEVELOPMENT (2023)

建设全国重要人才中心

主　编／苏长青　王承哲　刘新勇

社会科学文献出版社
SOCIAL SCIENCES ACADEMIC PRESS (CHINA)

图书在版编目（CIP）数据

河南人才发展报告.2023：建设全国重要人才中心／苏长青，王承哲，刘新勇主编.--北京：社会科学文献出版社，2023.4
（河南蓝皮书）
ISBN 978-7-5228-1624-1

Ⅰ.①河… Ⅱ.①苏… ②王… ③刘… Ⅲ.①人才-发展战略-研究报告-河南-2023 Ⅳ.①C964.2

中国国家版本馆CIP数据核字（2023）第053368号

河南蓝皮书
河南人才发展报告（2023）
——建设全国重要人才中心

主　　编／苏长青　王承哲　刘新勇

出 版 人／王利民
组稿编辑／任文武
责任编辑／刘如东
责任印制／王京美

出　　版／社会科学文献出版社·城市和绿色发展分社（010）59367143
　　　　　地址：北京市北三环中路甲29号院华龙大厦　邮编：100029
　　　　　网址：www.ssap.com.cn

发　　行／社会科学文献出版社（010）59367028
印　　装／天津千鹤文化传播有限公司

规　　格／开　本：787mm×1092mm　1/16
　　　　　印　张：23　字　数：343千字
版　　次／2023年4月第1版　2023年4月第1次印刷
书　　号／ISBN 978-7-5228-1624-1
定　　价／98.00元

读者服务电话：4008918866

版权所有 翻印必究

《河南人才发展报告（2023）》
编委会

主 任　苏长青　王承哲　刘新勇

委 员　（以姓氏笔画为序）

王长林　王利军　王建国　王承哲　王玲杰
艾晓光　司林胜　刘朝阳　刘新勇　闫万鹏
苏长青　李同新　杨东风　张东红　陈东辉
赵　磊　赵西三　郝国庆　郜永军　高志刚
崔　岚　程宝龙　解　煜

主编简介

苏长青 中共河南省委组织部常务副部长。曾在河南省委办公厅、河南省委政策研究室、商丘市委、河南省委宣传部任职，长期从事组织人事工作。

王承哲 河南省社会科学院院长、二级研究员。第十四届全国人大代表，中宣部文化名家暨"四个一批"人才，中央马克思主义理论研究和建设工程重大项目首席专家，中国社会科学院大学博士生导师。

刘新勇 河南投资集团党委书记、董事长，经济学博士，高级经济师。政协第十四届全国委员会委员，省政府专家咨询委员会专家委员。

摘　要

本书由中共河南省委组织部、河南省社会科学院和河南省人才集团共同编撰，主题为"建设全国重要人才中心"，旨在新时代背景下以新发展、新要求、新改革为基调，总结展示新时代河南人才工作和人才发展的总体情况，围绕实施创新驱动、科教兴省、人才强省战略，对加快建设国家创新高地和全国重要人才中心面临的机遇挑战和重点任务进行深入研究分析。本书分为总报告、分报告、专题报告、区域报告和附录五个部分，注重研究的前瞻性、原创性、实用性和可操作性，力求把党中央以及河南省委省政府确定的新时代人才工作指导思想、战略目标、重点任务、政策措施转化为发展思路、对策建议，为各级党委、政府决策提供参考，为社会各界提供有价值的信息资讯。

总报告主要对非凡十年河南人才建设取得的历史性成就、面临的形势与机遇，以及未来展望与建议进行系统阐述。报告认为，近年来河南认真贯彻落实党中央和省委省政府关于人才工作的各项决策部署，坚定不移实施人才强省战略，人才政策体系不断完善，人才服务保障不断加强，人才基础不断牢固，人才发展雁阵格局正加速呈现。当前正处于建设国家创新高地和全国重要人才中心的战略叠加机遇期，全省应紧扣时代脉搏、坚持人才引领发展的战略地位，努力打造人才汇聚新高地、人才创新优选地、人才活力迸发地。

分报告围绕全省科技创新人才等重点领域人才队伍建设的现状、问题进行剖析，从不同角度展示各部门在推进人才工作中的实践探索、工作成果和

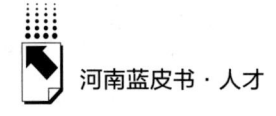

思路措施，进而分别就未来如何加快推动各领域人才队伍建设进行分析与展望。

专题报告聚焦营造一流人才发展生态、加快引育青年人才发展、深化人才体制机制改革、"人人持证、技能河南"建设、弘扬优秀企业家精神等热点难点，立足实际、前瞻发展，提出有针对性的对策建议。

区域报告重点介绍了郑州、洛阳、南阳三地在人才发展方面的区域实践探索，并针对郑州都市圈人才协同发展进行了深入研究探讨，同时对比总结国内外先进地区人才发展经验，以期对加快推动河南区域人才发展有所借鉴。

附录系统整理了党的十八大以来河南人才发展的重要事件和政策文件，供读者全面了解这一时期河南人才发展的总体脉络。

关键词： 人才发展　国家创新高地　全国重要人才中心　河南省

目 录

Ⅰ 总报告

B.1 加快建设全国重要人才中心
　　——河南人才发展态势分析与展望
　　………………………………… 河南人才蓝皮书课题组 / 001

Ⅱ 分报告

B.2 河南省科技创新人才建设分析与展望………… 邢宇辉　解　煜 / 034

B.3 河南省专业技术人才队伍建设分析与展望
　　………………… 张　成　潘　勇　杨风雷　艾晓光 / 049

B.4 河南省高技能人才队伍建设分析与展望
　　………………… 梅乐堂　田　华　吴德强　李文乐 / 063

B.5 河南省先进制造业人才队伍建设分析与展望
　　………………………………………… 方润生　张小霞 / 074

B.6 河南省数字经济人才建设现状与展望
.... 王长林 孙 克 司林胜 / 087

B.7 河南省乡村振兴人才队伍建设与展望
.... 张道明 / 103

B.8 河南省现代服务业人才发展现状与对策研究
.... 方雪琴 张 珊 / 117

B.9 河南省经营管理人才队伍建设分析与展望
.... 张东红 程宝龙 邓 静 / 129

B.10 河南省卫生健康人才队伍建设现状与展望
.... 孙兆刚 曾 鑫 褚 滔 / 142

B.11 河南省教育领域人才队伍分析与展望
.... 王喜刚 张守恒 申学武 / 156

Ⅲ 专题报告

B.12 河南省营造一流人才发展生态研究
.... 河南省社会科学院创新发展研究所课题组 / 171

B.13 加快引育青年人才推动人才强省建设研究 .... 郝莹莹 / 186

B.14 深化人才体制机制改革推进全国重要人才中心建设研究
.... 唐晓旺 / 198

B.15 "人人持证、技能河南"建设成效与对策研究
.... 韩晓明 张晓欣 陈向英 / 208

B.16 人才发展水平监测与评价指标体系研究 .... 刘倩倩 / 223

B.17 弘扬优秀企业家精神打造企业家队伍研究
.... 河南省社会科学院数字经济与工业经济研究所课题组 / 238

Ⅳ 区域报告

- **B.18** 郑州市人才发展报告 ………………………… 张　侃 / 250
- **B.19** 洛阳市人才发展报告 ………………………… 潘艳艳 / 264
- **B.20** 南阳市人才发展报告 ………………………… 李钰靖 / 275
- **B.21** 郑州都市圈人才协同发展研究 ………… 王建国　赵　执 / 287
- **B.22** 国内外先进地区人才发展比较与借鉴研究 ………… 闫　慧 / 298

附录 非凡十年河南人才发展大事记 ………………………… / 310

Abstract ……………………………………………………… / 327
Contents ……………………………………………………… / 330

总报告

General Report

B.1
加快建设全国重要人才中心
——河南人才发展态势分析与展望

河南人才蓝皮书课题组*

摘　要： "十三五"规划实施以来，河南始终坚持人才引领发展的战略地位，深入实施创新驱动、科教兴省、人才强省战略，推动新时代河南人才工作取得重大成就、发生重大变革。全省人才工作在整体布局、队伍建设、体制机制改革、生态优化等方面积累了丰富和宝贵的发展经验。迈入"十四五"时期，在加快建设国家创新高地和全国重要人才中心的历史进程中，河南面临重大时代机遇和有利实践条件，要加强党对人才工作的全面领导，坚持人才是第一资源的发展理念，全方位培养、引进、用好人才，高水平建设吸引和集聚人才的平台，营造一流的人才发展

---

* 牵头负责：陈东辉。执笔人：陈东辉，河南省社会科学院人口与社会发展研究所所长、研究员，主要研究方向为政治社会学；李三辉，河南省社会科学院人口与社会发展研究所助理研究员，主要研究方向为社会治理；李钰靖，河南省社会科学院人口与社会发展研究所七级职员，主要研究方向为教育社会学。

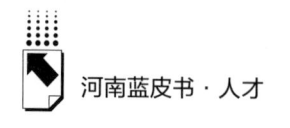

生态，真正把"第一资源"转化为经济社会高质量发展的"第一动力"。

关键词： 人才工作　全国重要人才中心　河南省

加快建设全国重要人才中心，是基于对人才发展基本规律的深刻认识和科学把握，是新时代河南人才强省战略的重要目标，推动全省经济社会高质量发展，让中原在实现中国梦的进程中更加出彩，归根结底要依靠人才。过去的五年，在省委坚强领导下，全省锚定"两个确保"、实施"十大战略"，坚持人才引领发展，与全国一道全面建成了小康社会，人才建设也取得了更为明显的实质性进展。在奋进中国式现代化新征程上，党的二十大报告鲜明提出，"教育、科技、人才是全面建设社会主义现代化国家的基础性、战略性支撑"，深刻揭示了教育培养人才、人才引领科技、科技反哺教育和人才的内在逻辑，为新时代全省人才工作高质量发展注入了强劲动力。如今，河南人才工作被赋予了全新的历史使命，在全省加快构建新发展格局以及全面推进现代化河南建设中发挥着极为重要的支撑作用，加快建设国家创新高地和全国重要人才中心已经成为新时代河南人才工作的新标杆和新方向。

一　新时代河南人才工作取得的历史性成就

"十三五"时期是全面建成小康社会决胜阶段，也是河南基本形成现代化建设大格局、让中原更加出彩的关键时期。在这期间，以提高发展质量和效益为中心，以供给侧结构性改革为主线的战略部署对全省人才工作提出了新的标准和更高要求，也给人才工作带来了更多严峻、复杂的考验。近年来，河南省委省政府始终坚持人才引领发展的战略地位，将人才工作作为推动全省经济社会高质量发展的重要抓手，推动新时代河南人才工作取得历史性成就，为"十四五"时期人才发展规划的成功布局奠定了坚实基础。

（一）人才资源规模持续扩大

一方面，人才存量充盈、人才增量扩大，全省人才资源实现稳步增长。截至 2021 年底，全省人才资源总量为 1201.23 万人，[①] 比上年增加 49.99 万人，同比增长 4.34%，较 2017 年增加 226.11 万人，年均增长率为 5.35%；全省就业人员 4840 万人，人才密度[②]达到 24.82%，比上年提高 1.25 个百分点，较 2017 年提高 5.43 个百分点，年均增长率为 6.37%（见图 1）。

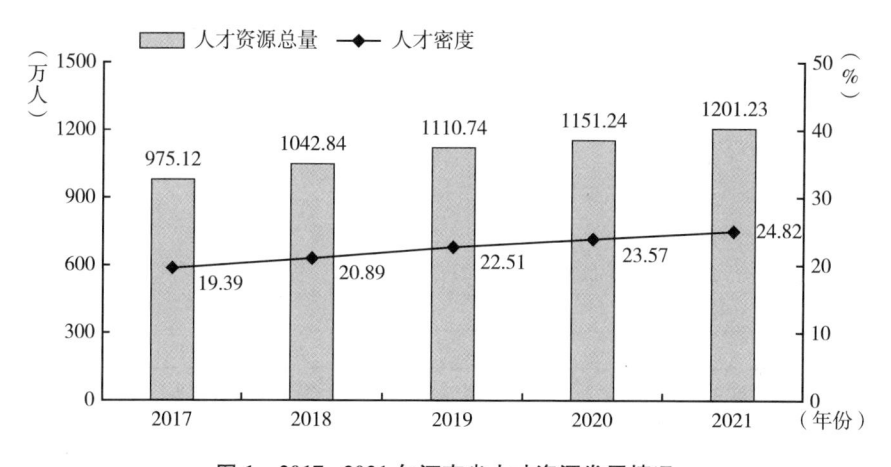

图 1　2017～2021 年河南省人才资源发展情况

资料来源：根据《2020 河南人才资源资料汇编》《2021 年河南人才统计报告》整理计算。

另一方面，以经营管理人才、专业技术人才、高技能人才和农村实用人才为重点的各类人才队伍快速发展、规模持续壮大。截至 2021 年底，全省经营管理人才 271.04 万人，专业技术人才（不含在管理岗工作）512.58 万人，高技能人才 251.27 万人，农村实用人才 129.93 万人，在全省人才资源

[①] 依据中共河南省委组织部、河南省统计局、河南省人力资源和社会保障厅编写的《2020 河南人才资源资料汇编》统计口径，人才资源总量＝党政人才＋经营管理人才＋专业技术人才－在管理岗位工作的专业技术人才＋高级技能人才＋农村实用人才。

[②] 依据穆胜在《人力资源效能》中提出的人才密度概念和测算方法，人才密度＝人才总量/就业人员总量。

总量中的占比分别为22.56%、42.67%、20.92%和10.82%。其中，高技能人才和经营管理人才增速较快，较2017年分别增加71.86万人和62.89万人，年均增长率分别为8.79%和6.82%；其次是专业技术人才（不含在管理岗工作）和农村实用人才，较2017年分别增加83.52万人和8.30万人，年均增长率分别为4.55%和1.66%（见表1）。

表1　2017~2021年河南省人才队伍发展情况

单位：万人，%

年份	经营管理人才	专业技术人才	其中:在管理岗工作	高技能人才	农村实用人才
2017	208.15	457.45	28.39	179.41	121.63
2018	238.21	480.10	25.32	189.15	125.53
2019	246.88	505.69	26.17	220.58	128.14
2020	257.11	533.19	32.33	226.59	129.34
2021	271.04	543.92	31.34	251.27	129.93
年均增速	6.82	4.55		8.79	1.66

资料来源：根据《2020河南人才资源资料汇编》《2021年河南人才统计报告》整理计算。

（二）人才资源结构不断优化

一是人才资源的年龄结构趋于年轻化。2021年，全省经营管理人才中45岁及以下217.38万人，占比80.20%，其中，35岁及以下87.55万人，占比32.30%；专业技术人才中45岁及以下434.59万人，占比79.90%，其中，35岁及以下209.41万人，占比38.50%。2020年，全省农村实用人才中45岁及以下76.58万人，占比58.59%，其中，35岁及以下18.56万人，占比14.20%。经营管理人才和专业技术人才的年轻化程度较高，45岁及以下人才占比整体在80%上下浮动；农村实用人才年轻化程度增速最快，2020年45岁及以下人才比重较2017年提高了1.56个百分点（见表2）。

表 2　2017~2021 年河南省人才资源年龄结构情况

单位：万人，%

年份	经营管理人才 总人数	45 岁及以下占比	其中：35 岁及以下占比	专业技术人才 总人数	45 岁及以下占比	其中：35 岁及以下占比	农村实用人才 总人数	45 岁及以下占比	其中：35 岁及以下占比
2017	208.15	80.49	32.75	457.45	81.08	39.18	121.63	57.03	14.03
2018	238.21	82.35	35.44	480.10	81.65	38.96	125.53	58.41	14.36
2019	246.88	80.73	33.11	505.69	81.10	38.94	128.14	58.35	14.37
2020	257.11	80.58	32.91	533.19	74.91	29.03	130.70	58.59	14.20
2021	271.04	80.20	32.30	543.92	79.90	38.50	129.93	—	—

资料来源：根据《2020 河南人才资源资料汇编》和河南省统计局提供的资料整理计算。

二是人才资源的性别比差距缩小。截至 2020 年底，全省经营管理人才中男性 174.01 万人、女性 83.10 万人，占比分别为 67.68% 和 32.32%，女性比重较 2017 年提高 3 个百分点，年均增长率为 3.31%；专业技术人才中男性 304.15 万人、女性 229.04 万人，占比分别为 57.04% 和 42.96%，女性比重较 2017 年提高 5.61 个百分点，年均增长率为 4.77%；农村实用人才中男性 95.63 万人、女性 35.07 万人，占比分别为 73.17% 和 26.83%，女性比重较 2017 年提高 2.74 个百分点，年均增长率为 3.66%。三类人才队伍中，女性占比均呈上升趋势，性别比差距逐渐缩小，其中，女性比重增速最快以及性别比差距最小的都是专业技术人才（见表 3）。

表 3　2017~2020 年河南省人才资源性别结构情况

单位：%

年份	经营管理人才 男性	女性	专业技术人才 男性	女性	农村实用人才 男性	女性
2017	70.68	29.32	62.65	37.35	75.91	24.09
2018	72.84	27.16	62.41	37.59	73.06	26.94
2019	67.51	32.49	58.45	41.55	73.18	26.82
2020	67.68	32.32	57.04	42.96	73.17	26.83
年均增速	-1.44	3.31	-3.08	4.77	-1.22	3.66

资料来源：根据《2020 河南人才资源资料汇编》整理计算。

三是人才资源的领域和区域分布持续优化。截至2021年底，全省非公有制领域人才共计744.50万人，占全省人才资源总量的61.98%。公有制领域人才持续优化，非公有制领域人才保持较高比重，这与"十三五"期间河南深化国资国企改革、促进民营经济高质量发展的经济体制改革方向基本一致。其中，非公有制领域人才排名前三的城市分别是郑州市（165.69万人）、南阳市（60.67万人）、洛阳市（52.22万人），在全省非公有制人才中的占比分别为22.26%、8.15%和7.01%（见图2）。非公有制领域人才在全省排名前三的城市，其同期GDP排名也居全省前三位；排名前十的城市中，有九成同期GDP排名居全省前十位，人才分布与区域经济发展水平总体相符。

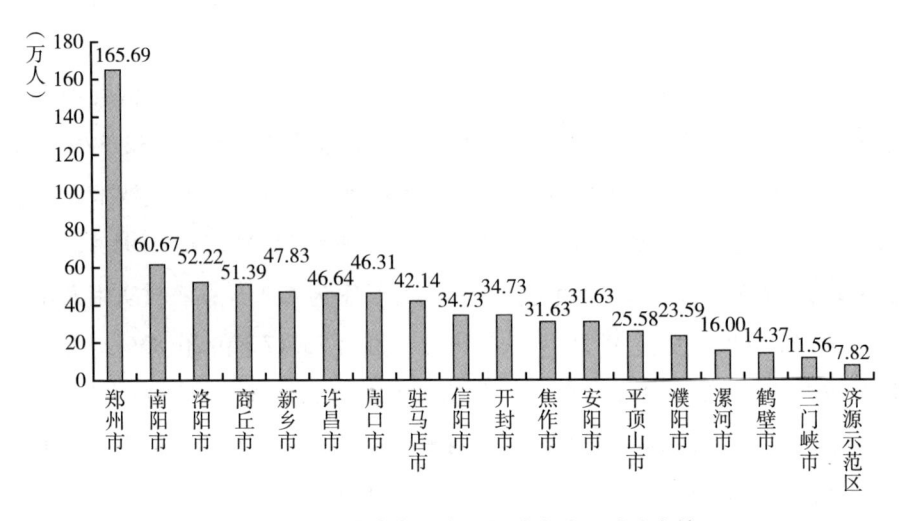

图2 2021年河南省非公有制领域人才区域分布情况

资料来源：根据河南省统计局提供的数据整理。

四是人才资源的行业分布更加合理。截至2021年底，全省三次产业从业人员结构为24.21∶29.88∶45.91。与2017年的36.90∶31.10∶32.00相比，第一产业从业人员比重降低12.69个百分点，第二产业从业人员比重降低1.22个百分点，第三产业从业人员比重提高13.91个百分点（见表4）。三次产业从业人员结构整体呈现第一产业降、第二产业平、第三产业升的发展趋势，与全省三次产业结构优化和调整方向基本一致。

表4 2017~2021年河南省三次产业从业人员占比情况

单位：%

产业分类	2021年	2020年	2019年	2018年	2017年
第一产业	24.21	25.04	34.70	35.40	36.90
第二产业	29.88	29.55	29.20	30.60	31.10
第三产业	45.91	45.41	36.00	34.00	32.00

资料来源：河南省统计局提供数据。

（三）人才资源质量全面提高

首先，人才资源的受教育程度整体提高。2021年，全省15岁及以上常住人口的平均受教育年限为9.89年，新增劳动人口受教育年限为13.93年，同比分别增长1.02%和0.72%，较2017年分别增加1.15年和0.83年，年均增长率分别为3.14%和1.55%；全省主要劳动年龄人口接受高等教育的比例为21.41%，较2017年增加10.51个百分点，年均增长率为18.39%。2020年，全省经营管理人才具有大学专科及以上学历的179.51万人，占比69.82%；专业技术人才具有大学专科及以上学历的333.67万人，占比62.58%；农村实用人才具有大学专科及以上学历的11.48万人，占比8.79%（见图3）。经营管理人才和专业技术人才接受高等教育的比重较高，农村实用人才接受高等教育的比重保持增长态势。

其次，人才资源的技能水平稳步提升。2021年，全省技能人才总量达到1300万人，[①] 比上年增加400万人，同比增长44.44%，占全省就业人员总量的26.86%，如期实现《河南省职业技能提升行动方案（2019~2021年）》设定的目标（25%）。2020年，全省共有47.02万人报名参加专业技术人员资格考试，22.70万人取得资格证书，通过率为48.28%，比2018年提高11.60个百分点，通过率年均增长14.72%。其中，通过高级职称评审的有4.65万人，占比20.48%，比2018年提高6.54个百分点，通过率年均增长21.21%；通过中级职称评审的有6.9万人，占比30.40%，比2018年提

[①] 《全省新增返乡创业137万人 带动900多万人就业》，《河南日报》（农村版）2022年10月12日。

河南蓝皮书·人才

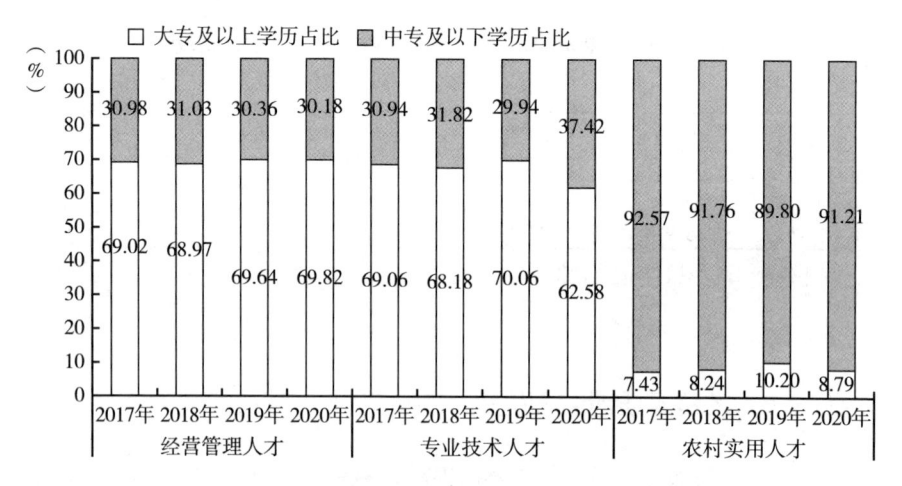

图3 2017~2020年河南省人才资源受教育情况

资料来源：根据《2020河南人才资源资料汇编》整理计算。

高8.09个百分点，通过率年均增长16.73%（见图4）。2020年，全省共有75.33万人参加职业技能鉴定，68.35万人取得职业资格证书，通过率为90.73%，比上年提高2.77个百分点，同比增长3.15%；其中，18.35万人取得高级工、技师、高级技师职业资格，占比达到26.85%。整体而言，中高级专业技术人员比重增速显著，初级专业技术人员比重呈收缩趋势。

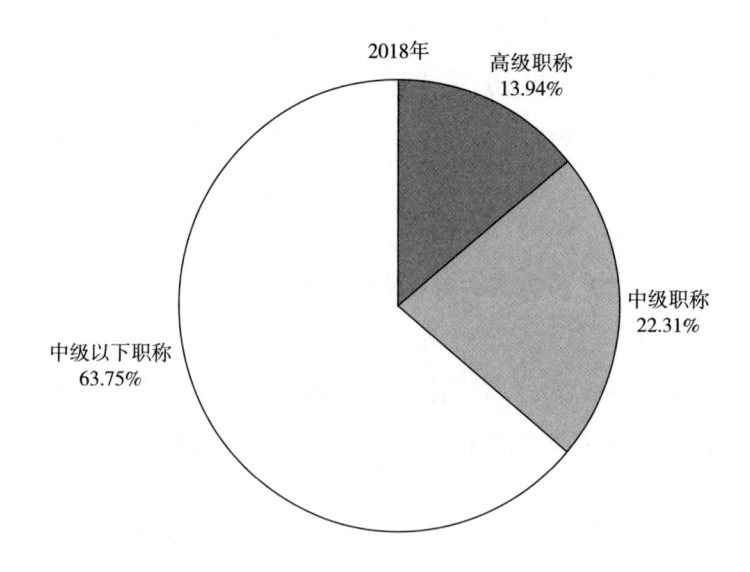

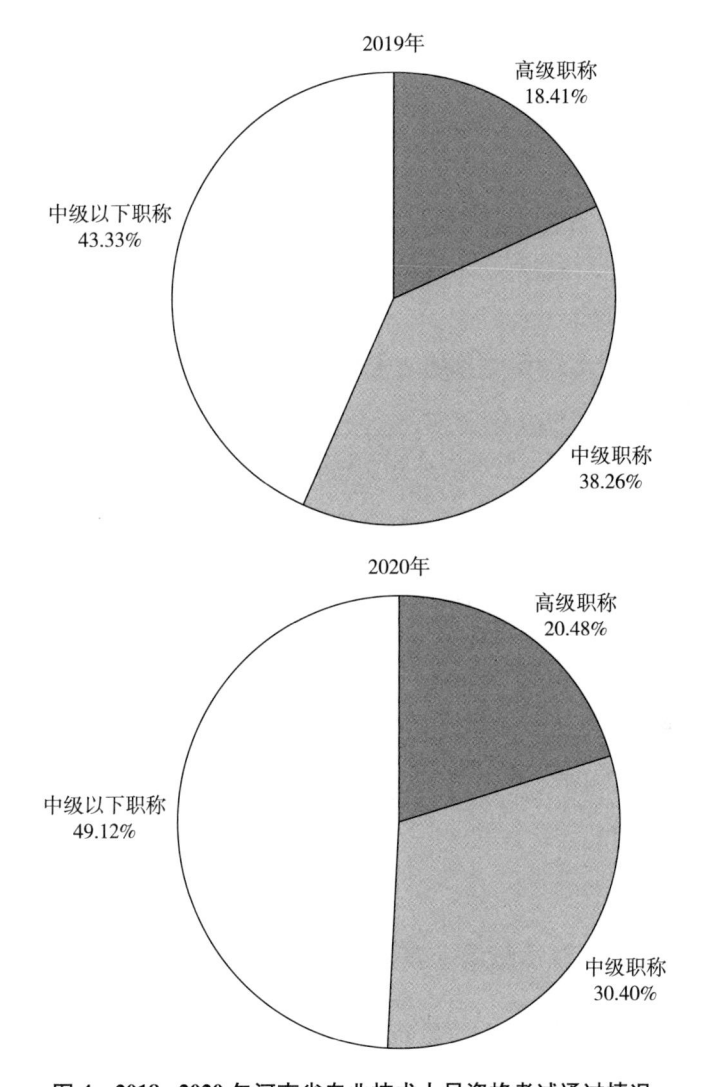

图4 2018~2020年河南省专业技术人员资格考试通过情况

资料来源：根据2018~2020年《河南省人力资源和社会保障事业发展统计公报》整理计算。

最后，高层次人才实现快速发展。截至2021年底，全省共有百千万人才工程国家级人选107人、国家突出贡献中青年专家136人、国务院特殊津贴专家2820人、省杰出专业技术人才89人、省政府特殊津贴专家600人、省学术技术带头人2230人、省职业教育教学专家518人、省特聘研究员43人。与2017年相比,省特聘研究员、省政府特殊津贴专家、省杰出专业技术人才发展速度较快,年均增速分别为34.86%、18.92%和10.82%;其次是省职业教育教学专家和省学术技术带头人,年均增速分别为9.07%和5.07%;其他类别人才年均增速大致在2%~5%(见表5)。同期,每万名就业人员中研发人员达到45.95人年,较2017年增加13.64人年,年均增长率为9.20%。①

表5 2017~2021年河南省高层次人才发展情况

单位:人,%

年份	百千万人才工程国家级人选	国家突出贡献中青年专家	国务院特殊津贴专家	省杰出专业技术人才	省政府特殊津贴专家	省学术技术带头人	省职业教育教学专家	省特聘研究员
2017	91	120	2605	59	300	1830	366	13
2018	91	120	2711	59	450	2030	366	13
2019	100	129	2711	59	450	2030	438	23
2020	107	136	2820	89	600	2230	438	23
2021	107	136	2820	89	600	2230	518	43
年均增长	4.13	3.18	2.00	10.82	18.92	5.07	9.07	34.86

资料来源:根据2017~2020年《河南省人力资源和社会保障事业发展统计公报》《2021年河南人才统计报告》整理计算。

(四)人才资源贡献稳步攀升

从经济发展情况看,全省经济整体保持稳步增长。2021年,全省人均地区生产总值为5.94万元,比上年增加0.40万元,同比增长7.22%,较2017年增加1.37万元,年均增长率为6.77%;全员劳动生产率为12.11万元/人,比上年增加0.91万元/人,同比增长8.13%,较2017年增长3.22万元,年均增长率为8.03%。2020年,全省人才对经济社会发展的贡献率为35.25%,较2017年增长1.37个百分点(见图5)。

---

① 《2020河南人才资源资料汇编》《2021年河南人才统计报告》。

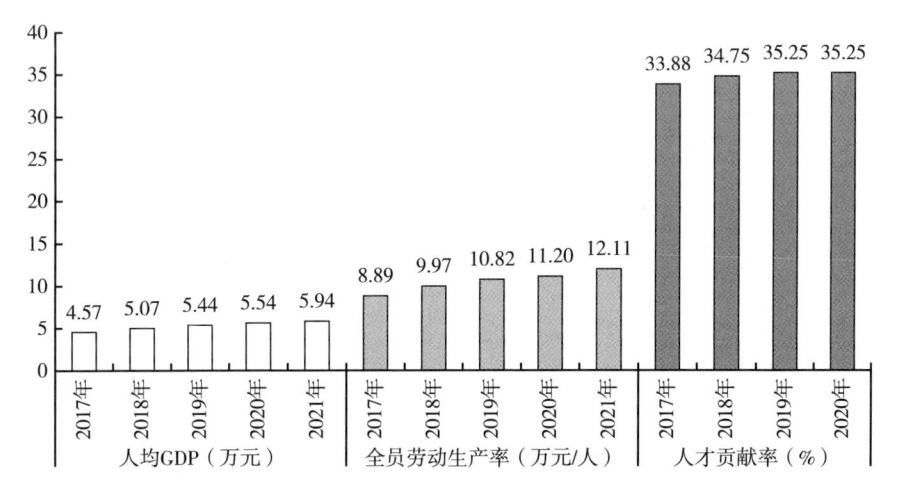

图5　2017~2021年河南省人才经济贡献变化情况

资料来源：根据《河南统计年鉴2021》《2020河南人才资源资料汇编》《2021年河南省国民经济和社会发展统计公报》《2021年河南人才统计报告》整理计算。

从产业发展情况看，一方面，主导产业对工业经济的支撑作用日益凸显。2015~2021年，全省主导产业年均增长8.6%，高于规模以上工业年均增速2.0个百分点，主导产业对工业增长的贡献率由2015年的59.9%提高到2021年的70.3%，驱动全省工业增长的主要行业力量发生积极变化。另一方面，高技术制造业和战略性新兴产业实现加速发展。2013~2021年，高技术制造业增加值年均增长17.0%，高于规模以上工业9.3个百分点，占规上工业的比重由2012年的5.6%提高到2021年的12.0%，对规上工业增长的贡献率由13.7%提高到36.2%。截至2021年末，全省工业领域战略性新兴产业增加值占规模以上工业比重达到24.0%，较2017年提高11.9个百分点；2017~2021年，全省工业领域战略性新兴产业增加值年均增长10.9%，高于规模以上工业5.0个百分点。[①]

从创新实力看，科技创新实力稳步提升。近年来，全省综合创新水平、

---

① 《十年发展铸就河南工业新格局——党的十八大以来河南工业发展成就》，河南省人民政府网，https://www.henan.gov.cn/2022/10-14/2623913.html。

创新环境以及产出成效在全国创新格局中的位势显著提升。目前，河南综合科技创新水平指数达到62.31%，同比提高4.73个百分点，在全国排名上升至第17位；科技创新环境指数为58.13%，同比提高6.97个百分点，在全国排名上升至第21位；科技活动产出指数和科技促进经济社会发展指数分别为51.20%和65.17%，同比分别提高4.49个和2.34个百分点，在全国排名均为第23位；高新技术产业化指数为68.09%，同比提高3.39个百分点，在全国排名上升至第13位。[1] 其中，前四项指标的增速均高于全国平均增速，高新技术产业化指数增速略低于全国平均增速0.32个百分点。

从研发能力看，科技项目研发效能显著增强。全省规模以上工业企业研发活动覆盖率从2019年的24%增长至2022年底的52%，增幅居全国首位。2021年，全省专利授权量达到158038件，较上年增加35229件，同比增长28.69%，较2017年增加102631件，年均增长率为29.96%；全省有效发明专利55749件，较上年增加12202件，同比增长28.02%，较2017年增加27134件，年均增长率为18.14%（见图6）。同期，全年技术合同成交金额608.89亿元，较上年增加224.39亿元，同比增长58.36%，是全国平均增速的1.82倍[2]，较2017年增加531.96亿元，年均增长率为67.73%。

二 加快建设全国重要人才中心的做法与经验

"十四五"时期是全面建设社会主义现代化河南的关键期，是推动全省高质量发展、加快由大到强的转型攻坚期。全省紧抓深度融入国家重大发展战略、重点领域改革不断深化、提质增效持续发力等多重叠加机遇，将打造中原崛起核心竞争力、塑造人力资源新优势、推进共同富裕、满足人民美好生活新期待作为出发点，对全省人才建设工作进行统筹谋划、高位推动。同

---

[1] 中国科学技术发展战略研究院：《中国区域科技创新评价报告2022》，科学技术文献出版社，2022，第8~9、16~25页。
[2] 《河南省科技概况》，河南省人民政府网，http://www.henan.gov.cn/2011/03-04/633887.html?ivk_sa=1024320u。

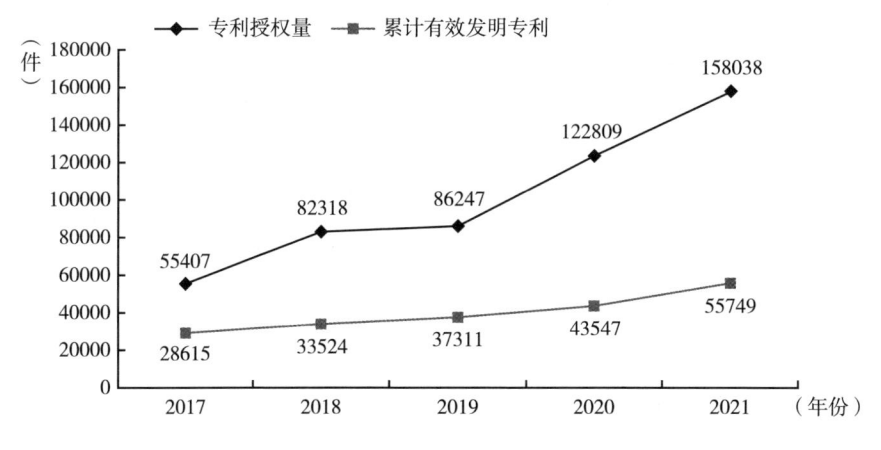

图 6　2017~2021 年河南省研发能力变化情况

资料来源：2017~2021 年《河南省国民经济和社会发展统计公报》。

时，全省坚持"民生为本、人才优先"的工作主线，努力推动国家创新高地、全国重要人才中心、全国技能人才高地以及幸福美好家园建设。

（一）坚持统筹谋划和高位推动人才工作布局

坚持统筹谋划和高位推动是高效推进人才建设的重要前提。立足全省经济社会发展现实需要，河南始终坚持人才引领发展战略地位，统筹人才建设工作总体部署，强化人才实施工作组织领导，精心为加快建设国家创新高地和全国重要人才中心谋篇布局。

一是坚持人才引领发展战略地位。结合全省加快创新驱动发展、构建现代化产业体系以及提升高等教育水平等现实需求，河南旗帜鲜明地把创新驱动、科教兴省、人才强省战略列为全省"十大战略"之首，坚持人才引领发展的战略地位，牢固树立科技是第一生产力、人才是第一资源、创新是第一动力的发展理念，大力推动全省人才建设。坚持人才投资优先保证，牢固树立"人才投入是效益最好的投入"的投资理念，优先保障并持续加大人才发展投入，不断提高人才投资效益。坚持人才制度优先创新，聚焦人才发展的突出矛盾和主要问题，以深化体制机制创新为根本动力，充分激发人才创造活力。坚持人才政策配套发展，围绕育才、引才、用才、留才谋划制定各项人才政策，注重政策的延续性、前瞻性和创新性。

二是统筹人才建设工作总体部署。坚持"四个面向"战略方向，突出高端引领和急需紧缺导向，制定出台以《关于加快建设全国重要人才中心的实施方案》为引领的"1+20"一揽子人才政策，对引才措施、推进机制、服务配套等各环节进行总体部署。构建以顶尖人才为引领、以领军人才为重点、以青年人才为支撑、以潜力人才为基础的人才发展雁阵格局，形成"头雁"领航、"强雁"护航、"雏雁"续航的发展态势。明确当前和今后一个时期加快建设全国重要人才中心的重点任务，依托省人才创新创业试验区先行先试政策优势，超常规建设"一流高校郑州研究院"；实施博士后招引培育"双提"行动，加大博士后等青年人才资助力度；创新方式提供住房保障，强化生活服务配套设施建设；探索设立产业发展和创新人才奖，探索实施以收入为参照的人才奖补政策。

三是强化人才实施工作组织领导。一方面，强抓领导体制和工作机制建设。坚持党管人才原则，在省委人才工作领导小组领导下，形成由省委组织部（省委人才办）牵头抓总、统筹协调，相关部门各司其职、密切配合，社会力量广泛参与的人才工作格局。理顺政府职能部门抓好工作、落实政策、提供服务职责，压实用人单位引才聚才主体责任，形成统分结合、上下联动的运行机制。另一方面，强抓目标责任考核和机制保障建设。坚持把人才工作摆在全局工作的突出位置，建立人才工作目标责任制，研究制定考核办法、细化考核指标，对各级党政领导班子和领导干部加大人才工作考核力度，严格落实党委（党组）书记人才工作第一责任人职责，对于抓人才工作不力、造成重大人才流失的，严格落实责任追究。

（二）协调推进各类人才队伍建设

人才队伍建设是人才工作的重点任务。河南在重点推进各类人才队伍建设的过程中，既锚定重点领域、重点产业、重点行业的发展需求，重点推进创新型科技人才和急需紧缺人才发展，又聚焦建设现代化河南的方方面面，协调推进各类人才队伍建设。

一是加快推进创新型科技人才发展。创新型科技人才是提升自主创新能力、提高研究发展水平的核心力量。河南积极采取"人才+项目+基地"的培养开发模式,坚持政策引导与项目资助相结合、基地建设与综合服务相结合、用好现有人才与储备未来人才相结合的基本原则,加紧实施创新型科技领军人才(团队)培育工程、青年科技人才培育行动和青年人才托举工程,加紧建设以领军人才和创新团队为主体的创新型科技人才队伍。目前,初步形成了一支由两院院士、中原学者、科技创新杰出人才和后备科技领军人才组成的科技领军人才队伍,带动形成一批由两院院士和其他科技领军人才带领的科技创新团队,建立起一批以重点学科、重点实验室、工程技术研究中心、院士工作站、国际联合实验室等为载体的科技创新人才培养基地。

二是大力推进重点领域急需紧缺人才发展。重点领域急需紧缺人才是推进产业结构升级、推动社会结构转型的关键力量。以产业发展和社会需求为导向,河南聚焦高端制造业、战略性新兴产业、未来产业、现代农业、现代服务业等经济重点领域以及文化教育、医疗卫生、防灾减灾等社会重点领域,加大对急需紧缺专门人才的开发力度。通过开展人才需求预测,有针对性地发布战略性新兴产业和重点产业急需紧缺人才需求目录,加大人才引进力度,引导专业人才向重点产业和重点领域集聚。加快推进新工科、新医科、新农科和新文科建设,调整优化高等学校学科专业设置,加大知识更新培训和技能培训力度。通过建立常态化评价机制、实施特殊人才特殊申报、实行代表性成果评价、激励博士后科研创新、优化职称确认程序等措施,畅通人才职称评聘"绿色通道"。

三是统筹推进各类人才队伍协调发展。各领域人才队伍是现代化河南建设的基础力量。通过实施专业技术人才知识更新工程,开展专业技术人才高级研修、数字技术工程师培育等能力提升培训项目,夯实高层次专业技术人才队伍的专业水平和创新能力。实施企业管理领军人才培养工程、企业家素质提升工程,拓展国际化人才培养渠道,提升经营管理人才队伍的现代化经营管理水平和市场竞争力。实施"人人持证、技能河南"行动和高技能人才振兴计划，开展高技能领军人才引进、"金蓝领"技能提升培训等引育项目，提升技能人才队伍的职业素质和职业技能。实施基层农技人员素质提升工程、科技特派员助力乡村振兴"十百千"工程，开展返乡创业人才能力提升行动、青年返乡"春雁"行动、农村青年致富带头人"领头雁"计划，提升乡村振兴人才队伍的科技素质和致富创业能力。

（三）持续深化人才发展体制机制改革

健全人才发展体制机制是做好人才工作的重要保障。河南将持续深化人才发展体制机制改革作为人才建设的核心，聚焦重点问题、突出精准施策，在人才管理体制、人才集聚机制、人才培养机制、人才激励机制等重要领域和关键环节设计上积累了宝贵经验。

第一，健全更加灵活高效的人才管理体制。一方面，持续深化人才管理部门"放管服效"改革，切实转变政府人才管理职能。按照政社分开、政事分开和管办分离的基本要求，着重强化政府在人才宏观管理、政策法规制定、公共服务、监督保障等方面的职能，消除对用人单位的不当干预，高效落实和保障国有企业、高校、科研院所等企事业单位的用人自主权。另一方面，健全市场化的人才管理服务体系，充分发挥市场在人才资源配置中的决定性作用。放宽人才服务业准入限制，积极培育社会组织和中介机构承接政府转移人才服务职能；充分激发市场活力，灵活推动政府与市场主体、与社会组织之间进行有序分工、良性互动。

第二，构建开放融通的人才集聚机制。围绕重点产业、重点学科、重点创新平台，持续加大"高精尖缺"人才引进力度。打造"老家河南"引才品牌，依托"中原英才计划"、省特聘教授、省特聘研究员等人才项目，精准引进海内外领军人才和创新团队。对引进的顶尖级人才和旗帜性人物，采取"一事一议"的方式为其量身创设科研平台或实验室等新型研发机构，优先提供编制岗位、生活津贴等服务保障。积极推动实施柔性引才引智，打破区域、空间和身份限制，将传统的"本地筑巢"转变为"异地筑巢"，将传统的"全职工作"拓展为"兼职咨询"。通过市场化运作方式，实现研发、生产两地化；融通技术咨询、项目合作、多点执业等多种用才形式；建立柔性引才评价激励办法，对柔性引进人才，视业绩和贡献兑现待遇。

第三，完善以需求为导向的人才培养机制。一方面，加快推进"双一流"高校建设。通过布局实验室、创新中心、科技园等一系列新基建项目和重大科技创新平台，推动郑州大学、河南大学"双一流"建设实现内涵式高质量发展，着力打造河南高等教育"双航母"；按照扶优扶强扶特的原则，遴选7所高校11个学科积极创建一流大学、一流学科，全力培育"双一流"建设后备军。另一方面，加快推进职教高地建设。在全国率先启动省级"双高工程"，立项建设了102所高水平职业院校和152个高水平专业群，其中6所高职院校成功入围国家高职"双高计划"；实施中等职业学校标准化建设工程，通过合并、合作、托管、改扩建、新建、校区土地置换、集团办学、混合所有制办学等多种方式，持续优化中等职业学校布局结构，推动全省中等职业教育提质扩容。

第四，强化促进创新的人才激励机制。积极推动省级财政科研经费管理改革，经费使用突出"放权"，在预算编制、经费拨付、资金支付、结余留用等管理使用上赋予科研单位、科研人员更大自主权；管理方式聚焦"服务"，通过实施经费拨付直通车试点、落实科研财务助理制度、优化"三嵌入一导入"绩效管理方式等举措，切实为科研人员减负。进一步扩大高校和科研院所科研自主权，积极优化科技项目管理、强化科研成果转化机制、完善工资绩效分配方式，建立体现创新质量、贡献、绩效的科研人员激励机制，以及建立以信任为前提的科研管理机制。制定人力资源市场条例，以立法形式提出畅通人力资源在机关、企业、事业单位、社会组织之间以及在城乡、区域、不同所有制之间的合理流动渠道；鼓励用人单位通过股权、期权、分红等激励方式激发人才创新创造活力。

（四）不断优化人才发展生态

优质的人才生态是吸引人才、用好人才、留住人才的根本保障。河南坚持以环境吸引人才、以事业集聚人才、以待遇留住人才，持续优化人才发展生态环境，将个人发展融入河南现代化建设的大局之中，推动人才与城市同频共振，实现城市与人才相互成就。

第一，营造尊重人才、求贤若渴的社会环境。大力推动引才入豫、引智兴豫，通过举办中国·河南招才引智创新发展大会、中国·河南开放创新暨跨国技术转移大会等活动，充分展现河南引才引智的决心以及求贤若渴的态度，以开放、包容、厚重的风土情怀吸引更多海内外高层次人才投身河南现代化建设。大力倡导科学家精神、企业家精神和工匠精神，借助媒体宣传，讲好杰出人才、优秀团队创新创业典型事迹，全面展现国家创新高地和全国重要人才中心建设进展和成效，在全社会营造识才、爱才、敬才、用才的良好氛围。

第二，营造鼓励创新、宽容失败的工作环境。积极与国家战略科技力量对接、与全省重点产业布局对接，依托重塑重构省实验室体系，为高层次人才创新创造提供高端平台。目前，已有嵩山、神农种业、黄河、龙门、中原关键金属、龙湖现代免疫和中原食品等7家省实验室挂牌运行。加快推进重建重振省科学院，启动自建数学研究所、化学研究所、先进材料研究所、医工融合研究所等6个研究机构[①]，全国首创以地方立法形式为省科学院发展提供法治保障，为科学研发勇闯"无人区"提供制度保障。

第三，营造公正平等、竞争择优的制度环境。建立新型科研机制，重点科研项目启用"揭榜挂帅""赛马制"，支持推行以首席科学家、首席工程师、项目负责人为核心的科技创新组织管理制度，综合运用公开竞争、定向择优、滚动支持等差异化的遴选方式，在技术路线、经费支配、资源调度等方面赋予领衔科学家更大的自主权限。加快构建公正平等、竞争择优制度规范，坚决破除"唯论文、唯职称、唯学历、唯奖项"现象，避免简单以学历层次、学术头衔、人才称号等因素确定薪酬待遇以及配置学术资源的倾向。

第四，营造待遇适当、保障有力的生活环境。出台《河南省高层次人

---

① 《华山一条路 蓝图正铺展》，《河南日报》2022年7月6日。

才认定和支持办法》等一系列人才支持政策，经认定的河南省高层次人才，能够享受奖励补贴、薪酬待遇、税收优惠等待遇支持，以及医疗社保、子女入学、配偶就业、出入境和居留便利等生活支持。打造"一站式"人才服务新模式，在省政务服务中心、河南政务服务网、"豫事办App"和一体机"四端"设立人才服务专区（专窗），开发河南省"一站式"人才服务平台，构建功能完善、资源集约、"线上+线下"相结合的服务体系，为各类入豫人才认定、落户、入编等事项办理提供全方位的服务，着力解除人才后顾之忧。

三　加快建设全国重要人才中心面临的形势与机遇

当前，我国正加速迈步在全面建设社会主义现代化国家新征程上，教育、科技、人才都是最为基础性、战略性的支撑要素。党中央、国务院一直高度重视人才发展工作，尤其是"十三五"以来，我国人才工作取得了历史性成就、发生了历史性变革。2021年9月，中央人才工作会议进一步提出了新时代实施人才强国战略的总体目标，即"加快建设世界重要人才中心和创新高地"[1]。党的二十大报告也强调，要"实施科教兴国战略，强化现代化建设人才支撑""深入实施人才强国战略"[2]，为推动新时代人才强国建设擘画了蓝图、指明了方向。从河南实际看，全省高度重视人才工作，省第十一次党代会把"实施创新驱动、科教兴省、人才强省战略"列为"十大战略"之首，致力于为实现"两个确保"提供强有力的人才支撑。[3] 综合

---

[1] 习近平：《深入实施新时代人才强国战略　加快建设世界重要人才中心和创新高地》，教育部网站，http://www.moe.gov.cn/jyb_xwfb/moe_176/202112/t20211216_587739.html。

[2] 习近平：《高举中国特色社会主义伟大旗帜　为全面建设社会主义现代化国家而团结奋斗——在中国共产党第二十次全国代表大会上的报告》，中国政府网，http://www.gov.cn/xinwen/2022-10/25/content_5721685.htm。

[3] 《中国共产党河南省第十一次代表大会隆重开幕　楼阳生代表中国共产党河南省第十届委员会作报告　王凯主持大会》，河南省人民政府网，https://www.henan.gov.cn/2021/11-02/2339399.html。

来看，当前和今后一个时期内，河南打造国家创新高地和全国重要人才中心处于十分重要的战略叠加机遇期，应当紧扣时代脉搏，坚持人才引领发展的战略地位，努力打造人才汇聚新高地、人才创新优选地、人才活力迸发地。

（一）战略机遇

1. 新时代人才强国战略部署

治国理政，人才为本。当今世界正在经历百年未有之大变局，科技革命与产业变革日新月异，国家综合国力竞争的背后越来越是人才尤其是高层次人才资源的竞争。着眼于实现中华民族伟大复兴、赢得国际竞争主动权，党的十八大以来，以习近平同志为核心的党中央高度重视人才工作，作出全方位培养、引进、使用人才的重大部署，推动了我国人才队伍快速壮大、人才效能持续增强、人才比较优势稳步增强，新时代人才工作取得了显著成就。党的十九届五中全会明确强调，要"深入实施科教兴国战略、人才强国战略、创新驱动发展战略，完善国家创新体系，加快建设科技强国"，着力强化国家战略科技力量、激发人才创新活力、完善科技创新体制机制，实行更加开放的人才政策，构筑集聚国内外优秀人才的科研创新高地，并提出到2035年进入创新型国家前列、建成人才强国的战略远景目标。2021年，习近平总书记在中央人才工作会议上发表了题为《深入实施新时代人才强国战略　加快建设世界重要人才中心和创新高地》的重要讲话，明确了新时代人才工作一系列重大理论和实践问题，对实施人才强国战略作出了顶层设计和战略谋划，为新时代人才工作谋篇布局提供了纲领性文献。中央人才工作会议提出要始终坚持和强化党对人才工作的全面领导、人才引领发展、全方位培养用好人才、深化人才发展体制机制改革、聚天下英才而用之、营造识才爱才敬才用才的环境等人才工作新理念新战略新举措。同时，明确了新时代人才工作的重要战略目标——建设世界重要人才中心和创新高地，并以2025年、2030年和2035年为节点，擘画出了分"三步走"的清晰路线图，致力于为2035年基本实现社会主义现代化提供人才支撑，为2050年全面建成社会主义现代化强国打好人才基础。①党的二十大报告再次明确指出，要"坚持科技是第一生产力、人才是第一资源、创新是第一动力，深入实施科教兴国战略、人才强国战略、创新驱动发展战略"，为全面建设社会主义现代化国家提供人才资源支撑。②

从国家整体层面，加快建设世界重要人才中心和创新高地，将成为我国人才事业发展的强大动力，是推动创新型国家和人才强国建设的重要渠道。在此国家战略的政策背景下，河南省建设全国重要人才中心也迎来了前所未有的有利条件与机遇，正如习近平总书记所指出的"一些高层次人才集中的中心城市也要着力建设吸引和集聚人才的平台"，河南需要牢牢抓住时代契机、乘势而上，坚持人才优先发展的工作布局，从省情实际出发积极抢占科技和人才竞争制高点，在引育创新人才团队上取得新突破，不断推进高水平人才中心和人才平台建设。

2.深入实施"创新驱动、科教兴省、人才强省"战略

创新是引领发展的第一动力，也处在新发展理念的首要位置，而人才又是第一资源。党的十八大以来，科技创新与人才工作越来越被摆在国家发展全局的核心位置，科教兴国战略、人才强国战略、创新驱动发展战略不断获得推进实施。为深入贯彻落实党中央决策部署，2021年10月，河南省第十一次党代会旗帜鲜明地把"创新驱动、科教兴省、人才强省战略"摆在"十大战略"之首，提出要着力建设一流创新平台，凝练一流创新课题，培育一流创新主体，集聚一流创新团队，创设一流创新制度，厚植一流创新文化，打造一流创新生态，从而打造国家创新高地和全国重要人才中心。2022年2月，河南省人民政府印发《河南省"十四五"科技创新和一流创新生态建设规划》，明确"十四五"时期基本形成一流创新生态，呈现国家创新

---

① 习近平：《深入实施新时代人才强国战略　加快建设世界重要人才中心和创新高地》，教育部网站，http://www.moe.gov.cn/jyb_xwfb/moe_176/202112/t20211216_587739.html。
② 习近平：《高举中国特色社会主义伟大旗帜　为全面建设社会主义现代化国家而团结奋斗——在中国共产党第二十次全国代表大会上的报告》，中国政府网，http://www.gov.cn/xinwen/2022-10/25/content_5721685.htm。

高地建设雏形，到2035年，创新能力进入全国前列，基本建成国家创新高地。[1] 2022年4月，河南省召开教育科技创新大会暨人才工作会议，全面部署创新驱动、科教兴省、人才强省战略，提出要对标一流来建设国家创新高地和重要人才中心，制定了"2023年初见成效—2025年呈现雏形—2035年基本实现"的路线图。同时，部署了"打造一流创新生态，加快建设国家创新高地""坚持人才引领发展，加快建设全国重要人才中心"的具体重点工作。[2] 事实上，为了推进实施好创新驱动、科教兴省、人才强省战略，河南出台了《河南省"十四五"人才发展人力资源开发和就业促进规划》《河南省创新驱动高质量发展条例》《关于加快构建一流创新生态建设国家创新高地的意见》《实施"创新驱动、科教兴省、人才强省"战略工作方案》《关于汇聚一流创新人才加快建设人才强省的若干举措》《关于加快建设全国重要人才中心的实施方案》等规划方案，这些都释放出了举全省之力推进创新驱动、科教兴省、人才强省战略的明确信号，进而为建设国家创新高地和全国重要人才中心提供相关政策保障和支撑措施。

（二）有利条件

1. 制度政策：新时代人才强省建设的顶层设计与措施谋划

近年来，河南省认真贯彻党中央关于人才工作的决策部署，大力实施人才强省战略，人才政策体系不断完善，人才服务保障不断加强。《河南省国民经济和社会发展第十四个五年规划和2035年远景目标纲要》提出，"十四五"时期要在创新型省份和人才强省建设上取得重大进展，到2035年实现创新型省份建设进入全国先进行列、建成人才强省，基本建成"四个强省、一个高地、一个家园"的社会主义现代化河南。同时，用一个章节详细规划了"加快建设人才强省"，要着力加强人才培养开发、更大力度引进

---

[1] 《河南省人民政府关于印发河南省"十四五"科技创新和一流创新生态建设规划的通知》，河南省人民政府网，http：//m.henan.gov.cn/2022/02-23/2403275.html。
[2] 《全省教育科技创新大会暨人才工作会议召开》，河南省科学技术厅网站，https：//kjt.henan.gov.cn/2022/04-29/2441957.html。

人才、激发人才创新活力，坚持尊重劳动、尊重知识、尊重人才、尊重创造，深化人才发展体制机制改革，全方位培养、引进、用好人才，努力打造人才汇聚新高地、人才创业优选地、人才活力迸发地。①《河南省"十四五"人才发展人力资源开发和就业促进规划》提出，"十四五"时期要深入实施"创新驱动、科教兴省、人才强省"战略，深入推进"人人持证、技能河南"建设，全方位培养、引进、用好人才，大规模开展职业技能培训，打造现代化河南人力资源新优势，为高质量建设现代化河南提供人才支撑。到2035年，基本建成国家创新高地、全国重要人才中心、全国技能人才高地、幸福美好家园。为此，将奋力打造科技创新人才、专业技术人才、产业人才、高技能人才、乡村振兴人才、社会事业人才、党政人才、宣传思想文化人才等八支人才队伍，持续深化人才发展体制机制改革以激发人才创新创造活力，打造人才创新产业平台以用好用活各类人才，强化人才服务保障以构筑良好的人才生态环境，推进"人人持证、技能河南"以提升劳动者技能素质。《河南省"十四五"科技创新和一流创新生态建设规划》和《关于加快构建一流创新生态建设国家创新高地的意见》都提出，"十四五"时期要实现一流创新生态基本形成、国家创新高地建设呈现雏形，到2035年实现创新能力进入全国前列，基本建成国家创新高地。致力于目标实现，需坚持人才引领发展的战略地位，着力培育学科领军人才、产业领军人才、青年人才，努力培养创新型人才队伍，不断集聚一流创新团队，加快构建人才高地和建设人才强省。《关于加快建设全国重要人才中心的实施方案》明确推出了实施"八大行动"以建设人才强省，并从引才措施、推进机制、服务配套等具体环节出台了一系列细化精准的政策保障，推动河南全省人才队伍规模扩大、结构优化、质量提升。到2025年，全省每年新增10名左右顶尖人才，200名左右领军人才，2000名以上青年人才，30万名以上潜力人才来豫、留豫创新创业；到2030年，人才生态持续优化，人才集聚效应凸显，

---

① 《河南省国民经济和社会发展第十四个五年规划和2035年远景目标纲要》，河南省人民政府网，https：//www.henan.gov.cn/2021/04-13/2124914.html。

人才效能有效发挥，打造具有河南特色的人才发展雁阵格局，有力支撑国家创新高地和全国重要人才中心建设。

2. 发展理念：以人才为中心的创新工作思路日益确立

人才是支撑发展的第一资源，做好人才工作是推动高质量发展、推进现代化河南建设的必然选择。近年来，河南立足新发展阶段、贯彻新发展理念，切实将创新摆在了全省发展的逻辑起点、现代化建设的核心位置，坚定走好创新驱动高质量发展这个"华山一条道"，锚定到2035年把河南建成国家创新高地和全国重要人才中心。本质上看，创新发展依靠创新性人才，创新驱动就是人才驱动。为了更好地明确发展思路、凝聚中心工作，河南省第十一次党代会将"创新驱动发展""科教兴省""人才强省"聚合成了一个整体，并把实施创新驱动、科教兴省、人才强省战略作为"十大战略"之首。这就进一步为全省经济社会发展坚定了"科技是第一生产力、人才是第一资源、创新是第一动力"的工作理念与导向，要牢固树立"大人才观"意识，以建设全国重要人才中心为重要抓手，聚天下英才来河南创新创业创造，为高质量建设现代化河南提供人才支撑。2021年，河南省高规格成立了省科技创新委员会，省委书记、省长任双组长，强化对"创新驱动、科教兴省、人才强省战略"实施的统筹领导，着力推进国家创新高地建设。同时，河南还升格了省委人才工作领导小组，由省委书记担任组长，进一步强化了全省人才工作的组织领导体制，凸显了人才引领发展的战略地位，使人才工作与全省经济社会发展大局紧密结合，有利于做好国家创新高地和全国重要人才中心建设的顶层设计和战略谋划。从工作实践上看，河南近年来围绕科技创新与人才发展不断深化体制机制改革，聚焦打造一流创新生态、汇聚一流创新人才出台了一系列招才引智的政策，如《河南省创新驱动高质量发展条例》《河南省科学院发展促进条例》等，出台了一系列"促进一流创新生态、建设国家创新高地和全国重要人才中心"的规划文件，发布了保障战略规划实施的系列工作意见与实施方案，完善了确保政策落实落地的一揽子配套措施。值得注意的是，河南近年来在涵养人才生态、落实人才政策、激发人才活力上也是持续发力，紧盯制约人才发展的突出问题,围绕全方位培养引进用好人才优化发展环境,采取"项目+平台+人才"模式等创新引才方式方法,推动实验室、产业研究院、中试基地等重大创新平台建设,持续创优人才政策支持体系。

3. 实践支撑:"八大行动"积极推进

近年来,河南省坚定不移实施创新驱动、科教兴省、人才强省战略,不断在构建一流创新生态、集聚一流创新团队上迈出新步伐,具有河南特色的人才发展雁阵格局正在加速呈现,建设国家创新高地、全国重要人才中心的人才基础不断加固。从实践上看,河南重点围绕顶尖人才突破行动、领军人才集聚行动、青年人才倍增行动、潜力人才筑基行动、创新平台赋能行动、人才创业扶持行动、人才生态优化行动、人才工作聚力行动等人才强省"八大行动",大力实施引育人才计划。

一是重点盯紧顶尖人才、领军人才、青年人才、潜力人才的引进,广聚天下英才。围绕河南重点创新平台、重点研究领域、重点产业发展,精准定位顶尖人才、领军人才的发展需求,灵活运用"一事一议"的个性化服务支持,实行"一人一专班""一人一方案"全程跟踪服务,依托重建重振省科学院,启动嵩山、神农种业、黄河实验室等新型研发机构,大力推行首席专家负责制,为精准引进的全球顶级人才、旗帜性人物量身打造重大创新平台以实现新突破。加强与清华大学、北京大学、中国科学院、中国工程院等知名高校和科研院所以及国外优秀大学、科研机构的交流合作,为省内引进高端领军人才和学科带头人,郑州大学、河南大学在2022年分别成功引进中科院院士担任校长,河南顶尖人才突破与集聚行动不断推进。构筑青年人才、潜力人才"蓄水池",深入实施"中原英才计划",2022年全职引进高层次人才3737人,其中院士等顶尖人才8人,国家杰青、长江学者等国家级、省级领军人才90人,海内外博士3639人。

二是创新平台赋能行动快速推进,新型研发机构等高水平创新平台建设持续突破。近年来,河南主动接轨国家战略科技力量建设、对标国家实验室体系建设,相继揭牌启动了嵩山、神农种业、黄河、龙门、中原关键金属、龙湖现代免疫、中原食品等省实验室,重构重塑省实验室体系获得了突破性进展。2021年，河南启动了建设国家创新高地、重要人才中心的"一号工程"——重建重振河南省科学院，10家省产业研究院和8家省中试基地加快建设，并通过了《河南省科学院发展促进条例》，开了为科研单位立法的国内先河。同时，将省科学院重建重振与中原科技城建设、国家技术转移郑州中心建设"三合一"融合推进，着力打造三位一体的创新高峰。持续强化支持郑州大学、河南大学"双一流"建设提质进位，2022年全面启动了各"双一流"创建高校的方案制定工作，遴选了7所高校11个学科开展"双一流"创建，全力打造"双一流"第二梯队，进而力争2~3所高校、若干学科进入国家第三轮"双一流"建设行列。此外，在支持政策上，鼓励创新平台加快科技成果转化，不断优化成果转化机制和利益分享机制；建立健全新型研发机构管理的体制机制，支持高校、科研院所与创新平台实施人才双聘机制，充分释放创新平台的潜力。

三是人才政策保障服务持续强化，人才发展环境不断优化。为了更好地用好用活人才、提升人才服务保障，河南推行了人才创业扶持行动、人才生态优化行动、人才工作聚力行动，着力做好人才引进相关的配套政策支持，如鼓励新型研发机构建立成果转化公司、打造线上线下"一条龙"人才服务平台、组建河南省人才集团等，不断营造尊重人才、求贤若渴的社会环境，公正平等、竞争择优的制度环境，待遇适当、保障有力的生活环境。

四 加快建设全国重要人才中心的展望与建议

加快建设全国重要人才中心，是贯彻落实中央和省委人才工作会议精神、牢固确立人才引领发展战略地位的具体行动，是深入推进"创新驱动、科教兴省、人才强省"战略的关键，是现代化河南建设的重点任务。河南建设全国重要人才中心，要锚定人才强省、国家创新高地建设目标，大抓科技创新和人才发展，持续深化人才发展体制机制改革，着力建设一流创新平台、集聚一流创新团队、创设一流创新制度，持续优化人才发展生态，充分激发各类人才创新活力。

（一）树牢"人才是第一资源"理念

1. 坚持人才优先发展的工作布局

人才是强省之基与竞争之本。一是要持续学习贯彻习近平总书记关于人才工作的新思想新理念，深入落实中央及省委人才工作会议精神，站在社会主义现代化河南建设全局抓人才，大力推进人才强省战略，树立人才优先发展的鲜明导向，以人才优先引领发展争先。二是要从国内国际竞争格局出发，深刻认识人才始终是第一资源，人才竞争优势是赢得未来主动的最核心支撑，把招才引智工作作为中心任务着力抓好，以人才优势厚植激活托举创新发展。三是要把人才资源开发放在优先位置，坚持"四个面向"，切实做好引才育才用才，全面推进"人人持证、技能河南"建设，为建设国家创新高地与全国重要人才中心提供人才支撑，把各方面优秀人才集聚到现代化河南建设实践中来，真正把"第一资源"转化为高质量发展"第一动力"。

2. 高水平建设吸引和集聚人才的平台

一是要强化科技创新平台建设的人才导向，建设吸引和集聚人才的高端平台，接续重构重塑实验室体系，高标准建设省实验室和省重点实验室，并争创国家实验室、全国重点实验室，以实验室、技术创新中心、中试基地、新型研发机构为重点，打造一批集聚一流创新团队、吸引高层次人才的一流创新平台。

二是要依托河南省（中原科技城）人才创新创业试验区先行先试政策优势，加强与清华大学、北京大学、中国科学院、中国工程院等知名高校和科研院所合作，着力建设一批"一流高校（科研院所）郑州研究院"，组建更多以一流高校（科研院所）顶尖人才、领军人才等高端人才牵头的科研团队，吸引大批一流高校博士研究生、博士后来河南创新创业。

三是要聚焦"双一流"建设（创建）起高峰，深入推进"双一流"建设和创建，持续巩固打造郑大河大"双航母"，着力加强培育"双一流"创建第二梯队，积极推进高校结构布局、学科学院、专业结构"三个调整优化"，在重点学科建设、平台搭建、团队引育等方面聚焦发力，吸引各学科领域优秀人才来河南发展。

3. 全方位培养、引进、用好人才

加快建设全国重要人才中心，必须坚持人才引领发展战略，发展凝聚人才，下大力气全方位培养、引进、用好人才，努力扩大人才增量、做优人才存量、提升人才质量。

一是要全方位做好人才自主培养，把培育国家战略人才力量的政策重心放在青年人才上。要统筹实施重大人才项目，深入实施"中原英才计划"、青年人才倍增行动和博士后招引培育"双提"行动等，3年内新建10个博士后科研流动站、100个博士后科研工作站、300个博士后创新实践基地，省自然科学基金、省社会科学规划专题项目每年分别安排不低于50%、30%的项目，用于支持40岁以下青年人才。要加强市场化引才，加大博士后等青年人才资助力度，切实制定吸引青年人才的普惠性政策措施，解决青年人才安身、安心、安业面临的实际困难。要发挥好高校基础创新主力军和科技创新策源地的作用，支持头部企业、科研机构、创投机构与高校合作设立特色产业研究院，完善产学研用相结合的协同育人模式，不断培养造就更多优秀人才，提高人才供给自主可控能力。

二是要实施更加积极、更加开放、更加有效的人才引进政策，深入推进人才引进"八大行动"，不断增强国家创新高地和全国重要人才中心建设的力量支撑。要结合战略定位和产业发展需求，以全球视野、超常规措施，精准引进全球顶尖级人才，鼓励发挥市场力量引进全球高层次人才、急需紧缺人才。要聚焦解决"卡脖子"难题，鼓励支持高校、企业、科研院所等用人单位大力引进一批国际学术最前沿一流科学家和学科领军人才，加强与知名高校和科研院所以及国外优秀大学、科研机构的人才交流合作，引进一批掌握关键核心技术、拥有自主知识产权、能引领和带动重点产业发展的带头人和创新型团队。要常态化大规模开展招才引智专项行动，用好中国·河南招才引智创新发展大会平台载体，积极为用人单位提供全天候、多渠道、常态化线上线下招聘服务，开辟人才引进绿色通道。要大力吸引潜力人才，鼓励用人单位采取灵活多样的方式引进国内外本科、硕士、博士等潜力型人才，吸引各类社会优秀人才来豫工作。

三是要切实用好用活各类人才，建立健全更为灵活的人才管理机制。要充分向用人主体放权赋能，坚持"谁用人、谁主导、谁认定"原则，下放人才管理权限，政府部门重点做好规则制定、管理监督、服务保障、待遇落实等工作，持续做好人才"引进来"与"走出去"的工作以多元化培养储备人才。要突出松绑减负，建立以信任为基础的人才使用机制，建立健全保障科研人员专心科研的政策制度，完善"揭榜挂帅""赛马""定向委托"等工作机制，不断营造识才爱才敬才用才的良好环境。要优化人才服务资源配置，做好各层次人才的办公场地、经费支持和住房保障等生活配套服务，构建有温度、有强度、有力度的人才服务体系。

（二）强化党对人才工作的全面领导

1. 坚持党管人才原则

党的二十大报告指出，坚持中国共产党领导是中国式现代化的本质要求。人才发展工作事关党和国家事业兴旺发达，必须坚持正确的政治方向，不断强化党对人才工作的全面领导，坚持党管人才是做好新时代人才发展工作的根本原则。

一是要强化人才工作的政治引领，以党的全面领导把准人才工作战略大局、方向定位，不断提高政治判断力、政治领悟力、政治执行力，把党的政治优势、组织优势转化为人才发展优势。

二是要不断完善党管人才的领导体制和工作机制，以党的坚强领导推进人才强省战略、全国重要人才中心建设，不断改进党管人才的方式方法，保证人才制度体系的正确发展方向，调动一切积极因素为建设社会主义现代化事业凝聚各方人才发展合力。

2. 健全党管人才工作体系

做好人才工作是一项系统工程，要在全面贯彻党管人才的要求下，不断革新党管人才的运行方式与工作体系，打造党委领导下的齐抓共管人才工作格局。

一是要健全党管人才工作的领导体系，强化党委对人才工作的统一领导，成立省市县党委人才工作领导小组，在各级组织部门设立专门人才工作机构，按照"管宏观、管政策、管协调、管服务"的要求，形成党委统一领导，组织部门牵头抓总，有关部门各司其职、密切配合，社会力量广泛参与的人才工作机制。

二是要切实发挥省委人才工作领导小组的宏观指导、统筹协调作用，研究谋划全省人才工作战略目标、重大建设项目、人才队伍建设、人才政策优化等，发挥省委人才工作领导小组办公室综合协调、督促落实的职能作用，抓好年度重点任务分解、政策落实协调、项目实施推进等工作。

三是要充分调动职能部门、企事业单位和社会力量做好人才工作的积极性，共同抓好人才工作任务落实。各级党委要扛实做好人才工作的政治责任，党政一把手亲自抓、持续抓，形成上下联动、左右协同、各司其职、各负其责的推进机制。

3. 强化人才政治引领和政治吸纳

一是要不断加强和改进人才工作，以人才培养和使用为核心，充分发挥党的组织优势、制度优势，通过对人才强化理论培训及国情政情社情研修，突出思想政治引领，积极组织专家人才参与各类主题教育实践活动，鼓励人才爱国报国、担当使命，增强各类人才的政治认同感和向心力。

二是要建立健全人才分类管理机制、党组织定期联系服务工作制度，在联系人才中了解各类人才的业绩发展、工作变动、思想状态等情况，充分发挥党组织联系人才、服务人才的优势，在服务提供中增进人才政治引领和政治吸纳。

三是要大力弘扬爱国奉献精神，号召广大人才继承和发扬老一辈科学家胸怀祖国、服务人民的优秀品质，加大先进典型宣传力度，不断优化人才表彰奖励制度，在全社会推动形成尊重人才的良好社会氛围。

（三）深化人才发展体制机制改革

1. 不断完善人才引进与管理制度

在人才引进与管理机制上，一是要充分向用人主体授权，切实发挥用人主体在人才培养、引进、使用中的主观能动性，根据发展需要和实际不断探索创新人才引进策略，必要时可以采取超常规、突破性政策措施，为高层次人才引进提供个性化解决方案。二是要科学下放人才管理权限，以"清单化"推动人才管理服务权力阳光运行，不断明确落实企事业单位和社会组织的人才管理权限，并配套建立有效的自我约束和外部监督机制。三是要持续为人才松绑减负，严格遵循人才成长规律和科研规律，破除科研工作的行政化管理现象，进一步深化科研项目管理改革、优化科研经费管理办法，真正让科研人员把主要精力放在科研上。

2. 深化人才评价体系改革

一是要持续开展破除"唯论文、唯职称、唯学历、唯奖项"的行动，加快建立以创新价值、能力、贡献为导向的人才评价体系，避免简单地以学术头衔、人才称号确定薪酬待遇、配置学术资源的倾向。二是要依据学科实际、行业领域等分类设置成果评价体系，如注重基础前沿研究的原创性、社会公益性研究的需求性、应用技术开发和成果转化的市场性，以鼓励人才潜心研究为导向构建人才评价体系。三是要信任与宽容人才，不能都用"成功"的一把尺子衡量科学研究和人才，应该允许失败、正视失败，树立干事创业的良好用人导向。

3. 健全人才激励机制

一是要不断加大财政金融支持力度，优化财政支出结构，把人才发展支出作为财政支出重点领域予以优先保障，建立健全人才投入稳定增长机制。充分发挥政府引导基金作用，鼓励有条件的地区设立人才发展专项资金，为实施重大人才工程项目提供保障。二是要积极引导用人主体加大投入，鼓励金融机构创新金融产品，为人才提供全方位金融服务。三是要构建充分体现知识、技术等创新要素价值的收入分配体系，探索实行市场化的人员激励机制和灵活的成果转化机制，拓展实行协议工资、项目工资、技术创新成果入股、岗位分红等激励方式，真正让人才享有与其价值相适当的待遇。四是要全面落实各层次人才的相关待遇政策，不断深化职称制度改革、完善职业技能等级制度，不断畅通人才晋升渠道。

（四）营造人才发展优良生态环境

1. 积极营造尊重人才的社会环境

一是要积极营造尊重人才、求贤若渴的社会环境，各级党政领导干部要牢树人才意识、带头联系服务人才，以尊重、善待、信任人才的真诚态度为人才解难题办实事。二是要大力倡导科学家精神、企业家精神和工匠精神，广泛宣传表彰有突出贡献的优秀人才和团队，以榜样典型激励引导广大人才为现代化河南建设作贡献，推动形成尊重人才的社会风尚。三是要适时推广展现国家创新高地和全国重要人才中心建设的突破成效与进度，营造河南构建一流创新生态和人才生态的良好环境。

2. 鼓励人才释放创新创造活力

一是要紧盯制约人才发展的突出问题，着力在破除人才发展体制障碍和机制壁垒上下更大功夫，革新人才管理和评价体系，最大限度地激发广大人才的创新创造活力，加快形成有利于人才成长的培养机制、有利于人尽其才的使用机制、有利于人才各展其能的激励机制、有利于人才脱颖而出的竞争机制。二是要鼓励人才创新、大胆使用人才，为各类人才搭建干事创业的平台，积极营造鼓励创新、勇于创新、包容失败的工作环境。三是要尊重科学、尊重知识，不拘一格选拔和使用人才，持续探索创新"揭榜挂帅"等新型科研项目组织管理方式，对能干事、干成事的人才给平台、给荣誉、给激励。四是要建立保障科研人员专心科研制度，解决兼职多、会议多、填表多的问题。

3. 优化人才发展的生活服务环境

一是要完善优化线上线下"一条龙"人才服务平台，一站式办理人才安居住房、配偶安置、子女入学、医疗保健、出入境和居留等问题，切实解决人才生活保障相关事项，不断提升人才服务保障水平。二是鼓励用人单位为人才建立企业年金，支持高校、科研院所等建立养老信托基金，为人才提供高标准、全方位的保障。三是要着力营造待遇适当、保障有力的生活环境，落实保障各级各类人才应享待遇和权利，持续增强各类人才的满意度和获得感，让人才安身、安心、安业。

五　结语

党的二十大报告指出，必须坚持科技是第一生产力、人才是第一资源、创新是第一动力，深入实施科教兴国战略、人才强国战略、创新驱动发展战略，强化现代化建设人才支撑。当前和今后一个时期，河南要持续围绕学习贯彻党的二十大精神和省第十一次党代会部署，强力推动创新驱动、科教兴省、人才强省战略落到实处，举全省之力打造国家创新高地和全国重要人才中心，为实现"两个确保"提供强劲动力和人才支撑。要坚持人才引领发展的战略地位，结合河南加快创新驱动发展、构建现代产业体系、提升高等教育水平等人才需求，积极实施人才强省"八大行动"，推动人才队伍规模扩大、结构优化、质量提升。要坚持深化人才发展体制机制改革，聚焦人才培养、引进、使用、评价、待遇、服务等关键环节，大力营造识才爱才敬才用才的环境，最大限度激发和释放人才活力。

分 报 告
Sub-reports

B.2
河南省科技创新人才建设分析与展望

邢宇辉 解煜*

摘 要： 科技是第一生产力、人才是第一资源、创新是第一动力。河南实施"创新驱动、科教兴省、人才强省"战略，离不开一大批高水平的科技创新人才。近两年来，河南科技创新人才队伍建设成效突出：科技创新人才政策体系不断完善升级，科技创新人才队伍引进培育成效突出，科技创新人才队伍创新产出成绩斐然，重建重振省科学院聚才取得明显成效，科技创新人才队伍高端载体不断涌现，科技创新人才队伍国际化进一步加快，科技创新人才经费投入增长十分显著，科技创新人才一流创新生态初步形成。与此同时，也存在高等教育的高质量发展有待进一步提升、科技创新人才队伍结构有待进一步优化、"五个一流"的改革举措有待进一步深化的问题。为建设国家创新高地和重要人才中心，建议河南从六个方面发力：加强"双一流"高校建设，着力推动

---

* 邢宇辉，河南省科学技术厅科技人才与科普处处长；解煜，河南省委组织部人才工作处副处长。

高等教育提质增效；坚持高端人才引领驱动，积极实施人才强省"八大行动"；实施"产城人"融合发展，多措并举解决人才流失难题；优化区域人才资源分布，探索科技人才资源共享机制；强化高端创新平台载体，加快建设一流科技创新平台；重塑重建科技体制机制，完善科技创新人才治理体系。

关键词： 科技创新人才　创新高地　人才中心　八大行动　人才共享

习近平总书记指出："国家科技创新力的根本源泉在于人。"党的十八大以来，党中央高度重视科技创新工作，把科技创新摆在国家发展全局的核心位置。党的二十大报告首次提出，"教育、科技、人才是全面建设社会主义现代化国家的基础性、战略性支撑"。河南高度重视科技教育发展，把创新摆在发展的逻辑起点、现代化河南建设的核心位置，打出科技创新和制度创新两个轮子一起转的系列"组合拳"，坚定走好创新驱动高质量发展"华山一条路"，努力推动河南更多产品在国内大循环和国内国际双循环中成为中高端、关键环节。2021年，河南省把"创新驱动、科教兴省、人才强省"战略放在"十大战略"之首，坚持久久为功建设国家创新高地和重要人才中心。近两年来，河南省科技创新人才工作成绩斐然，为实现"两个确保"提供了智力支撑。

一　河南科技创新人才队伍建设取得的成效

创新之道，唯在得人。党的十八大以来特别是近两年，河南省科技人才队伍建设成绩斐然，初步建立了规模较为宏大、结构较为合理、素质较为优良的科技创新人才队伍。

（一）科技创新人才政策体系不断完善升级

近年来，河南省加大招才引智力度，不断完善、优化、创新、升级人才政策体系。制定出台以《关于加快建设全国重要人才中心的实施方案》为引领的覆盖全方位培养引进和用好人才等人才工作各环节、全链条的"1+20"一揽子人才引进政策措施，大力实施顶尖人才突破行动、领军人才集聚行动、青年人才倍增行动、潜力人才筑基行动等"八大行动"，努力打造人才汇聚新高地、人才创新优选地、人才活力迸发地。一年来，河南紧紧围绕国家重要人才中心和国家创新高地建设，对科技创新的目标理念和战略任务等进行了体系化、高密度、渐次推进的战略部署，对科技创新政策和改革举措等进行了一体化设计，形成了以科技创新和制度创新为主体的"双轮驱动"战略。制定《河南省创新驱动高质量发展条例》《河南省科学院发展促进条例》《河南省"十四五"科技创新和一流创新生态建设规划》《创新驱动、科教兴省、人才强省战略实施方案》《创新发展综合配套改革方案》等，绘就了建设国家创新高地的"规划图"、"路线图"和"施工图"。

（二）科技创新人才队伍引进培育成效突出

河南省坚持引育并举、以用为本，完善人才培养体系，使得全省科技创新人才队伍规模不断壮大。截至2021年底，全省人才资源总量1201.23万人，较2012年的940.74万人增长27.7%。其中，河南省农科院许为钢研究员成功当选为中国工程院院士，35名专家入选国家重点人才计划；人才引进方面，2021年引进海内外高层次人才2950人。2022年，河南继续加大高层次人才引进力度，聘请中国科学院院士李蓬、张锁江分别担任郑州大学、河南大学校长。截至2022年底，河南省全职引进高层次人才3600余人，其中院士等顶尖人才7人，国家杰青、长江学者等国家级领军人才54人，海内外博士3600余人；人才培育方面，大力实施中原英才计划（育才系列），309名科技创新人才入选"中原英才计划（育才系列）"，其中中原学者80人、中原科技创新领军人才121人、中原科技创业领军人才108人；持续深入推行科技特派员制度，实现了全省县域特色产业科技特派员服务全覆盖。

（三）科技创新人才队伍创新产出成绩斐然

近年来，河南坚持"四个面向"，努力在迭代性、颠覆性、原创性科技成果方面进行前瞻性战略部署。河南科学家在不同领域取得优异的成绩，打破一个又一个的"第一"，攻破每一项"不可能"，彰显了河南科技人才成果产出成绩斐然。近年来，全省共有176项科技成果获得国家科学技术奖励，其中主持或参与特等奖5项、一等奖22项、二等奖149项。在"中国这十年·河南"主题新闻发布会上，省委书记楼阳生介绍了近年来河南的十项重大科技创新成果，在全社会引起极大反响。比如，2022年7月25日，郑州大学的常俊标教授发明的阿兹夫定获批上市，是国内第一个拥有完全自主知识产权和全球专利新冠口服特效药。河南省农科院许为钢院士牵头完成的"高产优质小麦新品种郑麦7698的选育与应用"项目，亩产超过700公斤，解决了我国优质强筋小麦产量普遍低于普通高产品种的难题，实现了既优质又高产。近年来，河南主动参与国家重大项目和重大工程，神舟飞船、航空母舰等大国重器及冬奥会等重大活动上具有河南产品和技术。盾构、超硬材料、流感疫苗、食品加工、小麦、玉米、花生育种等技术水平处于全国领先。截至2022年底，全省技术合同成交额达到1025亿元，首次突破1000亿元大关，同比增长68%。高新技术企业8387家、科技型中小企业16583家，总量居中西部地区首位。国家高新区达到9家，数量居全国第5位。目前，河南省以省实验室为核心、优质高端创新资源协同创新的"核心+基地+网络"的创新格局正在加速形成。

（四）重建重振省科学院聚才取得明显成效

自省科学院2021年底揭牌以来，省委省政府以改革创新的思路，加速推进重建重振工作。颁布实施《河南省科学院发展促进条例》，是国内首次以立法的形式支持省科学院发展，从法律法规层面保障省科学院体制机制创新，规范省科学院科技创新活动；出台《关于支持重建重振河南省科学院的若干政策措施》，赋予省科学院编制使用、人才引聚、成果转化、经费自主使用、配套要素保障等政策；印发《关于省科学院与中原科技城、国家技术转移郑州中心"三合一"融合发展的指导意见》，明确三方在空间布局、科创体系、人才机制、金融资本、产业发展、管理队伍、保障服务等方面深度融合，支持三方建设覆盖科技创新全周期、全链条、全过程的开放式科创大平台。研究制定了《河南省科学院章程》，省科学院成为省内第一家依章程管理、依章程运行的科研机构。目前，空天信息研究所、集成电路研究所等6个研究机构已开始运行，7名国家杰青、长江学者等受聘为首席科学家，一些前沿课题攻关正在全力推进。

（五）科技创新人才队伍高端载体不断涌现

重构重建省实验室体系，国家战略科技力量日益增强。郑洛新国家自主创新示范区成功获批，制定落实《郑洛新国家自主创新示范区条例》，率先实施"三制改革"，2021年自创区核心区地区生产总值首次突破千亿元大关，已经成为全省创新驱动发展核心增长极。国家技术转移郑州中心、国家超算郑州中心、国家农机装备创新中心、国家生物育种产业创新中心、郑州国家新一代人工智能创新发展试验区等"国字号"平台载体先后落户河南。截至2022年底，国家高新区达到9家，数量居全国第5位，省级以上高新区实现了省辖市和济源城乡一体化示范区全覆盖。自2021年7月以来，立足区域特色，聚焦信息安全、粮食安全、黄河安澜、制造强国、关键金属原料安全保障与高端材料自主供应、公共卫生安全和生物安全等国家重大战略需求，先后启动建设了嵩山实验室、神农种业实验室、黄河实验室、龙门实验室、中原关键金属实验室、龙湖现代免疫实验室、中原食品实验室、龙子湖新能源等10家省实验室，在重塑实验室体系、搭建一流创新平台方面迈出了实质性步伐。初步形成了以国家重点实验室、省级重点实验室、省技术创新中心、工程技术研究中心、中试基地、新型研发机构建设为主体的相互支撑、布局合理、功能完善的省实验室体系。2011年，河南省实现了国家重点实验室零的突破——棉花生物学国家重点实验室。截至目前，全省已建16家国家重点实验室、10家国家工程技术研究中心，以及249家省级重点实验室、24家省技术创新中心、2872家省工程技术研究中心、21家省中试基地、126家新型研发机构等省级以上科技创新平台。

（六）科技创新人才队伍国际化进一步加快

2022年以来，河南已引进海内外高层次人才1500多人，借助第五届中国·河南招才引智创新发展大会汇聚志在有为的天下英才。

一是近年来河南省积极举办海外高层次人才暨项目对接洽谈活动。2021年10月23日，郑州举办了河南省海外高层次人才暨项目对接洽谈专场活动。新加坡国家科学院院士罗德平全职加盟河南工业大学。这是河南近年来第一位全职引进的发达国家院士。2022年9月22日，郑州大学全职引进诺贝尔医学奖获得者、中国工程院外籍院士巴里·马歇尔，计划在郑州合作建设"马歇尔国际消化医学研究中心"和"马歇尔国际消化病医院"。

二是河南组织实施"高端外国专家引进计划"，建设了一批"杰出外籍科学家工作室""高校高等学科创新引智基地"等引才平台，河南省人社厅积极支持海外归国留学人员开展创新创业活动，为海内外高层次人才来豫创新创业提供了更加广阔的空间和舞台。

三是河南省积极实施"高层次人才国际化培养"。每年选派一定数量的中青年专家和学者，奔赴世界名校和研究所开展合作研究。从2013年开始，河南省外专局以省委省政府重大项目建设、重大科技攻关项目、重大人才工程、重点学科建设，以及制约经济社会发展的瓶颈问题为出发点，在选拔人才时突出"高精尖缺"导向，着力打造高层次人才国际化培养的品牌。截至2022年底，已经资助278名高层次人才出国（境）进修培训，其中不少人后来成功入选国家高层次人才计划。

四是用心服务好包括留学归国人员在内的高层次人才来豫创新创业和学术交流。为服务新时代留学归国人才来豫创新创业，新组建成立河南省高层次人才服务中心，积极利用国家高层次人才项目引进海外高端人才。比如，国家自然科学基金优秀青年科学基金项目（海外）、人社部高层次留学人才回国资助计划、留学人才回国创业启动支持计划、中原英才计划（引才系列）青年项目、河南省留学人才科研择优（创业启动支持）资助计划。通过活动如人社部海外赤子为国服务行动计划、创业导师走进留创园、河南省留学人才服务基层年度活动等用才带才，充分利用留学归国人员的聪明才智服务基层，为基层创新创业带来源头活水。

（七）科技创新人才经费投入增长十分显著

研发经费是科技创新活动正常进行的重要保障。R&D经费的投入强度反映了一个地区对科技创新发展的决心，也是反映区域创新能力强弱的重要指标。《2021年河南研究与试验发展（R&D）经费投入统计公报》显示，2021年全省R&D经费投入强度再创新高，达到1018.84亿元，比上年增加117.57亿元，增长13%。R&D经费投入强度（与地区生产总值之比）为1.73%，比上年提高0.09个百分点。各类企业R&D经费支出892.45亿元，比上年增长13.2%，省规模以上工业企业R&D经费764.01亿元，投入强度（与营业收入之比）为1.34%。其中，高技术制造业R&D经费132.63亿元，投入强度为1.45%。其中，郑州市R&D经费投入超过100亿元，为310.44亿元。图1显示，2017~2021年河南省R&D经费投入持续稳步上升，到2021年已达1018.8亿元，在中部六省中居第3位，与位列第2的湖南相差约12亿元，与位列第1的湖北相差约140亿元。在研发经费投入强度上，河南近三年增长明显，特别是在财政科技支出方面，2021年达到351.15亿元，占一般公共预算支出的比例为3.37%，比2020年增长约97亿元。

（八）科技创新人才一流创新生态初步形成

一是加强顶层设计。河南省成立由省委书记和省长担任双主任的科技创新委员会，统筹协调全省科技创新领域重大工作，强化对创新驱动、科教兴省、人才强省战略的组织实施，主动对接国家战略科技力量，统筹科技组织协调与资源配置，实现科技治理体系和治理能力现代化。制定和编制《河南省创新驱动高质量发展条例》等一系列规划条例，绘就了建设国家创新

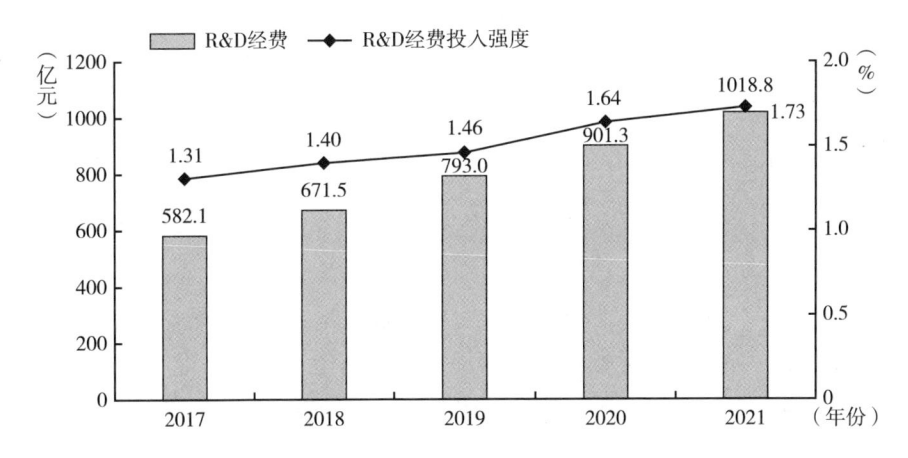

图1　2017~2021年河南省R&D经费投入情况

高地的规划图、路线图和施工图。

二是狠抓配套改革。制定实施创新发展综合配套改革方案，从5个方面明确了50项改革任务，并出台了首批10个方面的配套政策措施，构建"基础研究+技术攻关+成果转化+科技金融+人才支撑"的全过程创新生态。比如，自2021年以来，采用"揭榜挂帅""赛马"等制度，立项支持78个重大科技项目，推动本土银行郑州银行和中原银行设立专业科技金融部门服务科技创新企业，累计为1816家（次）科技型中小企业和高新技术企业发放贷款97.65亿元。

三是深化"放管服效"改革。实施以信任和绩效为核心的科研经费管理改革，减轻科研人员负担，简化项目管理流程，探索开展定向委托、推荐备案、"赛马制"等多种遴选方式。推行科研助理制度，减少科研人员事务性负担，启动科研经费直拨改革试点。深入推进职务科技成果赋权试点改革，将郑州大学、省科学院、高新技术研究中心等单位和嵩山、龙门、中原关键金属等省实验室纳入赋权改革试点。

四是推动人才工作市场化。2022年5月省委省政府批准，以河南汇融人力资本集团为主体改组设立河南人才集团。集团聚焦河南建设国家创新高地和全国重要人才中心目标，以服务创新驱动、科教兴省、人才强省战略为

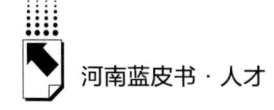

重点，按照"扩容提质、创新赋能、搭台引智、聚才兴豫"的发展思路，聚焦高端人才引进和高端智库建设，力争在全国人才集团中"走在前列"。

五是优化人才服务环境。加大人才公寓建设力度，2022年，全省共下达人才公寓建设项目72个47167套（间），着力解决人才后顾之忧。在省政务服务中心、河南政务服务网、"豫事办App"和一体机"四端"设立人才服务专区（专窗），以人才服务"一件事"为先导，设立"一件事"专窗。开发河南省"一站式"人才服务平台，逐步构建功能完善、资源集约、"线上+线下"相结合的"一站式"人才服务体系，提供人才认定、项目申报、子女入学等包含38个事项的全方位、"保姆式"服务，大大方便了各类人才入豫。

二 河南科技创新人才队伍建设存在的问题

（一）高等教育的高质量发展有待进一步提升

高校是科技人才培养和汇聚的主阵地，肩负着科技创新人才培养主力军的作用，是科技创新基础中的基础。高等教育的落后会造成区域创新能力不足、高层次人才缺乏等诸多问题。河南2022年高考报名人数达125万人，占全国的10.5%，但河南仅有两所"双一流"高校郑州大学和河南大学。从高校数量上来看，河南省有156所高校，高校数量居全国第3位，但是在156所高校中，本科院校仅占36.5%，低于全国平均水平。尤其是可以反映一个地区高等教育质量的"双一流"建设高校和"双一流"学科建设数量较少，导致大量优质生源外流。同时，高层次人才培养的质量还有待提升。截至2021年底，河南博士点授权高校仅有10所，而且招生数量还较少，难以支撑河南打造国家创新高地。全省招收的博士研究生数量仅为1201人，大致相当于中等双一流建设高校一年的招生规模。

（二）科技创新人才队伍结构有待进一步优化

高层次科技创新人才有助于全省加快产业发展，推进核心技术攻关，促进创新驱动发展，为全面实施人才强省战略提供人才支撑。近年来，河南省引进了一批科技创新人才，但是对于经济社会的发展和科研项目的攻关还是略显不足，尤其是高层次创新人才的占比不高。河南是人口大省，但不是人才强省，战略科学家、顶尖人才与创新团队、领军人才等相对欠缺。根据《中国科技精英的地域分布——基于新中国成立以来两院院士数据的分析》统计数据，在1955~2019年两院院士籍贯分布中，河南籍院士数量排在第14位，与第1位的江苏有较大差距。2021年底，两院院士增选，河南仅许为钢院士1人成功当选（中部地区成功当选18人），不论是从全国范围还是从中部地区来看，河南都处于较为落后的状态。尽管河南省两院院士总数达到25位，从总体数量上看河南并不落后，但人均偏少。作为人口大省、经济大省，河南院士数量在中部地区并不领先。河南院士数量在中部地区居第4位，这和河南省中部第一的经济地位并不相称，这说明河南未来还有很大的提升空间。

（三）"五个一流"的改革举措有待进一步深化

河南围绕一流创新平台、一流创新课题、一流创新人才、一流创新金融、一流创新环境这"五个一流"，聚焦体制机制创新，实施了50项改革举措，有些改革已经取得了明显成效。比如，近年来，河南先后推动生物育种创新中心、智能农机创新中心、超算郑州中心等一批"国字号"创新平台落地河南，但大科学装置、一流高校、头部企业等还存在不足。河南省现有国家重点实验室16个，国家企业技术中心97个、国家工程实验室49个、国家工程技术研究中心10个，分别占全国的3.1%、6.7%、4%、2.9%。另外，在综合创新实力、企业创新能力、新型产业链融合、科技成果转化水平、科技创新人才治理等方面，河南省近两年来取得了巨大的成绩，但由于科技人才创新生态环境的完善是一个长期的系统工程，实施"五个一流"的创新发展综合配套改革也不可能一蹴而就，需要久久为功建设国家创新中心和重要人才中心。

三 河南提升科技创新人才队伍建设的对策

面临新形势、新任务,河南科技创新人才队伍建设要紧紧围绕深入实施创新驱动、科教兴省、人才强省战略和国家创新高地、全国重要人才中心建设目标,持续推进"教育、科技、人才"三位一体建设,全方位培养引进用好人才,不断提高人才工作质量水平,使河南省科技创新人才发展呈现深入推进、整体提升的良好态势。

(一)加强"双一流"高校建设,着力推动高等教育提质增效

2022年1月,河南省委省政府印发《关于加快构建一流创新生态建设国家创新高地的意见》,明确指出支持河南理工大学等7所高校创建"双一流",培育建设3~5所未来技术学院,遴选建设50所重点现代产业学院,"十四五"期间,河南省政府将拿出75亿元支持郑州大学、河南大学"双一流"建设,打造"双航母";拿出55亿元支持河南理工大学等7所高校11个学科开展"双一流"创建;做强做大理工科院校,创建新型研究型的理工科大学,组建电子科技、航空航天、工业软件等大学。但受历史条件、发展水平等因素制约,河南高校仍然面临大而不强、优质资源偏少等短板问题,与河南千万民众的实际需求还有差距。为此,一是要扩规模,跟上发展步伐。对标国家教育现代化部署,加快扩充高等教育规模。深入挖掘潜力,引导现有高校凸显特色、优化学院学科建设。二是要提质量,优化发展体系。突出内涵建设,实施非均衡发展战略,力争更多高校在各自领域争创一流。三是要重创新,提升发展动力。围绕人才培养、师资队伍、科学研究、社会服务、文化传承创新和国际交流合作六个维度全力攻坚。四是要抓改革,激发发展活力。对标世界、国内同类一流专业,开展高校专业评价,构建以评价为牵引、以课程为核心、以机制为保障的专业建设体系。

（二）坚持高端人才引领驱动，积极实施人才强省"八大行动"

2021年6月，河南省委常委会会议首次提出"努力打造全国创新高地"。2021年10月，河南省第十一次党代会正式提出，建设国家创新高地和重要人才中心的战略目标，将"创新驱动、科教兴省、人才强省"战略作为"十大战略"之首。现在的河南比任何时期都注重科技创新人才、需要科技创新人才、渴望高层次科技创新人才。一是全方位引进人才。实施"八大行动"精准引进顶尖人才、领军人才、青年人才，构筑潜力人才"蓄水池"。二是全方位培养人才。统筹实施重大人才项目培养顶尖人才，通过与知名高校和科研机构合作，构建产学结合的协同育人模式，打造高层次创新型人才开发体系。三是全方位用好人才。坚持用人主体负责制，努力为人才减负松绑，着力完善人才评价体系，让科研人员聚焦科研，用好用活现有人才。四是要强化结果导向，坚持"13710"工作制度，建立健全考核机制和容错免责机制，最大限度保护和调动创新创造的积极性。

（三）实施"产城人"融合发展，多措并举解决人才流失难题

中西部地区的科技创新人才流失与地区的产业发展、高等教育水平、人才自主培养等方面关系密切。解决科技创新人才流失的问题，就是要加强对科技创新人才的吸引力，实现"产城人"融合发展。

一是要探寻城市发展的基本逻辑，即认识和把握"产业""城市""人才"三者之间的内在关联，将这一关联视为推进以人为核心的新型城镇化发展的重要规律，探索"产城人"融合发展的新型城市。促进产才融合，支撑产业升级；突出人城融合，发展人本城市，实现"产城人"融合发展的匹配性和持续性。

二是以产业带动人才集聚，加强留才用才。从科技创新人才角度来看，希望能够发挥自己的才能，实现自身价值，重点就在于发展河南省的高端制造业、科技产业，为人才的发展培养带来更多的机会。随着一大批优质企业的发展，会带来许多青年创新人才，吸纳人才的效果是巨大的。

三是完善人才工作政策体系。着眼打通人才政策落地过程中的"最后一公里",突出抓好《关于汇聚一流创新人才加快建设人才强省的若干举措》的落实,督促牵头部门和责任单位制定重点任务责任清单,明确具体推进措施、完成时限、责任领导和责任人,确保落地见效。

(四)优化区域人才资源分布,探索科技人才资源共享机制

优化人才资源配置,既需要通过市场化的手段进行调节,也需要政府的有力支持。中西部地区人才资源较为匮乏,尤其是高端人才。这就需要创新人才工作思路,借助互联网的技术手段,打破人才时空格局的限制,实现人才资源共享。

一是要结合当地的实际需求和自身潜力,努力平衡各市区之间的人才分布。通过政策的支持鼓励,让偏远地区成为新的经济发展中心区,集聚大批高新企业,成为培育科技创新人才的试验基地和孵化中心,全面构建具有区域特色的人才生态系统,大力培育、储备、引进、用好各类优秀人才。

二是要引导创新人才转变思想方式,加强培养农业科技创新人才。河南省是农业大省,在农业方面处于优势地位,应加强培养和汇聚大批农业科技创新人才,服务河南农业强省建设。

三是借助互联网的手段解决科技创新人才的结构性矛盾。河南科技创新人才分布不均衡,大多集中在大中型企业,科研机构和高校的科技人员分布较少。高校和科研机构一直被认为是研究人员的集中地,是拥有最前沿的科技成果的地方。省内高校、科研院所可以与企业共建高端人才资源共享平台,也可以探索与北上广等发达地区的人才共享机制,实现聚天下英才而用之的新格局。

(五)强化高端创新平台载体,加快建设一流科技创新平台

河南省要继续在科技创新和体制机制创新上坚持"双轮驱动",积极构筑国家战略科技力量的先锋队、主力军,积极争创国家区域科技创新中心,建设高能级创新平台载体,推进河南创新高地建设。

一是要继续支持布局大科学装置、重大科技基础设施。积极遴选基础研究优势领域，通过"一事一议"方式，加快布局建设和培育大科学装置、重大科技基础设施、新型研发机构。

二是鼓励各地建设新型研发机构，对经省政府命名的省重大新型研发机构，按照近三年当地政府投入和其他发起设立单位投入给予一定比例的奖补。

三是要支持打造"双创"专业化平台。建立双创平台绩效考核后补助机制，完善以质量和效益为导向的考评机制，努力打造一批国家级、省级大学科技园、科技企业孵化器、众创空间（含专业化）、双创示范基地、星创天地等创新服务载体。

四是要努力打造项目集聚平台。以重大主导产业和战略性新兴产业项目带动，打造吸引、培养和使用国际和国内先进科技人才和团队的项目平台在河南落地，如新能源汽车及网络汽车、大型装备、5G等，以项目带动人才。

（六）重塑重建科技体制机制，完善科技创新人才治理体系

科技创新人才发展体制机制的完善关系河南省加快建设全国创新高地、打造全国重要人才中心，要聚焦顶层设计，重塑重建科技体制机制，不断完善科技创新人才政策体系。

一是要完善科技人才集聚机制。建设重点学科，推进"双一流"建设，坚持"高精尖缺"导向，持续探索创新高端人才引进方式方法，发挥企业个性化引进人才的成效，全方位、多渠道引进高端人才。

二是优化科技人才激励政策机制。构建科学有效的人才激励机制，平衡好物质、精神、感情三种激励方式。赋予国有事业单位管理科技成果自主权，激励科研人员加强科技成果转移转化。

三是建立科技创新人才管理体制。为人才松绑，给予人才应有的权力。要简政放权、清权、晒权，建立人才管理服务权力清单和责任清单，将每项职权的行使主体、办理流程、办结时限和监督方式等，向社会公开，确保权力在阳光下高效运行。要进一步保障和落实国有企事业单位和社会组织的用人自主权，在人才流转和使用等方面勇于放权、敢于放权。

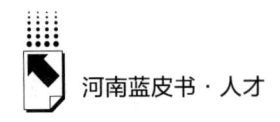

参考文献

霍治平：《河南省创新型人才培养探究》，《人才资源开发》2017年第20期。

王便芳、计明灿：《我国科技创新人才激励机制中存在的问题及对策》，《河南教育》（高教版）2021年第2期。

王胜昔：《陈向平代表：锚定目标久久为功 创新高地活力奔涌》，《光明日报》2022年10月16日。

冯芸、马涛：《中共河南省委"中国这十年·河南"主题新闻发布会举行》，《河南日报》2022年8月29日。

孙越：《河南：谱写中原绚丽科技篇章》，《科技日报》2022年10月21日。

《河南省人民政府办公厅关于印发河南省支持科技创新发展若干财政政策措施的通知》，《河南省人民政府公报》2022年第7期。

B.3 河南省专业技术人才队伍建设分析与展望

张成 潘勇 杨风雷 艾晓光*

摘 要： 专业技术人才队伍是河南人才队伍中的重要方阵，是实施创新驱动、科教兴省、人才强省战略的骨干力量。为建设国家创新高地和打造全国重要人才中心，报告分析了河南专业技术人才队伍的发展现状，指出了其当前发展存在的难点和挑战，并就新形势下如何加强专业技术人才队伍建设提出了对策建议：加大高层次专业技术人才引进力度，大力实施博士后"招引培育双提"行动，加快事业单位人事管理改革步伐，打造高层次专业技术人才平台载体，构建多方共担的资金投入支持机制，形成多方参与合作的人才培养机制，完善专业技术人才的协同治理体系。

关键词： 专业技术人才 高层次人才 人才集聚载体 河南省

"功以才成，业由才广。"专业技术人才队伍是河南经济社会发展的中坚力量，是实现现代化河南建设的骨干支撑。加强专业技术人才队伍建设是河南实施创新驱动、科教兴省、人才强省战略的重要内容。党的十八大以来，河南省委省政府认真贯彻落实党中央关于专业技术人才队伍建设的

---

* 张成，郑州轻工业大学副校长；潘勇，河南财经政法大学电子商务与物流学院院长、教授；杨风雷，河南财经政法大学电子商务与物流学院讲师；艾晓光，北京仁达方略管理咨询股份有限公司副总经理、河南人才集团高端智库事业部（河南汇融仁达方略管理咨询有限公司）总经理。

一系列方针政策，持续推进人才强省战略，聚焦人才培养、引进、用好等关键环节，深化人才发展体制机制改革，为专业技术人才队伍建设领航导向，持续优化人才成长和有效发挥作用的环境，进一步激发专业技术人才的创新活力，奋力谱写河南从"人才大省"走向"人才强省"的绚丽篇章。

一 河南专业技术人才队伍发展现状

近年来，河南省专业技术人才队伍建设蓬勃发展，专业技术人才队伍规模不断壮大，整体素质不断提高，结构不断优化，人才效能持续增强，源源不断的人才优势正在转化为澎湃不竭的发展优势。

（一）专业技术人才量质双双实现明显提升

近年来，河南省专业技术人才总量呈逐年增长的势头。截至2021年末，全省专业技术人才总量达到543.94万人，较2018年的447万人增加了近97万人，增幅高达21.7%。截至2021年末，全省具有国家级人才称号的专业技术人才为3071人，具有省级人才称号的为3522人。[1]

河南省专业技术人才队伍中，担任中、高级专业技术职务的人数稳步增长。2016年底，河南省专业技术人员有361万人，其中具有高级职称的28.3万人，仅占专业技术人员总数的7.8%。截至2021年底，河南省高、中、初级专业技术人才总量分别达到53.56万人、183.84万人、275.52万人，高、中、初级专业技术人才的比例为10∶34∶50，高级职称人员所占比例比2016年增长3.2个百分点，结构进一步优化。[2] 近年来河南省通过高、中级职称评审的人数如表1所示。

---

[1] 《2021年度河南省人力资源和社会保障事业发展统计公报》。
[2] 资料来源于河南省人力资源和社会保障厅。

表1　近年来河南省通过高、中级职称评审的人数

单位：万人

年份	通过高级职称评审的人数	通过中级职称评审的人数
2015	1.84	4.00
2016	1.96	4.22
2017	2.10	4.00
2018	2.50	4.00
2019	3.85	8.00
2020	4.65	6.90
2021	3.6	—

资料来源：历年《河南省人力资源和社会保障事业发展统计公报》。

专业技术人才队伍中，拥有博士、硕士学位人员的比例也在逐年递增。截至2021年底，全省专业技术人才队伍中拥有硕士及以上学历的人数为19.24万人，学历结构显著优化。以普通高等学校为例，2019年普通高等学校专任教师中硕士及以上学位的8.47万人（其中，博士学位的2.05万人），占总数的68.36%。2021年普通高等学校专任教师中硕士及以上学位的9.69万人（其中，博士学位的2.34万人），占总数的70.38%。[1]

从年龄结构上看，专业技术人才队伍中35岁及以下的人数为209.37万人，36~45岁的人数为225.26万人，45岁以上的人数为109.31万人，所占比例分别为38.5%、41.5%、20%。年龄结构呈现典型的橄榄型结构，专业技术人才后备力量充足。

（二）高层次专业技术人才建设成效显著

近年来，河南省高层次人才集聚成效显著，顶尖人才队伍建设取得突破性发展，在重点优势学科（专业）领域形成了一大批具有全国领先水平的高层次专业技术人才和团队，有力推进了河南省专业技术人才队伍建设，大幅提升了河南科技创新水平，为河南经济和社会发展提供了强有力的智力

---

[1] 2019~2021年《河南省教育事业发展统计公报》。

支撑。

2021年河南省农科院许为钢研究员当选为中国工程院院士，35名专家入选国家重点人才计划，遴选支持203名"中原英才计划"人选。2021年引进了新加坡国家科学院院士罗德平等海内外博士及以上高层次人才2950人。

2022年，河南省全职引进高层次人才3737人，其中院士等顶尖人才8人，国家杰青、长江学者等国家级、省级领军人才90人，海内外博士3639人。中国科学院院士李蓬、张锁江分别受聘出任郑州大学、河南大学校长。河南顶尖人才突破行动取得了标志性成果，将为高校乃至地方科研实力提升和科技创新发展注入新动力。

（三）博士后工作高质量发展成效十分突出

近十年来，河南省博士后工作着力提高培养质量，创新培养模式，强化培养平台建设，促进产学研结合，培养了一批高水平博士后人才。截至目前已有34名出站博士后成长为院士、国家杰青等领军人才，为河南经济高质量发展作出了应有贡献。

一是博士后政策体系日臻完善。先后出台完善《关于改革完善博士后制度的实施意见》《河南省博士后创新实践基地管理办法》《河南省博士后工作管理办法》《吸引博士后等青年人才留豫来豫行动方案》等，实施更具吸引力和含金量的博士后支持措施，博士后制度体系日趋完善，工作机制不断健全。

二是博士后招收规模快速增长。截至2022年11月底，全省共设立博士后科研工作站流动站81个、博士后科研工作站174个、博士后创新实践基地345个。自1991年设站以来，全省累计招收博士后7854人，目前在站4819人。其中，党的十八大以来共计招收博士后5676人，占招收总数的76.7%，仅2021年全省就招收博士后1020人，博士后招收人数在全国排名第6。

三是博士后培养质量不断提升。全省在站博士后累计承担各类项目和课题8760多个；发表学术论文1.2万余篇，出版学术专著711部；获得国家自然科学基金 601 项，社会科学基金 839 项，国家级博士后科学基金 755 项；申请专利 4300 多项，授权 2903 项。累计创造经济效益 300 多亿元，社会效益 600 多亿元。在人社部 2021 年举办的第一届全国博士后创新创业大赛上，获得创新创业组金奖 2 个、银奖 3 个、铜奖 1 个、优胜奖 8 个，金奖和奖牌总数位居全国前列。

四是成功举办第一届河南省博士后创新创业大赛。本届大赛"含金量"十足，根据赛前发布的政策，获得金奖的项目核心成员（前 3 名）为博士后的，可不受事业单位岗位结构比例限制申报正高级职称；获得银奖、铜奖和优胜奖的项目核心成员（前 3 名）为博士后的，可不受事业单位岗位结构比例限制申报副高级职称。此外，获奖项目落地，还能优先享受各地人才项目和金融政策的支持。本届大赛参赛项目重点涉及农业育种、装备制造、生物医药等，围绕国家核心科技攻关和"卡脖子"技术难题，全省共征集 391 个参赛项目，230 个项目脱颖而出。其中，创新赛项目 190 个、创业赛项目 30 个、揭榜领题赛项目 10 个，吸引 573 名博士后参赛，为博士后人才展示自我、服务社会创造了舞台。

（四）一流专业技术人才平台实现质的飞跃

国家级人才平台取得新突破。2022 年 9 月，科技部批准河南建设两家省部共建国家重点实验室，分别为河南大学牵头的作物逆境适应与改良国家重点实验室和郑州大学牵头的食管癌防治国家重点实验室；2019 年，国家农机装备创新中心获得工信部批复同意，这是河南首个创建成功的国家制造业创新中心。河南省实验室数量持续增加。自 2021 年 7 月 17 日首家省实验室嵩山实验室揭牌，河南已先后组建了嵩山、神农种业、黄河、龙门、中原关键金属、龙湖现代免疫、龙子湖新能源、中原食品 8 家省级实验室。省科学院重建重振取得实质性突破。省科学院以引进顶尖人才为引领，聘请中国科学院院士徐红星担任院长，以学部建设为依托，采用自建、共建、参建、加盟等方式，启动了数学研究所、化学研究所、先进材料研究所、医工融合研究所等 6 个研究机构。为吸引海外留学人员来豫创业，河南省建成各级各

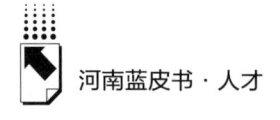

类留学人员创业园14家，其中省部共建创业园1家，6.7万名留学人才在园创业。

（五）专业技术人才知识更新工程品牌凸显

专业技术人才知识更新工程继续推进，继续教育制度逐步完善，继续教育基地与培训平台实现标准化运营，培训管理水平逐步提升，完备有力的制度保障体系正在形成。2021年，专业技术人员参加继续教育151.09万人次。

知识更新工程制度建设成效明显。先后制定出台《河南省专业技术人才知识更新工程高级研修项目管理办法》《2019~2022年全省干部教育培训规划》《河南省事业单位工作人员培训实施细则（试行）》等政策文件，有力地推进了全省专业技术人员继续教育工作的科学化、制度化、规范化。有计划地加强对中青年骨干特别是高层次、急需紧缺人才的培训。

专业技术人才队伍继续教育基地数量不断增加，整体素质和创新能力全面提升。近年来，河南省人力资源和社会保障厅依托省属高等院校、科研院所和大型企业等，共建成7家国家级专业技术人员继续教育基地、53家省级继续教育基地。按照"高水平、小规模、重特色"的要求，围绕河南省重点产业和重大发展战略，突出"高精尖缺"人才导向，继续教育基地每年承办5期左右国家级高级研修项目，举办10期以上省级高级研修项目，为河南省培养培训高层次、急需紧缺专业技术人才10万人次，每年专业技术人员参加继续教育学习达150万人次以上。[①] 专业技术人才知识更新工程的稳步实施，为创新型应用型技术型人才不断涌现、高水平工程师队伍不断壮大奠定了坚实基础。

（六）专业技术人才管理改革实现了新突破

一是围绕国家重点实验室、国家制造业创新中心等重点创新平台，实行

---

① 根据河南省人力资源和社会保障厅网站数据整理。

高端人才引进"一人一策""一事一议",推行首席专家负责制,优化成果转化机制和利益分享机制,建立健全新型研发机构管理的体制机制,支持高校、科研院所与创新平台实施人才双聘机制。二是事业单位聘用制度基本实现全覆盖。截至2021年底,工作人员聘用合同签订率超过96%。事业单位公开招聘制度全面推行,2021年全省事业单位公开招聘工作人员5.54万人[①]。三是以增加知识价值为导向的收入分配政策逐步得以落实。出台《关于完善事业单位高层次人才工资分配激励机制的实施意见》,科研机构和高校收入分配自主权得到提高,职务科技成果转化现金奖励政策落地,事业单位高层次人才绩效工资单列政策得以落实,科研项目资金的激励引导作用得以加强。四是尊重劳动、尊重知识、尊重人才、尊重创造的氛围更加浓厚。

二 河南专业技术人才队伍发展面临的问题

(一)高层次专业技术人才建设有待进一步加强

高层次专业技术人才是自主创新的主体,在科技创新和产业升级方面具有引领带动和支撑作用,是推动经济发展和社会进步的重要力量。在河南实施人才强省战略的背景下,与实际需求相比,河南省高层次专业技术人才总量仍显不足,特别是战略科学家、某些特殊行业的尖端人才、科技领军人才和创新团队仍需大量引进。截至2022年,河南省两院院士人数为28人、国家杰出青年科学基金获得者28人,分别占全国总数的1%、0.3%[②],总量与发达省市和部分中部兄弟省份相比,仍有不少提升空间。

栽下梧桐树,自有凤凰来,引才留才用才平台是引育人才的重要支撑。高等学校与科研院所是集聚培育高层次人才的主要载体。河南省高端科研基

---

① 《2021年度河南省人力资源和社会保障事业发展统计公报》。
② 根据河南省人力资源和社会保障厅网站数据整理。

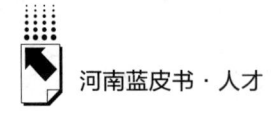

地、实验室总体数量仍然偏少。截至2021年，河南省共有16个国家重点实验室，占全国总数的比例仅为2.28%（国家重点实验室数量总量保持在700个左右）。国家企业技术中心、国家工程实验室、国家工程技术研究中心的数量占全国总量的比例分别为6.7%、4%、2.9%。① 国家级创新平台数量与发达省市和中部地区的湖北、湖南和安徽相比，仍有不小的差距。作为教育大省，河南"双一流"高校仅有2所，教育部直属高校、中科院直属机构均为空白。高层次人才集聚培育载体数量不足在很大程度上制约了河南高层次人才队伍建设。

（二）专业技术人才的服务能力有待进一步提高

服务经济社会发展是专业技术人才队伍建设的出发点和落脚点。当前，河南省专业技术人才队伍建设的目标任务和政策措施的科学性还有待进一步提升，以人才优先发展引领支撑经济社会发展的导向还有待进一步强化。一方面，部分专业技术人员还存在自身定位不够准确、技能掌握不够充分、社会服务敏感性不是太高、反应能力有待提升等问题，还存在一些专业技术人才所学专业与岗位需求匹配度不高，导致专业技术人才的个人才能发挥不充分的现象；另一方面，高校对教师的考核标准与社会实践结合度不够，对教师的思想品德、职业道德、专业能力、技术水平等多维度的评价体系需进一步健全，看待和运用论文指标的方式需进一步调整。产学研脱节削弱了专业技术人才服务经济社会的能力，也在一定程度上延缓了科研成果转化为社会应用的速度，影响了专业技术人才服务经济社会发展的能力和成效。

（三）专业技术人才培养的强大合力还有待增强

人才工作，基础在培养，难点也在培养。当前专业技术人才培养的主体有高等学校、用人单位、社会培训机构等。高等学校作为专业技术人才培养

---

① 资料来源于河南省人力资源和社会保障厅。

的主力,拥有丰富的学术资源、教育资源。但是当前高等学校在专业技术人才培养方面仍然面临实践能力不足的问题,产学研结合还不够紧密。用人单位是专业技术人才集聚的平台,拥有丰富的人力资源,但是很多用人单位尤其是企业对专业技术人才培养不够重视,对人才培养规划不够科学合理,培训培养系统性有待提高。社会培训机构主要进行专业技术类职业资格培训。当前很多机构存在师资缺乏、课程资源管理不规范等问题,不能满足用人单位和专业技术人才的需求。专业技术人才培养工程的实施需要统筹各方力量,优势互补,形成合力,而当前高等学校、用人单位、社会培训机构合力培养人才的机制尚未形成。

三 加强河南省专业技术人才队伍建设的对策

聚焦建设国家创新高地、打造全国重要人才中心的目标,河南要努力集聚培育一批顶尖人才、领军人才、青年人才等高层次人才,构筑潜力人才"蓄水池",持续深化人才发展体制机制,优化人才发展环境,提升人才服务质量,激发全社会创新创业活力,努力形成一支数量可观、门类齐全、结构合理、素质优良,与河南省经济社会发展相匹配的专业技术人才队伍,为建设国家创新高地和全国重要人才中心、实现现代化河南"两个确保"提供人才支撑。

(一)加大高层次专业技术人才引进力度

继续提升中国·河南招才引智创新发展大会"广聚天下英才"的影响力,不断增强服务功能、服务意识和服务水平,发扬联系广泛、内引外联、牵线搭桥的独特优势,通过优质的人才配套服务集聚优秀人才、延揽高层次人才,让高层次人才引进来、留得住、用得好。

加大高层次人才引进力度。实施高层次人才集聚计划,通过编制急需紧缺人才需求目录,绘制高端人才图谱。采取"项目+平台+人才"模式,注重"以才引才、以情引才、以侨引才",打造"老家河南"引才品牌。建立

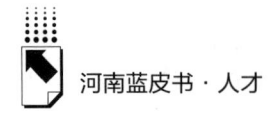

柔性引才机制，建设开放融合共享的国际化创新平台，努力打造开放人才生态圈，实现战略科学家、高水平领军人才与创新团队等人才资源的共享。

加大基础研究领域人才集聚力度。推进国家重点实验室、省级重点实验室、工程技术创新中心人才队伍建设，实行高端人才引进"一人一策""一事一议"，推行首席专家负责制，调动首席专家聚合资源破解科技难题的积极性和创造性。

加大产业急需紧缺人才引进力度。聚焦重点产业和产业链，编制急需紧缺人才需求目录，有针对性地引进一批科技领军人才、产业创新人才和顶尖团队。在高新技术企业、"专精特新"企业、瞪羚企业、独角兽企业集聚一批具有国际水平的战略科技人才、科技领军人才和青年科技人才。加强产学研合作，推动"人才链"与"创新链""产业链"深度融合。

（二）大力实施博士后"招引培育双提"行动

一是持续加大博士后科研、工作平台建设力度。在着力提高博士后流动站、工作站设立数量的同时，对河南省博士后创新实践基地设立方式进行改革，实行"自主申报+备案动态管理"制，扩大基地覆盖面，切实将河南省博士后科研工作平台建设成促进博士后人才创新创造、施展聪明才智的阵地。

二是持续扩大博士后招收规模。以"中国河南招才引智创新发展大会"为载体，开辟绿色通道，加大招引博士后的支持力度，鼓励设站单位自主招收、独立招收、联合招收博士后，力争每年招引博士后等青年人才2000人左右。

三是持续提高博士后培养质量。大力实施博士后创新能力提升工程，从2022年开始，每年择优选拔30名"中原博新人才"，每人支持50万元。持续举办河南省博士后创新创业大赛，开展博士后科技服务基层活动，引导博士后投身经济建设主战场，为河南省实现"两个确保"目标作出积极贡献。

（三）加快事业单位人事管理改革步伐

尊重专业技术人员成长规律，建立健全事业单位分类分层改革。充分利用"智汇中原"活动，完善事业单位公开招聘体制机制，畅通高层次人才引进常态化"绿色通道"，强化公开招聘宏观指导与监督。支持高校、科研院所与创新平台实施人才双聘机制。完善岗位设置管理制度，坚持按需设置、动态调整，不断优化岗位设置比例标准，形成科学合理的高、中、低岗位人员梯次结构。加快推行事业单位管理岗位职员等级晋升制度。完善事业单位人员交流制度，支持和鼓励高校、科研院所等事业单位科研人员按规定开展创新创业并取得合法报酬；支持和鼓励农业科技人员按规定入乡兼职兼薪和离岗创办企业，多措并举打通高校、科研院所和企业之间的产学研合作"最后一公里"，不断提高专业技术人才的经济社会服务能力。

（四）打造高层次专业技术人才平台载体

继续加大对国家重点实验室、国家制造业创新中心、省科学院、"双一流"建设和创建高校、省农科院、省实验室等重点创新平台的支持力度，优化成果转化机制和利益分享机制，建立健全新型研发机构管理的体制机制，进一步增强创新平台的人才集聚能力。

加强企业专业技术人才平台载体建设。聚焦重点产业和新兴产业相关领域，以解决制约企业发展的人才瓶颈问题为落脚点，指导企业设立专家工作站、博士后创新实践基地、博士后科研工作站等人才平台载体，充分发挥平台载体对高层次人才的虹吸作用。

加强博士后科研流动站、工作站建设。高质量建设博士后科研流动站、工作站和创新实践基地，增加博士后流动站、工作站数量，对博士后创新实践基地设立方式进行改革，扩大基地覆盖面，将博士后科研工作平台建设成促进博士后人才创新创造、施展聪明才智的阵地。

加强留学归国人才平台载体建设。推进留学人员创业园、国际人才社区、海外人才离岸创新创业基地建设，不断优化留学回国人员创新创业服务。积极推进建立省级留学人员回国工作联席机制，进一步加强与留学人员相关职能部门、留学人员创业园的交流协作和工作对接，建立留学人员数据统计长效机制。

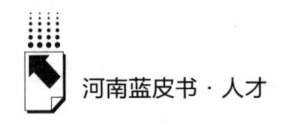

（五）构建多方共担的资金投入支持机制

建立健全政府、用人单位和社会力量共同参与的多元资金投入支持机制。一是政府部门设立人才开发专项资金。落实省、市专业技术人才主管部门建立人才开发专项资金统筹整合长效机制，强化资金统筹使用，集中财力办大事。在财政预算安排与支出上真正体现高层次人才"优先保障"和"倾斜支持"。二是用人单位设立专业技术人才发展专项基金，用于专业技术人才引进、培养、激励、保障等政策的兑现。三是以财政资金为引导，通过担保、贴息、以奖代补等方式，促进金融和社会资本投入，共同设立人才创新创业投资基金。通过发挥财政资金的引导、激励和杠杆作用，推动社会、用人主体和个人共同投资人才开发，构建多元化人才投入体系。

（六）形成多方参与合作的人才培养机制

着力构建多方合作培养专业技术人才的机制。一是全面落实高校、科研院所、企业等企事业单位用人自主权，更好发挥用人主体在人才培养中的主导作用。二是构建用人单位与高校及科研院所联合培养模式。用人单位主动对接高校及科研院所，提供联合培养岗位需求、培养对象专业要求等信息，高校、科研院所则按照联合培养岗位要求遴选培养对象，协助对培养对象开展指导、培训、管理等工作。三是多部门"联动"育才。人社厅、高校与科研院所、行业领军人才共同参与专业技术人才培养工作。主管部门负责人才工作的政治领导，引领青年人才胸怀祖国、矢志爱国奋斗；行业领军人物负责业务培养，引领青年人才勇挑重担、锐意开拓创新，在业务能力上快速成长。四是探索建立"高级研修和实践锻炼相结合、国内培养和国际交流合作相衔接的开放式培养体系"，选拔培养高层次专业技术人才。

（七）完善专业技术人才的协同治理体系

在人才引进方面，制定实施更有竞争力、吸引力的人才政策，支持各类人才引进。创新柔性引才引智机制，加快汇聚人才智力资源。推进人才激励机制改革，在现有政策范围内鼓励用人主体灵活采用收入分配方式，提高留豫来豫博士后安家补助费标准，鼓励用人主体利用自有经费提高博士后待遇。

在人才使用方面，根据人才特点和专长，量体裁衣，扬长避短，把引进人才放到合适的岗位上，用其所长，用其所能，实现人才与岗位的优化组合，提高人才资源的配置效益。坚持引育并重，一手抓人才引进，一手抓人才培育，做到培养上扬长补短、使用上扬长避短。

在留住人才方面，积极为人才成长搭建平台、创造条件。推荐优秀人才参加国家级、省部级表彰奖励活动，坚持优中选优，让各类精英人才脱颖而出。赋予科研人员技术路线和资源支配权。加大优秀人才典型宣传力度，在全社会营造尊重劳动、尊重知识、尊重人才、尊重创造的浓厚氛围。

在人才评价方面，深化职称制度改革。丰富职称评价方式，建立以同行专家评审为基础的业内评价机制，注重引入市场评价和社会评价的职称制度改革，充分发挥市场、社会多元评价主体作用。树立科学的人才评价导向，坚持德才兼备、以德为先，突出品德、能力、业绩和贡献为主的评价导向。

参考文献

祖任平：《党的十八大以来专业技术人才工作述评》，《中国组织人事报》2022年9月26日。

河南省人社厅专业技术人员管理处：《河南省出台措施着力加强基层专业技术人才队伍建设》，《人力资源开发》2017年第11期。

王松德：《河南省职称评审工作中存在的问题及完善思路探析》，《决策探索》2017年第24期。

李建忠：《新时代推进事业单位人事制度改革的目标和任务》，《中国组织人事报》2021年7月20日。

吴学林：《新技术革命时代人才评价问题及对策分析》，《人才资源开发》2021年第11期。

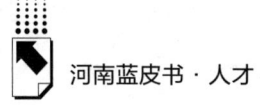

河南省行政管理学会课题组：《河南省重点产业关键人才精准管理的对策探讨》，《人力资源开发》2021年第5期。

孟华、刘娣、苏娇妮：《我国省级政府高层次人才引进政策的吸引力评价》，《中国人力资源开发》2017年第1期。

晋一：《河南省科技人才评价的有效性提升》，《人力资源开发》2021年第21期。

B.4 河南省高技能人才队伍建设分析与展望*

梅乐堂　田　华　吴德强　李文乐**

摘　要： 高技能人才是产业发展的主力军。近年来，河南省高技能人才队伍建设取得了显著成绩，本文在总结过往经验的基础上，通过分析河南省高技能人才队伍建设面临的国际、国内及省内发展形势，发现高技能人才队伍建设存在数量规模不够充足、社会资源调配不够充分、评价机制特色不够鲜明、培育创新经验提炼不够全面等问题，提出完善多元联动的高技能人才培养培训体系、搭建适应中国式现代化的高技能人才发展资源平台、构建科学规范的高技能人才评价机制、建立健全高技能人才奖励激励机制等对策建议。

关键词： 技能河南　高技能人才　河南省

高技能人才是支撑中国制造、中国创造的中坚力量。河南高度重视高技能人才培养工作，"十四五"期间，河南省为提升技能人才素质，以"人人持证、技能河南"建设为抓手，将新培养高技能人才380万人，高技能人才总量达到608万人，高技能人才占技能人才的比例达到1/3。持证人员总量达到3000万人，新增取得相应技能证书人员达到1050万人，从业人员持

---

* 本文系2022年河南省社会科学规划专题项目"习近平总书记关于新时代人才工作重要论述的河南实践研究"（项目编号：2022ZT14）的阶段性成果。
** 梅乐堂，河南职业技术学院党委副书记、校长，副研究员；田华，河南职业技术学院党委副书记、纪委书记，副研究员；吴德强，河南职业技术学院科技开发处处长，副教授；李文乐，河南职业技术学院人事处副处长，讲师。

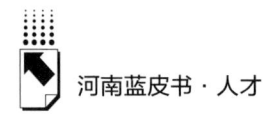

证率达到60%以上。① 河南虽为劳动力大省，但对技能人才特别是高技能人才的需求量仍然巨大，构建与河南省经济转型升级、产业结构调整相匹配的高技能人才队伍任重道远，是事关发展全局的重要战略，需要我们进行深入研究。

一 河南省高技能人才队伍建设成效

（一）高技能人才队伍建设政策体系日趋完善

近年来，河南省相继出台《实施"创新驱动、科教兴省、人才强省"战略工作方案》《关于加快建设全国重要人才中心的实施方案》《河南省"十四五"人才发展人力资源开发和就业促进规划》等文件。特别是2022年颁布的《河南省"十四五"人力资源和社会保障事业发展规划》，对构建高技能人才发展平台、完善职业教育和职业技能培训体系、形成科学合理的高技能人才评价机制和激励机制，高质量推进"人人持证、技能河南"建设做出了系统谋划和总体部署，为高技能人才队伍建设提供了坚实的制度保障。

（二）高技能人才队伍规模不断扩大，质量显著提升

《2022年高质量推进"人人持证、技能河南"建设工作方案》中提出，河南全年完成职业技能培训300万人次以上，补贴性职业技能培训125万人次，新增技能人才240万人，新培养高技能人才80万人，新增高级技能人才占新增技能人才总量的30%。截至2022年11月底，全省新增技能人才386.8万人，完成年度目标任务的161.2%；新增高技能人才134.02万人，完成年度目标的167.5%。与此同时，建成省级高技能人才培养示范基地36个，省级重点产业急需紧缺技能人才培养基地5个，省级重点产业急需紧缺

---

① 《高质量推进"人人持证、技能河南"建设工作方案》。

技能人才培养基地 5 个，省级技工院校"一体化"教学实训综合示范基地 10 个，省级技能大师工作室 66 个，省级世界技能大赛重点赛项提升项目基地 25 个，省级人力资源品牌培训示范基地 30 个，在发挥其示范引领作用的同时，为进一步提升高技能人才规模与质量提供了平台保障。

（三）高技能人才引进力度逐步增大

河南省不断拓展高层次人才引进的渠道和措施，通过线上线下"招才引智"在全球范围内发掘高层次人次，历年来累计签约各类人才超 15 万人，通过省级高层次人才认定、高技能人才享受政府特殊津贴等多措并举，壮大创新型、应用型、技能型人才队伍。筹备建设省级人才资源信息库，针对不同区域、不同岗位的人才需求，提供奖励、扶持、平台、科研、生活等精准支持，打造德技兼备、技艺精湛的高技能人才队伍。在优化高技能人才分布领域的基础上，推出"项目+平台+人才"的创新模式，注重"以才引才、以情引才、以侨引才"，大力发挥"老家河南"的引才品牌效应。

（四）高技能人才队伍建设效能产出充分释放

高技能人才对增加产业核心竞争力、提升科技创新活力、缓解就业结构性矛盾方面具有重要意义。河南省处在产业转型升级的关键期，着力激发高端制造业、人工智能、新能源汽车、生物医药、康养服务等重点领域高技能人才的创新创优潜能，建立一支爱岗敬业、技艺高超、结构合理的高技能人才队伍，为河南经济转型升级提供有力支撑。同时围绕省内的重大战略布局、重点领域发展及重点行业变化，进一步加强高素质技能人才培养的顶层设计，实现技能人才培育体系的产教训融合、政企社协同，为河南技能人才高地建设奠定坚实基础。

（五）尊重劳动崇尚技能的社会氛围逐渐建立

随着产业转型升级的飞速发展，新兴岗位对技能人才的要求日益提高，全社会已充分认识到继续教育、终身教育的重要性，已形成了尊重劳动、崇尚技能的社会环境。河南省通过全民技能振兴工程转型升级、退役军人职业技能培训项目、新型农民技能培训项目、高技能领军人才培训项目等基地型项目建设，实现高技能人才内部的精准培养，满足河南先进制造业、战略新兴产业和未来产业等领域对高技能人才的需求，缓解就业结构性矛盾，解决新兴产业、新兴岗位的人才缺口，提高全社会对职业技能培训和高技能人才的认可度。

二 河南省高技能人才队伍建设现状分析

（一）河南省高技能人才队伍建设面临的形势

1. 国际形势演变对技能人才影响不可低估

当今世界正经历百年未有之大变局，新一轮科技革命和产业革命正在重塑世界，国际格局从"一超多强"的单极格局逐步向协同共治的多极格局转变，新兴市场国家和发展中国家迸发出蓬勃发展的活力，为中国发展提供了重大机遇。近几年，由贸易保护主义升级、新冠肺炎疫情、俄乌冲突等引发的经济波动、区域安全、能源紧张，使国内外经济环境日趋复杂。尽管主要经济体已先后采取优惠扶持政策、降低贷款利率和大力刺激消费等积极措施，在短期内推动全球经济形势有所好转，但经济复苏的进程仍存在不确定性，越来越多的国家为追求供应链完整化，纷纷出台更具吸引力的人才奖励激励政策，高技能人才作为产业改革与创新的主力军，受到各国前所未有的重视。

2. 国内对技能人才需求扩大造成新的供需矛盾

在经济发展结构转型的关键期，全国各地立足于本地发展实际需求，开拓创新各类高端人才的引培路径。近年来，在对高技能人才的争夺中，各地方政府不断出台各类创新性人才政策，希望利用政策优势吸引人才、留住人才，为本地区经济发展创造先决条件。只有注重技能人才职业技能等级制度的建立与完善，实现评价机制的多元主体参与，才能充分激发技能人才创业创新的巨大潜能。尽管各地相继出台了诸多的人才政策，但作为稀缺资源的高技能人才，仍然面临着向经济条件更加优越、服务平台更加完善、干事创业活力更加充沛的区域流动。不容忽视的是，"市场调控""竞价""垄断"等竞争模式使得东中西区域间人才分布失衡，高技能人才流失较多。

3. 省内经济提速对技能人才需求拉动力持续增强

随着技术进步日益加快，产业不断优化升级，新兴产业的就业替代步伐正不断加快，"河南创造"已经成为产业发展的新目标，对高技能人才的数量与质量有了更高的标准与要求。高技能人才作为产业结构转型升级的重要劳动力，是技能促进就业、就业推动增收的重要群体。健全的高技能人才培养体系，是提升高技能人才培养质量的基础保障与重要途径，是实现"河南创造"的中坚力量和决定因素。河南作为劳动力大省，构建科学合理的劳动力培养培训体系，实现高技能人才队伍建设的提质增量；构建通畅的在岗人才成长成才通道，防止高技能人才外流，是河南在国内人才竞争中取得先机和主动的关键。

（二）河南省高技能人才队伍建设存在的主要问题

1. 高技能人才队伍数量规模不够充足

近年来，河南省锚定"两个确保"，实施"十大战略"，高质量推进"人人持证、技能河南"建设，技能人才队伍数量规模不断扩大。截至2022年11月底，河南省共有技能人才1399.72万人，其中高技能人才385.29万人，高技能人才占技能人才总量的27.53%。随着大数据、物联网及人工智能等新技术的推广应用，劳动力市场需求结构进一步发生巨变，河南省对高技能人才的需求将持续增加。相比高技能人才占比28%的全国平均水平，以及广东、江苏、浙江等沿海先进省份高技能人才占比32%以上的现状，河南省高技能人才队伍数量规模不够充足，缺口亟须尽快补齐。

2. 高技能人才培育体系社会资源调配不够充分

职业院校是高技能人才培养的主阵地。目前，我国职业教育仍处于改革摸索期，院校布局和专业设置正在不断调整优化中。提高职业教育在家长、学生中的认可度，打通职业教育学生的成长成才通道，是健全高技能人才培养路径的社会基础。河南省在调动社会资源参与职业技能培训方面仍有很大的空间。与苏、浙、粤等省份支持职业教育发展的政策相比，河南省在政策调动社会资源参与职业技术培训，以行业支持、企业赞助等独资、合资、合作等形式参与技术技能人才培养的力度仍显不足；在政策创新校企深度合作模式，实现高技能人才在企业、职业院校中流动兼职方面有待完善；在资金大力建设产教融合型企业，鼓励与支持其投资兴办职业教育方面仍需提高。总之，如何形成具有"河南特色"的职业教育发展模式和路径，仍需探索。

3. 高技能人才队伍评价机制特色不够鲜明

目前，全省各地在高技能人才队伍的培养培训、基地建设、品牌打造上都有相应的规划，但在构建高技能人才队伍评价机制方面，没有很好地凸显河南特色及产业特点。在新发展理念推动高质量发展的过程中，河南需要实现高技能人才队伍建设与区域经济协调发展，实现产业发展的深度融合，实现人才链与产业链高度衔接，实现释放高技能人才队伍的发展活力。参照《河南省国民经济和社会发展第十四个五年规划和2035年远景目标纲要》，各地应按照河南省的统筹规划，提升传统产业、做强优势产业、壮大新兴产业，摸清区域产业技能人才资源分布情况，以产业转型升级为契机，着力提升区域人力资源素质与技术水平。

4. 高技能人才培育创新经验提炼不够全面

河南省在高技能人才培养培训创新上成效突出，从宏观层面提出了全局性、统筹性安排，在微观层面针对区域资源禀赋、区位优势、产业特点也进行了不同功能区的定位。各级政府和相关部门在高技能人才培养培训创新方面都做了很多探索，也积累了不少成功的经验，特别是在聚焦重点产业发展方向、精准引进培育紧缺技能人才上实现了数量和质量的突破。然而，重探索轻总结的现象依然存在，对高技能人才培养成功案例的发掘不深，使得高技能人才培养模式未能总结提炼出可复制推广的创新路径。今后，河南要以提炼技能人才培养的成功案例为契机，充分引导改善相关舆论环境，着力解决参与技能培训积极性不高、互动性不够、针对性不强等问题。

三 加强河南省高技能人才队伍建设的对策建议

（一）完善多元联动的高技能人才培养培训体系

1. 发挥职业院校培养培训高技能人才的基础性作用

加大职业教育体制机制改革力度，紧紧围绕社会需求动态调整专业，为河南省"六大战略"支柱产业、"十大战略"新兴产业集群培养大批高技能人才。锚定新兴产业链，服务优势产业集群，针对社会急需紧缺岗位，开展项目制、订单式培养高技能人才。同时，职业院校要发挥其培养高技能人才的基础性作用，应以服务区域经济发展为目的，积极开展职业教育和技能培训、取证工作，在培养规模、培养层次、培养方式等多方面全面发力。推动学历教育与职业培训并举，开展复合型高技能人才培养。支持职业院校在重点产业头部企业设立产业学院，强化职业院校培养高技能人才的阵地作用。

2. 突出企业推动高技能人才培养的主体地位

积极引入市场机制，激发企业参与技能人才培训的积极性，推动各类企业根据新技术新工艺的推广运用，根据年度和季度计划把高技能人才培养、培训纳入企业发展总体规划，充分发挥行业企业职工培训的主体责任。根据企业需求计划适当加大高技能人才引进力度，对重点关键岗位职工开展新知识、新技术、新工艺等的培训。随着战略新兴产业、先进制造业、现代服务业的迅猛发展，行业企业对高技能人才市场提出了新的岗位需求，各地应以此为契机，结合当地产业发展特点，鼓励各企业、事业单位、社会组织等，以多种方式参与举办职业教育培训，承接政府购买服务等，增强高技能人才供给的社会力量。

3. 形成多方合作共建高技能人才队伍的联动机制

持续优化"人人持证、技能河南"建设环境，加大政策供给力度，形成由政府、行业、企业、职业院校多方联动参与、多方合作的高技能人才培养培训共建机制。深化校企在产学研创方面的深度融合，提升整体办学效果；统筹规划高技能人才培养工作，由政府牵头职业院校、行业企业共同制定高技能人才培养培训计划，从师资力量、人才培养、实习实训等方面促进人才链和产业链的衔接；打造高技能人才示范项目，政府联合职业院校、企业建设高技能人才实训实践基地，打造技能名师工作室，充分发挥技能大师、骨干名师的传帮带作用。

（二）搭建适应中国式现代化的高技能人才发展资源平台

1. 发挥政府统筹引领作用

中国式现代化的本质要求是实现高质量发展，河南省委经济工作会议提出，2023年是贯彻党的二十大精神的开局之年，是实施"十四五"规划承上启下的关键之年，也是落实省第十一次党代会部署的攻坚之年，坚持稳中求进工作总基调，着力推动高质量发展。高技能人才是开展创造性生产、创新型改革、实现高质量发展的主力军，在新发展理念引领下，政府在全社会树立起尊重劳动、崇尚技能、珍视人才的良好氛围，推动各项政策靠前发力、精准发力、协同发力。坚持总揽全局，进一步完善技能人才队伍建设的政策法规和配套支持体系；注重结合实际，制定不同的扶持政策，持续优化技能人才服务。着力开展全省范围内的技能人才工作信息化建设，通过信息收集、分类、汇总，实时动态调整，实现河南省技能人才精准画像。设立省级高技能人才资源库，以数字赋能为产业发展提供便捷高效的高技能人才匹配通道。

2. 打造区域发展鲜明特色

以河南省"十四五"规划为纲，在统筹全省高技能人才市场需求的基础上，打造一支具有河南特色、服务产业发展的高技能人才培养与产业升级发展齐头并进的应用型、创新型、技能型人才队伍。各单位和地市以做强传统优势产业，扎实推进新兴产业为目标，加快培育彰显河南特色的人力资源品牌谱系，进一步提升"河南码农""豫农技工""河南织女""豫菜师傅""豫匠工坊"等人力资源品牌的内涵价值和品牌影响力。各地政府应结合各功能区建设任务,因地制宜实施"一县一品牌"等发展规划,充分发挥宏观政策在统筹规划、保障服务、监督管理和可持续发展等方面的引领作用。

3. 加大社会资源投入力度

以全民技能振兴工程、高技能人才振兴计划、高技能人才"金蓝领"技能提升培训项目、高技能领军人才培训项目、乡村振兴工程为引领,以新培养75万人以上高技能人才和一批"中原大工匠"为目标,高质量推进"人人持证、技能河南"建设。相关部门统筹各类社会资源,加快构建产教训融合、政企社协同的技能人才培育体系;建立急需紧缺高技能人才需求目录并进行动态调整,优化技能人才培养资源的分配和使用;加大专项资金投入,实现以资金资源投入促进高技能人才结构优化、人才培养规模和质量的飞跃,为建设高技能人才培养高地和技能型社会提供保障。

(三)构建科学规范的高技能人才评价机制

1. 打通高技能人才发展成长通道

贯彻落实中共中央办公厅、国务院办公厅《关于加强新时代高技能人才队伍建设的意见》,在现有职业技能等级(岗位)序列两端增设学徒工、特级技师、首席技师,构建"八级工"的技能人才职业技能等级制度。各级党政部门必须落实高技能人才参与党政干部选拔、事业单位招聘等重要政策文件;企事业单位需要落实河南省关于高技能人才聘岗绿色通道的相关文件,扎实推进高技能人才岗位聘用、薪资发放改革,切实实现职业技能等级认定结果与培养使用待遇相结合,真正体现重技能、重业绩的工作导向,打通高技能人才发展通道。

2. 扩大高技能人才评价自主权

完善以国家职业标准、行业企业评价规范、专项职业能力考核规范等构成的多层次、相互衔接的职业标准体系。[1] 允许职业院校、企业以国家职业

---

[1] 《中共中央办公厅 国务院办公厅印发〈关于加强新时代高技能人才队伍建设的意见〉》,中国政府网,http://www.gov.cn/zhengce/2022-10/07/content_5716030.htm。

标准体系为基础，结合岗位要求、工作业绩、专家评定、职业道德评价等因素开展多元化的技能岗位人员定级、晋级评价。同时，对符合条件的技能人才可免除机构评价费用，相关评价费用由政府买单。结合河南省人力资源品牌建设情况，重点开展专项人才培养培训工作，并积极落实高技能人才评价制度，不断优化技能评价取证结构。加强日常管理和监督评价，对考核优秀的机构给予绩效奖励，对问题机构给予问责惩处，实行动态退出机制。

3. 发挥职业技能竞赛示范作用

实施技能大赛示范引领计划，调动全省职业技能资源积极参与各级各类职业技能竞赛，发掘培养高技能、实战型人才，实现以赛促学、以赛促训、以赛强能，健全职业技能竞赛体系。以全国技能大赛集训基地建设为抓手，总结办赛竞赛经验，积极推广至各地各级职业技能竞赛承办机构，实现竞赛科学化、规范化、专业化发展。鼓励和支持有关媒体单位开发群众喜闻乐见的职业技能竞赛节目、编排技能类文艺作品、拍摄技能竞赛短视频，扩大竞赛的社会影响，讲好"技能河南"故事。

（四）建立健全高技能人才奖励激励机制

1. 发挥荣誉表彰的激励作用

建立以政府表彰为引领、行业企业奖励为主体、社会奖励为补充的高技能人才表彰奖励体系。[1] 扩大表彰范围，提升高技能人才推选为全国劳动模范和先进工作者等重大荣誉表彰的比例，积极推荐高技能人才享受政府特殊津贴。以"中原技能大师""中原大工匠""中原技能大奖"等典型事迹为宣传样板，利用各媒体平台宣传高技能人才弘扬工匠精神的感人事迹，突出劳模、技术能手在工作岗位上作出的突出贡献，提升高技能人才的社会知名度和行业影响力，以荣誉表彰提升高技能人才的创新创造积极性，充分发挥其引领作用。

---

[1] 《中共中央办公厅 国务院办公厅印发〈关于加强新时代高技能人才队伍建设的意见〉》，中国政府网，http://www.gov.cn/zhengce/2022-10/07/content_ 5716030.htm。

2.提高高技能人才政治社会待遇

注重对高技能人才进行政治引领和政治吸纳，建立党委（党组）与高技能人才"一对一""面对面"联系服务机制，鼓励选拔管理干部时加大高技能人才的占比。进一步提高高技能人才在职工代表大会中的比例，支持高技能人才参与企业管理。企事业单位重要事项决议决策时，应当邀请本单位高技能人才参与生产管理决策。高技能人才不仅以按劳分配原则参与分配，更要进一步落实以技术技能作为生产要素参与分配，构建与技能等级、业绩贡献挂钩的薪酬待遇体系。在高技能人才享受政府特殊津贴评选中，对于河南参加国际性的技能大赛夺得名次的高技能人才，对照国家标准给予相应奖励。

3.加大高技能人才引进和培养力度

根据河南省科技创新委员会会议部署，加快建设全国重要人才中心，着力做好引进人才、培养人才、用好人才、服务人才四项核心工作。加大高技能人才引进力度，提高待遇，营造干事创业的积极氛围，集聚一批高技能人才；充分把握有利条件，激发高技能人才的工作潜能，用心、用情、用优质服务留住人才。加大高技能人才培养力度，以"人人持证、技能河南"建设行动、技能人才培训基地建设项目、高技能人才培养工程的发展建设为抓手，瞄准先进制造业、战略性新兴产业、未来产业等领域对高技能人才的迫切需求，全面提升劳动者技能水平，使高技能人才结构与产业需求匹配度达到最优。

参考文献

《高质量推进"人人持证、技能河南"建设工作方案》。
《2022年高质量推进"人人持证、技能河南"建设工作方案》。
《技能河南 笃行不怠（"十个河南"之技能河南）》，《河南日报》2022年8月19日。
《中共中央办公厅 国务院办公厅印发〈关于加强新时代高技能人才队伍建设的意见〉》，中国政府网，http://www.gov.cn/zhengce/2022-10/07/content_5716030.htm。

B.5 河南省先进制造业人才队伍建设分析与展望

方润生 张小霞*

摘 要： 近年来，河南深入实施创新驱动、人才强省和数字化转型战略，坚定把制造业高质量发展作为主攻方向，对制造业人才尤其是先进制造业人才的需求日益增加。省委省政府高度重视先进制造业人才工作，相继出台了系列政策措施，先进制造业人才领域政策和体制机制不断完善，人才规模持续扩大，人才需求保持旺盛势头，重点领域人才不断丰富，经营管理人才专业化水平不断提升。尽管如此，河南在先进制造业人才队伍建设过程中仍面临着人才总体效能有待提升、载体建设有待加强以及数字化人才缺口较大等不足，需在总体战略筹划、国际一流人才引进、数字化转型人才培养、人才队伍培训载体建设以及人才生态优化等方面进一步完善，加快实现以先进制造业人才队伍优势持续赋能现代化河南建设。

关键词： 先进制造业 人才招引 科技创新

在党的二十大报告中，习近平总书记强调"必须坚持科技是第一生产力、人才是第一资源、创新是第一动力"。当前，河南省叠加黄河流域生态保护和高质量发展、构建新发展格局、中部地区高质量发展三大国家战略机

---

* 方润生，博士、二级教授，西安交通大学国家技术转移郑州中心主任、郑州财经学院副校长、福建省闽江学者讲座教授；张小霞，西安交通大学国家技术转移郑州中心主任助理。

遇，河南省委以前瞻30年的战略思维提出"两个确保"和"十大战略"，将国家创新高地和全国重要人才中心创建列入奋斗目标。先进制造业在河南产业发展中占有重要地位，是河南打造先进制造业强省的关键，其人才队伍建设也是河南创新工作以及人才工作的重要抓手，更是全面建设现代化河南，实现新时代中原更加出彩的坚实支撑。

一 河南省先进制造业人才队伍建设现状

作为关键要素，人才是先进制造业高质量发展的强大支撑。为加强先进制造人才队伍建设，中央和地方政府都出台了多项政策措施。2016年底，《制造业人才发展规划指南》发布之后，河南通过布局实施了一系列举措，先进制造业的人才队伍建设得到有力推动。

（一）先进制造业相关人才政策不断完善

2021年12月，河南省人民政府印发《河南省"十四五"人才发展人力资源开发和就业促进规划》（豫政〔2021〕62号），提出"把服务制造业高质量发展作为技能人才培养主攻方向"。2022年9月12日，省政府国资委发布《关于加快建设省管企业人才新高地的若干措施》，出台20条人才新政，提出着力打造高素质经营管理人才、高层次专业技术人才、高水平技能人才"三高"人才队伍。《河南省先进制造业集群培育行动方案（2021~2025年）》提出"强化国际一流科技领军人才和创新团队引进和培育"。《河南省"十四五"制造业高质量发展规划》提出，力争"十四五"期间引育百名卓越企业家和行业领军人才、万名"金蓝领"高级技工。一系列政策的出台为先进制造业高质量发展提供了重要保障和支撑，也进一步优化了先进制造业高技能、高层次人才的引育环境。

（二）先进制造业人才规模持续扩大

总的来看，先进制造业人才队伍规模在持续扩大。省委省政府高度重视技能人才队伍建设，自2021年6月大力推进"人人持证、技能河南"建设工作，全省技能人才总量增长迅速，尤其是2022年上半年总计有348万人取证。截至2021年底，全省技能人才、高技能人才分别达到1140万人、306万人，人才总体规模持续扩大。从行业来看，计算机、通信和其他电子设备制造业平均从业人数从2018年的37.17万人上升到2020年的40.92万人，规模以上工业企业研究与试验发展（R&D）人员从2018年的14214人上升到2020年的20091人；汽车制造业规模以上工业企业平均从业人数每万人中研究与试验发展（R&D）人员从2018年的794人上升到2020年的879人；医学制造业规模以上工业企业平均从业人数每万人中研究与试验发展（R&D）人员从2018年的651人上升到2020年的760人。[1] 此外，依托于产教融合的技能人才培养，也有力推动了先进制造业人才尤其是高技能人才的培养。

（三）先进制造业人才需求保持旺盛势头

近年来河南省大力发展先进制造业，行业对相关岗位保持着旺盛的招聘需求。以郑州市为例，主导产业对人才需求旺盛，[2] 汽车与高端装备制造领域占岗位总数的24.3%，电子信息领域占岗位总数的15.6%，现代食品制造领域占岗位总数的10.5%，节能环保领域占岗位总数的9.2%。"人人持证、技能河南"建设工程中，先进制造业岗位人才取证占比持续上升。[3] 2021年度郑州市认定的重点产业急需紧缺人才652人中，涉及先进制造业的比例高达95.7%。[4] 除向外部组织招聘外，先进制造企业也通过自主培养来提高人才素质水平，缓解人才需求。在"人人持证、技能河南"工程的推动下，蔚林新材料科技股份有限公司积极培养技术骨干、研发骨干、技术

---

[1] 《河南统计年鉴2019》《河南统计年鉴2020》《河南统计年鉴2021》。
[2] 根据《郑州市2019~2020年急需紧缺人才需求指导目录》整理。
[3] 邢泽宇、孙琦英：《奋楫笃行 谱写出彩中原技能新篇》，《中国劳动保障报》2022年8月24日。
[4] 王向前：《人才更多 保障更牢》，《河南日报》2022年10月12日。

工人，将企业人才发展与企业生产经营有机融合，累计培养人数分别达到65人、27人、400余人，同时聚焦化工产业转型发展培训人才8000余人，企业的人才建设体系逐步完善。

（四）先进制造业重点领域人才不断丰富

近年来，河南省各级政府大力推动人才招引工程，全力营造和优化人才环境，为先进制造业的高质量发展提供了坚实的人才保障，重点领域人才不断丰富。第四批"智汇郑州·1125聚才计划"包含2个顶尖人才团队、12个创新创业领军团队、36个创新领军人才、6个创业领军人才、25个创新紧缺人才和9个创业紧缺人才，集中在装备制造、新型材料、生物医药等先进制造业领域。国家农机装备创新中心通过"河洛英才计划"集聚了一批高端人才团队，形成了由6位院士及多名行业知名专家组成的专家委员会，在农机装备核心元器件等多个方向取得了阶段性成果。在人才引进方面，2021年全省共引进海内外高层次人才2950人；2022年截至10月以来已引进1500多人，其中全职引进院士3人、国家杰青3人、长江学者1人、海外高端人才2人、博士毕业生1400多人。

（五）经营管理人才队伍建设不断加强

近年来河南组织或引导开展了多种形式的先进制造企业经营管理人才培育、招引行动，不断提升企业经营管理人才专业化水平，着力推进先进制造业人才队伍建设。比如，省工信厅与北京大学分别于2021年3月和4月举办了第一期和第二期"河南省民营制造业高质量发展专题研修班"；2021年10月11日，省工信厅联合省委组织部、省财政厅围绕制造业高质量发展等内容在上海交通大学共同举办了"百名中原领军型企业家"企业运营创新第二期专题培训班；2018年，郑煤机集团经理层全面推行职业经理人制度，通过全球招引，现任总经理曾担任某跨国公司的总裁，财务总监、人力资源副总分别来自巴西淡水河谷中国公司、德国博世中国公司的相应岗位，具备在跨国公司任职高管的经历和同行业背景。

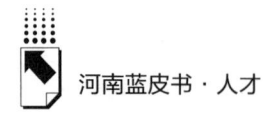

（六）先进制造业人才体制机制不断健全

河南省在先进制造业人才"引育用服"等体制机制方面不断完善，加大人才引进力度，切实解除人才束缚，持续优化人才生态。根据实际发展需要，给予科研机构和人员更大自主权，为人才积极松绑，包括技术路线决定权和经费使用权；实行"揭榜挂帅""赛马"等制度，在人才创新创业上给予资金、场地等方面的协调支持，持续营造尊重人才、保障人才、服务人才的社会环境、制度环境和生活环境。2021年6月23日，全省"万人助万企"活动开启，活动聚焦企业实际生产过程中的疑难问题，特别是聚焦企业家、科学家诉求，各级领导下沉基层，帮助企业排解问题，优化营商环境。中信重工为了激励技术工人队伍加快发展，设立"大工匠"工作室和创新工作站，增设专门的技术津贴，并每月给予各大工匠工作室3万元资金支持，鼓励大工匠通过指导职工优化工艺技术，解决生产难题，培养了更多的技能人才，进一步激发了职工创新、创造的热情。

二 当前河南省先进制造业人才队伍建设面临的形势

河南作为人口大省和制造业大省，近年来着力向国家重要人才中心、全国先进制造业强省迈进。随着产业的发展，以人才质量为核心的人力资本对先进制造业产业结构优化升级的影响日益凸显。

（一）先进制造业人才总体效能有待提升

在人才效能方面，河南每万技能人才创造51.66亿元，低于浙江的66.99亿元、山东的59.35亿元、江苏的79.21亿元以及广东的91.65亿元。在高技能人才每万人GDP创造方面，河南为192.44亿元，比浙江少15亿元，比山东少44.98亿元，比江苏少55.14亿元，比广东少80.3亿元（见表1）。

表1 2021年末部分省份技能人才与GDP创造统计

单位：亿元，万人

省份	GDP	技能人才总数	每万技能人才创造GDP	高技能人才总数	每万高技能人才创造GDP
广东	124369.67	1357	91.65	456	272.74
江苏	116364.2	1469	79.21	470	247.58
山东	83095.9	1400	59.35	350	237.42
浙江	73515.76	1097.4	66.99	354.4	207.44
河南	58887.41	1140	51.66	306	192.44

资料来源：根据公开资料整理。

河南省先进制造业人才总体效能有待提升还表现在具体行业方面。以矿山机械为例，河南的专利申请数量少于江苏、山东、辽宁、河北[①]四省：2012~2021年专利申请量是江苏的26.81%、山东的44.05%、辽宁的42.05%、河北的68.52%，河南的专利创造能力弱于江苏、山东、辽宁、河北四省，仅高于山西（见表2）。[②] 从专利累计申请成果来看，全国前100名申请人中，江苏、四川、浙江分别有10人，辽宁有8人，河北有7人，山东有6人，而河南只有2人。

表2 2012~2021年全国以及六省矿山机械专利申请情况统计

单位：项

年份	全国	河南	江苏	山东	辽宁	山西	河北
2012	29	0	5	5	2	1	1
2013	66	0	7	13	9	2	1
2014	82	7	10	5	15	0	9

---

① 从全国范围内来看，山东、江苏、河北、山西、河南、辽宁的矿山机械企业规模数量是全国的前六名，占全国的54.99%。此外，在高新技术企业、科技型中小企业、瞪羚企业、"专精特新"、科技小巨人企业、雏鹰企业、专精特新"小巨人"等科技含量较高的企业方面，六省在全国的数量指标上具有明显的优势地位。

② 根据2022年度河南科技智库调研课题"河南装备制造重点产业提质增效现状调研——以矿山装备产业为例"（HNKJZK-2022-10A）整理。

续表

年份	全国	河南	江苏	山东	辽宁	山西	河北
2015	72	1	12	3	19	0	0
2016	64	2	2	0	4	0	10
2017	103	4	14	5	9	3	0
2018	89	2	13	12	3	3	4
2019	119	10	14	11	10	8	9
2020	218	7	29	9	12	6	15
2021	132	4	32	21	5	4	5
平均	97.4	3.7	13.8	8.4	8.8	2.7	5.4

资料来源：根据公开资料整理。

（二）先进制造业人才载体建设有待加强

与江苏、浙江、湖北等省份相比，河南要素集聚能力、辐射能力偏弱，大型企业偏少，产业和科研实力竞争力不足，人才吸纳和承载平台缺少吸引力。《先进制造业百强园区（2021）》显示，河南三个园区（郑州高新技术产业开发区、郑州经济技术开发区、洛阳高新技术产业开发区）上榜，分别居于榜单第36位、第41位、第97位，河南在入围数量上低于中部地区的湖南、湖北。此外，在2021年先进制造业百强市名单里，河南入围4个城市，而江苏、山东各入围13个城市，数量并列第一，继续引领先进制造业发展。2021中国制造业百强企业中，河南省仅有郑煤机一家入围。2022年中国制造企业500强名单中，河南有23家，处于第二梯队，而浙江达78家，山东达74家，江苏有59家，广东有45家，河南还是有很大差距。

（三）先进制造业数字化人才需求缺口较大

河南省先进制造业数字化人才特别是复合型、高端型人才不足，数字化转型的智力支撑亟待强化。以信息技术相关产业从业人员为例，省会郑州与杭州相比差距明显，2019年郑州市约为10万人，2020年为12万人，而同期杭州市从业人员分别为65万人、70万人，总量和增量都有很大差别。①此外，《2022年上半年郑州市人才市场供求情况分析报告》显示，制造业，信息传输、计算机服务和软件业占据了人才需求的30.51%（见表3）。同样，在2020年和2021年，制造业，信息传输、计算机服务和软件业的人才需求占比也超过30%。调研显示，四成的企业表示人员总量充足，但核心关键人才紧缺，招聘需求量大的研发技术、数字化、蓝领技能等热门岗位人才供给不足。②

表3 2022年上半年郑州市人才市场分行业人才需求情况

单位：人，%

行　　业	需求人数	占比
制造业	8253	28.61
信息传输、计算机服务和软件业	548	1.90
房地产业	2232	7.74
建筑业	2190	7.59
租赁和商务服务业	379	1.31
居民服务和其他服务业	379	1.31
教育	337	1.17
文化、体育和娱乐业	1432	4.97
农、林、牧、渔业	293	1.02
金融业	463	1.61
水利、环境和公共设施管理业	168	0.58
电力、燃气及水的生产和供应业	758	2.62
住宿和餐饮业	7579	26.28
卫生、社会保障和社会福利业	505	1.75
交通运输、仓储和邮政业	2569	8.91
公共管理和社会组织	758	2.63
总　　数	28843	100

资料来源：郑州市人才市场。

① 宋歌：《河南省制造业人才队伍建设研究》，《中共郑州市委党校学报》2019年第3期。
② 郑州市人才市场：《2021年郑州市人才市场供求情况分析报告》《2022年上半年郑州市人才市场供求情况分析报告》。

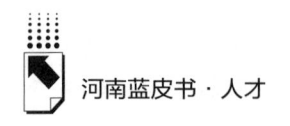

三　完善河南省先进制造业人才队伍建设的对策建议

河南省委书记楼阳生指出："今日之河南，比以往任何时候都需要创新，比以往任何时候都重视创新，也比以往任何时候都渴求人才。"先进制造业企业更是如此，不仅需要一大批经验丰富、操作熟练、精于工艺的高技能人才，还需要一大批知识储备丰富、创新能力强的研发人才和高级管理人才，更重要的是把河南的先进制造业建成人才集聚、成长、成就的向往之地。

（一）加强先进制造业人才发展统筹规划

一是围绕"十大战略"和先进制造业集群建设新要求，坚持先进制造业人才队伍建设和产业发展同步规划和推进，联动省有关部门、组织各地工信部门理顺先进制造业人才工作体系机制，形成部门间、上下层级间优化人才储备与人才培养的合力。

二是深入推进人才管理改革试验区建设，以郑洛新国家自主创新示范区、中国（河南）自由贸易试验区、郑州航空港经济综合实验区为载体，探索先进制造业人才"引育用留"超常规制度体系。支持郑州都市圈、洛阳副中心城市探索建设"先进制造重点领域创新型人才特区"实践样板。

三是完善相关人才工作目标责任考核和保障机制，探索建立人才发展监测评价体系。组建先进制造业重点产业人才联盟，大力培育专业社会组织和人才中介服务机构，有序承接政府转移的人才培养、评价、流动、激励等职能。推动人才管理部门简政放权，充分调动和发挥用人主体的积极性。

四是充分发挥市场在人才资源配置中的决定性作用，依托先进制造业龙头骨干企业、技术转移转化创新载体以及行业协会等，组建先进制造产业人才联合会和人才培训中心，充分发挥人才、技术、项目、信息等资源共建共享优势，加快形成集技术研发、成果转化、推广应用于一体的先进制造业重点产业人才集群。

（二）构建先进制造业人才队伍支持机制

一是要进一步完善市场化引才聚才机制，特别是在先进制造业重点领域的关键核心技术攻关中推广"揭榜挂帅""赛马制""军令状"等竞争性人才使用机制。打破人才、设施、数据等创新资源樊篱，充分向相关用人主体授权，遵循规律积极为人才松绑。

二是建立健全相关人才工作容错纠错机制，营造鼓励创新、宽容失败的良好环境。合理界定和规范完善符合人才发展规律的容错尺度，赋予人才一定的"试错权"。建立包容和支持"非共识"创新项目的制度，加大对自主创新技术和产品的支持力度。

三是健全先进制造业从业人员终身职业技能培训制度，大力开展先进制造业产业工人技能培训、数字经济领域人才职业能力培训活动。完善先进制造业领域人才创新创业知识产权保护、应用和服务体系，完善重点领域、重点产业、重大活动维权援助服务机制。

四是增强相关人才的分配激励，针对先进制造重点产业领域的企业核心团队及人才实施奖励，侧重于研发设计等专业技术岗位创新人才，兼顾高级管理岗位和关键生产岗位人才，综合考虑人才及其所在企业的整体创新性贡献，并赋予企业一定的自主权。

（三）大力引进先进制造业国际一流人才

一是以先进制造业国际一流人才招引为抓手，精准链接，优化引才路径。支持先进制造企业走出去开展并购、域外人才飞地建设，实现全球范围内的引才、用才、留才。

二是围绕先进制造业重点产业重点领域，组织各类宣传推介活动，吸引省外豫籍人才回乡创业就业。以招才引智活动为依托，开展高端（海外）人才引进、关键技术攻关人才引进、产业创新领军人才引进等专项行动。完善"全职+柔性"引才引智机制，实施高端（海外）人才引进专项行动，重点引进掌握先进制造核心技术、拥有自主知识产权的创新型人才团队。

三是深化省校合作优势，如依托河南省政府与西安交通大学战略合作平台等资源，加快从海外引进数字商业、战略规划、财务管理、品牌建设与管理、知识产权管理、金融分析、风险评估、国际商务、国际经济法律、供应链管理等方面的高层次管理人才，鼓励先进制造业企业采取项目聘用、技术入股等形式，大力引进一批高端专业人才。

四是推动国内知名高校、科研院所和省内先进制造领军企业共建博士后工作站，对青年博士、博士后加大招引力度，更大力度吸引出站博士后留豫。吸引跨国公司、域外研究机构在豫设立或联合设立先进制造研发中心和创新基地，支持与本省单位共建先进制造联合实验室和人才培养基地。

（四）加大先进制造业数字化转型人才培养

一是推动数字化人才产学研合作，把专业建在产业链上，全面提高教育质量，培育出支撑先进制造业数字化转型的卓越工程师。探索建立覆盖产教融合、校企合作参与的数字化转型人才培养模式，将人才培养与产业实际需求充分结合。支持应用型高校加强数字化转型相关学科和岗位微专业建设，推动人才培养模式改革。支持有条件的应用型高校联合先进制造企业建设实训基地，与先进制造业企业共同确定人才培养目标，促进人才培养与行业需求相匹配。

二是立足"十大战略"，优化政策激发本土人才创新创业积极性，重点支持青年科技数字化人才队伍培育，包括中外联合EMBA人才培养等，培育具有国际视野、具有核心竞争力的数字商业领域的战略科学家队伍。

三是依托"人人持证、技能河南"建设，大力开展先进制造业数字化转型人才培养，建设具备较高职业技能和道德素质、结构比较合理的劳动者队伍。

四是构建系统完备的技能人才培养体系，结合先进制造业产业特点，对重点关键岗位职工开展数字化转型新知识、新技术、新工艺等岗位工作能力培训，加强技术研修攻关，扩大高技能人才供给。

（五）加强先进制造业人才队伍载体建设

一是以项目为基础，加快构建跨学科、跨领域产学研创新联合体，联合体由先进制造重点领域龙头企业牵头，各方面协同配合，面向产业需求，组建创新团队开展协同攻关。

二是面向领军企业、高校、科研院所等，以后备人才培养为长期战略，支持建设一批先进制造产业人才基地，科学规划培养路径，打造先进制造业高素质人才培养的"黄埔军校"。

三是依托郑洛新国家自主创新示范区提质发展、郑开科创走廊建设，加快培育和招引科技含量高的科技型企业、高新技术企业、"专精特新"企业。以实验室体系重组为支点，谋划开展战略科技力量培育，加快国家大科学装置等特色创新平台的争取创建。

四是围绕先进制造业重点优势领域，建设专业型产业研究院、高水平企业经理人培训中心，构建全省协同的先进制造业技术创新体系。针对河南省重点打造的先进制造产业集群和产业链，遴选认定一批重点开展产业前沿及关键共性技术研发的省级先进制造业创新载体和职业技术经理人，为先进制造业创新发展提供公共服务，促进技术转移扩散和转化运用。

（六）实施先进制造业人才生态优化工程

一是以人才服务数字化改革为主线，建设完善一站式网络人才服务平台。推进人才服务"放管服效"改革，推行服务事项线上办理、限时办结，提高人才流动便利度。基于人才效能发挥，建立人才诉求"一窗受理"、人才服务"一站供给"、人才发展"一帮到底"的服务闭环。

二是探索建设完善针对先进制造业的集人才引进、服务、赋能、引领等功能于一体的人才创新创业服务综合体。围绕人才引进、政策兑现、生活保障、管理考核以及项目、工作、成长等人才全周期服务，整合人才服务事项，统筹各级部门人才服务事项，针对先进制造重点领域的人才人群构建服务专班，定期做好跟踪回访，并根据反馈与调研调查进行适时优化完善。

三是扩大政府引导基金规模，用于支持先进制造业高端人才创新创业。建立健全项目奖励、成果奖励、特殊津贴、重大课题基金支持等相结合的人才激励体系。

四是落实医疗社保、子女入学、居留便利等配套政策，支持先进制造企业等用人单位通过购买、租赁商品房、利用自有存量建设用地建设人才公寓、给予住房补贴等方式为高层次人才提供住房保障，支持各地制定出台更具吸引力的人才政策。

参考文献

王娟、叶美兰、朱卫未：《先进制造业高质量发展：内涵、要素和路径研究》，《南京邮电大学学报》（社会科学版）2021年第2期。

崔琰：《国家中心城市建设背景下郑州市人才引进政策实施效果研究》，硕士学位论文，郑州大学，2021。

何言、李兵、柯杨、夏远望、薛世君、丁新科、尹江勇：《高峰起中原》，《河南日报》2021年12月27日。

韩亚梅：《郑州市高层次人才队伍建设研究》，硕士学位论文，河南大学，2022。

宋歌：《河南省制造业人才队伍建设研究》，《中共郑州市委党校学报》2019年第3期。

B.6 河南省数字经济人才建设现状与展望

王长林 孙 克 司林胜[*]

摘　要： 数字化转型战略是河南省的十大战略之一，打造数字经济人才高地是实施数字化转型战略的关键抓手。为建设数字经济人才高地提供有力支撑。报告从六个方面总结了近年来河南省数字经济人才建设取得的主要成效：人才政策持续完善，人才量质双双齐升，人才效能显著提高，人才平台加速发展，人才生态更加优良，人才治理智能高效；从六个方面分析了河南数字经济人才建设面临的新形势：人才战略需要明确新使命，招才引智需要锚定新需求，人才培养需要坚持新理念，人才治理需要体现新思路，人才素养提升需要聚焦新任务，人才政策评估需要突出新导向；从六个方面提出了打造数字经济人才高地的对策建议：加强数字经济顶层设计，打好招才引智的组合拳，坚持产学研用协同育人，深化人才体制机制改革，提升领导干部数字素养，强化政策实施效果评估。

关键词： 数字经济　数字素养　人才生态　人才治理　人才高地

党的十八大以来，习近平总书记高度重视数字经济发展，中央政治局于

---

[*] 王长林，河南财经政法大学副教授，河南省人才集团人才研究院执行院长、博士，河南首席科普专家，主要研究方向为数字化平台、人才与治理；孙克，中国信息通信研究院政策与经济研究所副所长、博士，正高级工程师，主要研究方向为数字经济；司林胜，河南财经政法大学党委书记、校长、博士，二级教授，主要研究方向为电子商务。河南省发展和改革委员会数字经济处张璐副处长对本文亦有贡献，在此表示感谢。

2021年10月18日专门就推动我国数字经济健康发展举行第三十四次集体学习。党的二十大又对加快建设数字中国作出重要部署。河南省第十一次党代会将"数字化转型"战略作为十大战略之一，坚定把数字化转型作为赢得优势、赢得主动、赢得未来的战略之举。人才是第一资源，数字经济人才是河南数字化转型战略的重要支撑，是数字经济发展过程中的"活力因素"和"关键因子"。当前，河南正处于数字化转型的关键时期，各行各业对数字经济人才的需求与日俱增。作为人口大省，河南如何将人口红利转化为人才红利，全方位培养引进用好数字经济人才，打造支撑数字化转型战略的数字经济人才高地，为数字经济发展注入更多活力，为现代化河南建设提供强力支撑，是新时代河南必须要回答好的问题。

一 河南省数字经济人才建设取得的主要成效

数字经济为河南经济高质量发展提供了有力支撑。2021年，河南省数字经济规模突破1.7万亿元，连续六年稳居全国前十位，在国民经济中的地位更加稳固，成为拉动国民经济增长的关键引擎。数字经济人才是指数字经济领域具有ICT相关数字技能的从业者，以及其他与ICT专业技能互补协同的跨界人才。随着数字化转型战略的大力实施，河南数字经济人才加速集聚、人才生态持续优化，为数字经济发展注入了"新鲜血液"，有力支撑了现代化河南建设。

（一）数字经济人才政策持续完善

近年来，河南通过多维度完善数字经济人才政策环境。

一是数字经济发展的战略方向已确定。河南省委将"数字化转型"战略作为十大战略之一，是"十四五"时期推动河南数字人才经济高质量发展的行动纲领，为数字经济人才发展指明了方向，也为数字经济人才快速发展提供了难得的机遇。

二是数字经济发展已立法。《河南省数字经济发展促进条例》是全国第三部省级数字经济方面的综合性法规,该条例中明确规定"支持高等院校、科研机构、行业协会等通过多种方式培养数字经济研究和应用型人才""支持数字经济领域高层次、高技能以及紧缺人才纳入政府人才支持政策体系"。河南通过立法护航,推动数字经济人才迈入发展新阶段。

三是数字经济人才配套文件相继出台。《河南省"十四五"人才发展人力资源开发和就业促进规划》《关于加快平台经济健康发展的实施意见》《河南省"十四五"战略性新兴产业和未来产业发展规划》等文件陆续出台,为数字经济相关环节人才发展提供了支撑。

四是数字经济人才发展机制基本建立。省建设国家大数据综合试验区领导小组、省委网络安全和信息化委员会、省数字经济发展领导小组等先后成立,为支持数字经济发展、持续扩大数字经济人才规模提供了组织保障。

(二)数字经济人才量质双双齐升

在数字经济澎湃发展和招才引智的推动下,河南数字经济人才实现了量质双双齐升,为实施数字化转型提供了强有力的人才支撑和智力保障。

一是数字经济人才数量大幅增长,特别是产业技能人才增长明显。近年来,河南省从事数字经济的企业和从业人员快速增长。2021年,河南高校毕业生中,从事软件、计算机等相关专业人数近5万人。中原鲲鹏生态创新中心形成了"鲲鹏产业学院+社会生态活动"多元人才培养的"河南模式",赋能河南乃至全国数字经济建设,目前已与25所高校合作落地鲲鹏产业学院,受益学子1万余人;通过中原鲲鹏训练营、黄河鲲鹏开发者大赛等生态活动培养社会专业技术应用人才超过1万人。

二是数字经济人才质量提升明显,高层次人才和团队加速集聚。近年来,河南省大数据、云计算、网络安全、新一代人工智能等数字产业发展取得新突破,农业、工业和服务业等产业数字化转型快速发展,华为、阿里巴巴、腾讯、海康威视、科大讯飞等国内知名数字经济龙头企业纷纷入驻河南,有力吸引了大批高层次数字经济人才及团队的集聚。同时,河南搭建了互联网医疗系统与应用国家工程实验室等60个省级及以上大数据创新平台

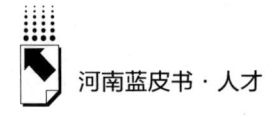

和12个大数据双创基地，并以中原龙子湖智慧岛作为国家大数据（河南）综合试验区的核心区和先导区，也推动了数字经济人才的高质量发展。

三是全省各地积极探索数字经济人才发展的新模式新路径，为数字经济人才发展提供了更多选择。郑州以中原科技城为带动，串联智能传感谷、金水科教园区、智慧岛、鲲鹏小镇等关键节点，积极构建数字经济人才发展新格局。洛阳、许昌、新乡等市充分发挥制造业发展优势，实现"弯道超车"，点燃了数字经济人才发展的新引擎。鹤壁利用优势资源再造"变道突围"，通过提质改造传统产业、发展壮大新兴产业，为数字经济人才发展提供了新思路。南阳、信阳、驻马店借势发展，"并道追赶"，通过跨区域合作、壮大数字经济，为数字经济人才提供了更加广阔的空间。

（三）数字经济人才效能显著提高

一是数字经济发展实现量质提升。2021年，河南数字经济规模继续保持快速增长，连续六年稳居全国前十位。全省数字经济规模突破1.7万亿元，较"十三五"初期增长了近一倍，较2020年名义增长14.6%；数字经济增加值占GDP的比重达到29.6%，数字经济发展呈现稳中向好的发展趋势。

二是产业数字化主导地位进一步巩固。2021年，全省产业数字化规模突破14500亿元，同比名义增长15.4%，占GDP的比重为24.8%。2021年，三次产业数字化渗透率分别为5.6%、17.9%、34.5%。

三是数字产业化发展水平不断提高。从总体规模上看，2021年，全省数字产业化规模突破2800亿元，同比名义增长10.9%，占GDP的比重为4.9%。

四是专利授权量增速明显。2021年，全省专利授权量达到158038件，同比增长28.7%；其中发明专利授权量达13536件，同比增长47.4%；全省有效发明专利拥有量达55749件，同比增长28.02%。在第三届河南省专利奖授予的50项中，仅有的2项特等奖均与数字经济相关，充分彰显了数字经济人才效能得到了有效释放。

五是数字产品成果丰硕。许昌鲲鹏制造基地成为华为鲲鹏国内重要生产基地，超聚变服务器落户郑州。第五代移动通信技术产业培育了多个特色产品,如郑大一附院建成国内首个连片覆盖的5G医疗实验网,平顶山跃薪时代"5G+智慧矿山"已推广应用。网络安全产业产品国内领先,安全芯片、不良信息监测等领域技术水平全国领先,初步形成了"芯片+软件+终端+平台+服务"的全产业链。

(四)数字经济人才平台加速发展

近年来,在"创新驱动、科教兴省和人才强省战略"推动下,河南数字经济人才平台建设成效显著。

一是双一流高校和学科提质增效明显。郑州大学、河南大学双双入选国家"双一流"建设二期;河南支持河南理工大学等7所高校的11个学科争创国家一流学科;着力提升其他特色骨干大学瞄准"十大战略",加强内涵建设,为数字经济人才培养和高层次人才集聚提供了基础载体。

二是争创和培育重要战略科技力量成效显著。国家级科研平台和省实验室数量增加明显。自2021年7月17日起,河南先后挂牌成立嵩山实验室、神农种业、黄河等8家省级实验室,省科学院重塑重建取得实质性突破,目前已组建9个研究中心。2018年7月,新华三大数据公司的"国家数字经济试点重大工程研究中心"落户高新区。

三是数字经济产业园相继成立。郑东新区龙子湖的智慧岛已成为国家大数据(河南)综合试验区的核心区和先导区,金水科教园区已获批国家网络安全创新应用先进示范区,中原龙子湖数字经济双创培育中心启动,中原科技城数字人才产业园已经投入使用,郑州中原鲲鹏生态创新中心、许昌鲲鹏制造基地、新乡鲲鹏软件园等园区载体的成立,吸引了200多家数字经济相关企业入驻,为数字经济人才集聚提供了载体。

四是"数字豫才计划"强力推进。发展数字经济,需要数字人才支撑。2021年1月末,中原科技城启动"数字豫才计划"项目,由政府发起,企业、社会培训机构、信息技术类大专学校、金融机构等多方参与,力争在3年内完成5万人次的数字人才培育,产出数字化产品不低于1万个、中大型企业不低于5个。目前园内的数字人才实习实训基地已完成首期建设1万平方米，并开放多个与企业共建的物联网实训室、微软智汇学院、云从人工智能实训基地、共享创客空间等实习实训场景，已与全球软件巨头微软、AI "四小龙"之一的云从科技和东软集团等企业合作，为数字经济人才的培养提供了众多顶尖的智库支持。

（五）数字经济人才生态更加优良

近年来，河南持续优化数字人才"生态圈"，为激活数字经济"关键因子"打造数字经济人才"引力场"。

一是坚持"人产城"融合发展理念。把"人"放在第一位，集聚一流人才，共建一流城市，为一流产业发展提供良好环境。河南致力于打造国家创新高地和重要人才中心，把"创新驱动、科教兴省、人才强省"作为十大战略之首，持续实施"智汇中原"活动，设立中原科技城，成功创建河南省国家大数据综合试验区、国家新一代人工智能创新发展试验区，加快构建产业、人才、创新、金融、服务"五链融合"的创新生态体系，为实现新旧动能转换和数字经济人才高地建设奠定了坚实基础。

二是人才政策持续迭代，打通痛点堵点。人才是高质量发展的第一推动力。郑州人才政策不断升级，新推出的"黄河人才计划"是"1125聚才计划"、"智汇郑州"人才工程迭代升级的3.0版本，具有指向更精准、导向更鲜明、机制更灵活、保障更贴心的特点，全方位构建人才生态链。截至2021年4月，郑州采用"人才+项目+平台"等方式，促进人才流、资金流、项目流、技术流的良性互动，累计引进境内外高层次人才1042名、项目团队413个，有效支撑了郑州打造国家区域科技创新中心。

三是"引育留"人才平台不断创新。"郑州人才计划"重点引进数字文创、信息技术、前沿科技、生命科技、人才教育五大核心产业，科技创新、政策创新、金融创新高度协同先行先试；聚焦海内外高端人才、科技领军人才、产业骨干人才、青年人才、名医名师名家五大群体，为数字经济高质量发展保驾护航。

四是人才服务更加便捷高效。深化人才创新创业全周期"一件事"改革，建立市场化的引才公司"河南人才集团"，成立中美国际创业港和郑州海归创新创业中心，用心用情服务好各类人才，真正营造"一切为了人才、一切服务人才、一切围绕人才"的浓厚氛围。

（六）数字经济人才治理智能高效

一是强化数字政府建设，提升数字化治理水平。数字技术大规模应用，大大提高了政府的数字化服务水平。目前，河南已建成全省一体化在线政务服务平台、"互联网+监管"平台和贯通省市县乡村五级的政务服务网，河南政务服务移动端"豫事办"上线运行，"最多跑一次"事项实现率达到90%，使得政府管理效率和服务能力大幅提高，民众满意度和获得感持续提升。

二是加强政务数据开放共享，提升在线办理便捷度。豫事办和河南政务服务网基本实现用户"一次注册、全网通行"，全省政务服务事项基本实现网上可办；持续推进"四减一优"（减环节、减材料、减时间、减跑动、优流程），省本级行政许可事项承诺时限平均压减超过70%，不见面审批事项比例达95%以上。

三是加强一体化政务服务能力建设，不断优化营商环境。根据国务院办公厅电子政务办公室发布的《省级政府和重点城市一体化政务服务能力评估报告（2022）》，在省级政府层面，河南省一体化政务服务能力总体指数得分超过90分，居于全国省级城市第一档，"办理成熟度"项目排名省级政府第7位。

四是人才工作法制化建设迈上新征程。2022年5月，《河南省人力资源社会保障法治建设实施方案（2021～2025年）》出台，是"十四五"时期全省人社系统法治建设工作的路线图和施工图，为推进全省人社部门治理体系和治理能力现代化提供了有力支撑。2022年9月30日，《河南省人力资源市场条例》表决通过，将为河南人力资源市场建设管理和人力资源服务业发展提供更加有力的法治保障。

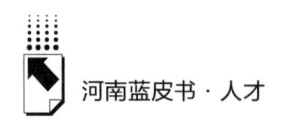

二 河南省数字经济人才发展面临的新形势

近年来,河南数字经济人才工作取得了不少成绩,但我们也要清醒地认识到,当前仍然存在一些突出问题:人才政策顶层设计有待加强,人才需求导向尚未完全确立,人才培养模式有待创新,人才治理体系有待完善,人才实施效果有待评估等。"十四五"时期,河南正处于全面建设社会主义现代化的关键时期,数字经济人才对确保高质量建设现代化河南、确保高水平实现现代化河南至关重要。站在新的历史起点,河南数字经济人才工作面临的内外部环境都发生了深刻变化,针对当前存在的突出问题,必须以前瞻30年的眼光,进一步加强对数字经济人才高地建设作出顶层设计和战略谋划,深化体制机制改革,全方位培养、引进和用好数字经济人才。

(一)数字经济人才发展战略需要明确新使命

数字经济是河南构建现代化经济体系的重要引擎,世界主要国家和国内各省份都高度重视发展数字经济。"十四五"时期,河南数字经济进入纵深发展的新阶段。为应对百年未有之大变局,推动河南省数字经济健康发展,需要做好"十四五"数字经济人才发展规划,明确数字经济人才发展新使命。具体来说,河南数字经济人才发展的新使命是,以服务河南打造国家创新高地和重要人才中心,服务"创新驱动、科教兴省、人才强省"战略,服务"数字化转型"战略,确保顺利实现现代化河南建设。这是因为打造国家创新高地和重要人才中心是河南实施人才强省的核心标志,也是支撑河南实现"两个确保"的关键变量。

(二)数字经济人才招才引智需要锚定新需求

数字经济的创新驱动实质是人才驱动,人才短缺是制约数字经济高地建设的重要因素之一。"十四五"时期,推动河南数字经济的高质量发展,加快实现数字化转型战略,河南需要强化招才引智,锚定人才发展新需求。新需求主要体现在，要坚持"面向世界科技前沿、面向河南经济主战场、面向国家在河南布局的重大战略、面向人民生命健康"的需要引才；要坚持服务数字化转型战略需要引才，着力解决企业"不会转""不能转""不敢转"等问题；坚持服务数字产业化和产业数字化需要、支撑三大产业数字化转型；服务郑州国家新一代人工智能创新发展试验区和数字经济国家试验区创建的需要，坚持数量与质量并重。

（三）数字经济人才培养模式需要坚持新理念

重视人才自主培养是建成数字经济人才高地的关键环节。对河南来说，由于数字人才生态还未完全建立，对人才的吸引力还有待加强，这就需要大力加强本土人才的培养，在培养过程中要坚持新理念。坚持按照人才成长的规律办事，打造有利于人才成长的生态环境，重视人才的自我成长和管理。坚持人才的数字思维、数字素养和数字技能同步提升，努力培养综合素质发展人才；坚持产教深度融合，畅通跨界人才循环，促进人才链和创新链、产业链深度融合，在构建创新人才生态中培养人才；坚持学科交叉融合、学科建设与产业人才需求相结合，动态调整高校相关专业设置，让高校成为数字经济人才培养的主阵地。

（四）数字经济人才治理方式需要体现新思路

数字经济快速发展，给数字经济人才治理带来了新要求新挑战，需要数字经济发展与数字人才治理相伴而行，需要在人才治理上体现新思路。"十四五"时期，需要坚持系统观念系统方法，着眼于人才、着力于人才，对人才治理体系进行系统性重塑，适应人才发展新形态、回应人才发展新需求。坚持数字赋能、改革破题、创新制胜，把人才强省、创新强省首位战略贯穿发展各领域全过程，健全宏观工作架构，加强中观组织落实，激发微观主体活力，实现人才工作从"外在要求"向"内生动力"转化，人才治理从"条块分治"向"整体智治"跃迁，加快建设以人才为核心的创新创业生态系统。需要坚持服务思维，建立全过程的人才服务体系；需要坚持数字

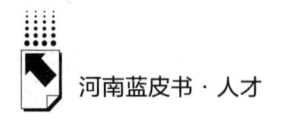

化思维，在治理过程中充分体现服务数字化和用好数字化的理念，形成数字经济人才多元协同治理新格局。

（五）数字经济人才素养提升需要聚焦新任务

提升数字经济人才数字素养与技能，是顺应数字时代要求、提升国民素质、促进人的全面发展的战略任务，是实现从网络大省迈向网络强省的必由之路。提升数字经济人才的数字化素养，要以前瞻三十年的眼光谋划工作，适应数字经济时代发展需要。重中之重是要提高党政人才、企业管理人才的数字化思维，培养数字文明素养；要提升数字化时代的履职能力，提升学网、懂网、用网的能力；要着重提升领导干部、公务员和企业管理人才的数字治理能力，注重数字安全，适应新时代对数字经济监管和治理的新要求。

（六）数字经济人才政策评估需要突出新导向

人才政策的动态评估是适应新时代人才工作新形势新情况新要求的关键举措。河南需要及时学习借鉴外地人才工作的好经验好做法，紧紧围绕河南打造创新高地和人才中心的需要，围绕数字化转型和人才强省建设需要，定期对各项政策的实施效果进行评估，提出优化改进措施，着力构筑更加积极、更加开放、更加高效的人才政策制度体系，全面提升引才育才聚才用才水平，为新时代社会主义现代化河南建设提供有力的智力支撑。同时，新时代对数字经济人才的评估要突出新导向，要坚持市场化导向，分类评价；坚持业绩为王，以用为主；坚持高精尖缺，凸显河南特色；坚持不求所有、但求所用，聚天下英才而用之。

三 河南省加快建设数字经济人才高地的对策建议

近年来，河南高度重视数字经济发展和数字经济人才工作，双双取得了明显成效。但总体来看，河南数字经济人才建设缺乏专项规划和总体布局，引培力度不足，人才效能不高等问题依然存在。"十四五"期间，河南需要紧紧围绕省委省政府对数字经济的发展部署，搭平台、建机制，聚人才、强服务，不断提高数字经济人才服务水平和治理效能，全力打造数字经济人才高地。

（一）加强数字经济顶层设计，打造数字经济人才的新高地

推动数字经济创新发展，打造数字经济人才高地，关键在人，关键在人才。

一是要加强顶层设计。强化顶层设计，将数字经济人才队伍建设作为人才强省建设的重中之重，作为国家创新高地和国家人才中心建设的重中之重。

二是抓好总体布局。结合《河南数字经济促进条例》，全方位抓好数字经济人才"引育留用"各环节的工作，将数字经济人才作为创新驱动的根本动力，作为现代化河南建设和全省数字化转型战略的关键增量，用好数字经济人才这个"牛鼻子"，赋能河南经济高质量发展，赋能现代化河南建设。

三是打造数字经济人才创新创业试验区。以沿黄科创带为主体，以中原科技城为核心，力争打造成为国家数字经济人才创新先行区，积极探索人才体制机制改革，在人才管理的"引、育、用、留、转"等关键环节大胆探索，先行先试，积极发挥示范带动作用，激发数字经济人才创新活力。

四是探索人才共享机制。秉承"不求所有，但求所用"的理念，积极利用互联网等先进技术，探索郑州都市圈人才共享机制；建立"人才飞地"，积极利用发达地区的高层次人才资源，实现与京津冀、长三角、珠三角在高端数字经济人才的共享。

（二）打好招才引智的组合拳，构筑数字经济人才的强磁场

强化市场引才，聚天下英才而用之，奋力构建打造数字经济人才高地。

一是要明确数字经济人才引进的重点方向。着力引进战略科学家、顶尖人才和团队、领军人才、数字经济企业家等高端人才，具体包括数字战略管理人

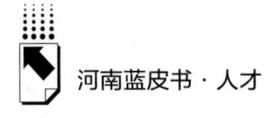

才、数字研发分析人才、数字技能制造人才、数字营销运营方面的高层次人才。

二是加快构筑高能级平台体系。以中原科技城、郑洛新国家创新示范区、国家新一代人工智能试验区为载体，争创国家科创中心，完善数字经济人才发展统筹布局，着力打造沿黄科创走廊，带动全省数字经济人才高质量发展。

三是实施战略科技力量锻造工程。加快构建以国家重点实验室、省实验室为主体的新型实验室体系，探索组建联合实验室和实验室联盟；加快构建以国家产业创新中心、技术创新中心、工程研究中心、制造业创新中心等为主体的创新中心体系；加快推进以大数据、智能计算、物联网、网络安全、量子信息等为主体的重大科技基础设施（装置）建设，加快实现高端数字经济人才智汇河南。

四是建强人才科创特色平台。重点围绕智能传感器、新型显示器与智能终端、网络安全等河南特色产业集群，建强数字经济人才特色平台，集聚产业数字化高端人才。

（三）坚持产学研用协同育人，构建数字经济人才培养体系

数字经济是推进产教融合的重点领域，打造数字经济人才高地，对数字经济人才培养的数量和质量提出了更高要求。

一是实施一流高校引育工程。要继续加大力气推进郑大、河大"双一流"建设，支持河南理工等7所高校创建双一流，鼓励其他特色骨干高校强化特色、凸显优势。着力引进2~3所全球前100名的高校来河南合作办学，引进国内双一流高校来河南合作办学和建立新型研发机构。

二是构建需求导向、质量导向的人才培养机制。进一步发挥高校人才培养主阵地的作用，改革高等学校学科设置和学位管理制度，根据产业需要动态设置学科，加强基础学科拔尖人才培养。大力推进"四新"建设，加强复合型数字经济人才培养，通过科教协同、产教融合提升硕士、博士研究生培养能力和质量。

三是加强数字经济战略人才力量培养。科技卓越人才（如战略科学家、

顶尖人才、领军人才等）和青年科技人才是战略人才的核心组成部分，是挑起数字经济人才"大梁"的主力军。重点围绕河南优势产业和特色产业，利用中原英才计划深入实施数字卓越人才培养计划和博士后创新人才计划，带动全省创新人才量质齐升。

四是持续推进"人人持证、技能河南"建设。围绕提质发展传统产业、培育壮大新兴产业、前瞻布局未来产业，分层分批次开展岗前培训、在岗培训和重点领域急需紧缺人才培养，造就一大批技艺精湛的技能人才、能工巧匠、大国工匠、壮大高素质技术技能人才队伍，赋能智能制造和数字化转型，为河南数字经济高质量发展提供人才支撑。

（四）深化人才体制机制改革，完善数字经济人才治理体系

重塑重建人才管理体制机制，提升人才治理能力，形成多元共治的人才治理新格局，是建设数字经济人才高地的内在要求。

一是突出数字赋能。以数字化手段推进人才治理全方位、系统性、重塑性变革，运用新一代人工智能等技术，全面推进人才工作数字化改革，建设人才工作数字化平台和数据中心，实现工作"一张网"、服务"一个码"、数据"一个库"，按照"能放则放、应放尽放"原则，赋予用人单位在人才"引育留用管"等方面的充分自主权。

二是突出法治思维。人才治理法治化，既是人才强省的重要保障，也是人才强省的内在要求。要不断加强人才立法提升法规质量，提升人才法治化的执法能效和品质，依法全面推进人才体制机制改革，系统推进人才法治化评估监督机制，让人才工作由政策创新推动转向依法营造环境。

三是突出立体推进。既要坚持人才"引、育、留、用、转"全过程的体制机制改革，把创新、价值、能力、贡献作为人才评价的标准，为人才放权松绑，激发人才创新活力；也要坚持人才强省、强市、强县、强企一体化推进，将人才工作成效、人才绩效、创新实效作为资源配置的重要标准，作为考核党政干部、激励创新人才的重要依据，全方位全过程推进人才工作。

四是突出整体智治。坚持党管人才不动摇，不断完善党管人才体制机

制，要把人才管理推向人才治理。坚持整体政府智慧治理理念，推进数据共享、业务协同、力量整合，构建完善省市县一体、部门间协作、全链条覆盖、治智贯通的人才治理体系，构建"多层次、多途径、多模式"的人才工作智能决策体系，加速人才工作决策智能化，提升主动适应数智化时代的人才治理能力。

（五）提升领导干部数字素养，推进人才工作的数字化转型

提升领导干部数字素养是推进数字化转型、建设数字人才高地的关键。强化领导干部现代化能力，就是要提升领导干部的数字化理念、深化其数字化认知，不断增强干部善于获取数据、分析数据、运用数据的意识和能力。

一是增强领导干部互联网思维能力。加大领导干部数字素养培训学习力度，帮助领导干部形成以互联网思维思考问题、以数据结果论证问题、以科学信息理论解决问题的数字化思维范式。

二是提高信息化应用能力。提升领导干部运用数字技术手段开展数字化服务、数字化协作、数字化互动、数字化决策，帮助他们把握互联网规律、引导网络舆论、驾驭信息化发展、保障网络安全。

三是拓宽数字化发展能力。加大领导干部数字素养培训学习力度，帮助领导干部充分利用数字化思维和数字技术手段，全面促进党政机关的决策和履职，全面支撑数字经济、数字社会发展，推进社会主义现代化建设，全方位赋能经济社会转型。

四是形成数字化考核体系。通过构建领导干部数字素养测评考核体系，探索建立领导干部数字素养与技能发展评价指标体系，在公务员选拔、任用、考核中，加强数字能力考察，以评估考核促进领导干部数字素养的提升和发展，为河南数字经济高质量发展保驾护航。

（六）强化政策实施效果评估，提升数字经济人才政策效能

人才政策是人才竞争的重要支撑，也是科技创新的重要变量。在提高人才政策供给质量的同时，要加大人才政策落实力度，强化人才政策效果评

估,不断提高人才政策的"含金量",让各类人才引得进、留得住、用得好。强化人才政策实施效果评估,要做到四个聚焦。

一是聚焦人才政策的数字化。着重评估人才工作是不是整合了各级各部门人才服务事项,是不是紧紧围绕人才"引、育、留、用、转"全链条实施重塑业务流程,为人才发展提供全周期、全方位、一站式服务。

二是聚焦人才政策的市场化。着重评估人才工作是不是广泛调动各类市场主体的积极性,是不是围绕人才创新创业全周期的需求提供全方位、立体化、闭环式的金融服务;是不是在人才的引培方面加大了国际化人才的引培力度,全方位营造适合国际高端人才创新发展的"类海外"环境。

三是聚焦人才政策的一体化。人才政策一体化着重在于实现人才发展生态的共建共享共治。重在评估人才政策是否全面人才资源信息共享、评价互认、同城同待遇,是否支持关系不转、户口不迁的人才同等享受公共服务,是否建立健全了人才公共服务成本共担机制,是否形成了都市圈城市人才共引、资源共享的一体化发展格局。

四是聚焦人才政策的"河南特色"。在制定人才政策时,政府各级部门是否已自觉形成"抓发展必先抓人才、抓人才就是抓发展"的工作理念。河南在高端数字经济人才方面较为稀缺,人才政策是否突出"高精尖缺",对毕业于世界100强大学的数字经济专业(或国内数字经济领域"双一流建设学科"专业)高校毕业生给予更大力度的支持。河南高校数量较多,职业教育较为发达,人才培育政策方面是否突出"校企互动"、产教深度融合、多方协同育人。

参考文献

国务院:《"十四五"数字经济发展规划》,2021。
河南省人民政府:《河南省"十四五"数字经济和信息化发展规划》,2021。
河南省发展和改革委员会、中国信息通信研究院:《河南省数字经济发展报告(2022)》,2022。

浙江省发展和改革委员会、中共浙江省委组织部：《浙江省人才发展"十四五"规划》，2021。

中国信息通信研究院：《中国数字经济发展白皮书（2021）》，2021。

中国信息通信研究院：《中国数字经济就业发展研究报告：新形态、新模式、新趋势（2021年）》，2021。

河南数字经济产业创新研究院：《数字豫才计划》，2021。

B.7 河南省乡村振兴人才队伍建设与展望

张道明[*]

摘　要： 乡村振兴，人才是关键。党的二十大强调"全面推进乡村振兴"，为新时代"三农"工作指明了方向、提供了遵循。河南是农业大省、农业人口大省，全面实现乡村振兴，乡村人才是关键。新时代十年，河南乡村人才振兴迈上了新台阶、取得了新成效，培训机制不断完善，服务体系逐步构建，成长环境持续优化，但乡村人才仍然存在总量供给不足、专业结构不太合理，外来人才"引进难"、本地人才"留住难"，培训精准度有待提高等问题。河南加快推进乡村振兴人才队伍建设，要在保存量、促增量，调结构、提素质，把方向、重使用，强保障、重激励等方面下功夫，让更多的乡村人才愿意来、留得住、干得好、能出彩，为接续推动乡村全面振兴，加快实现农业农村现代化提供人才保障。

关键词： 乡村振兴　人才队伍　人才强省

党的二十大提出，全面推进乡村振兴，加快建设农业强国，扎实推动乡村产业、人才、文化、生态、组织振兴。习近平总书记强调，推动乡村人才振兴，要把人力资本开发放在首要位置，强化乡村振兴人才支撑。河南省委坚持把实施乡村振兴战略作为"十大战略"之一，明确要求"乡村振兴实

---

[*] 张道明，河南省农村社会事业发展服务中心（河南省农业对外经济合作中心）主任，高级农经师，主要研究方向为"三农"问题。

现更大突破、农业农村现代化走在全国前列"。河南是农业大省、粮食大省，连续多年粮食产量保持在1300亿斤以上，是名副其实的天下粮仓、国人厨房。同时，河南也是农业人口大省，农村常年在外务工人员近3000万人。如何立足农业人口大省实际，切实把农村劳动力资源优势转化为人才优势，新时代新征程上，河南要加快构建乡村人才振兴体系，积极培育一大批懂农业、爱农村、爱农民，留得住、能战斗、带不走的乡村人才队伍，为全面推进乡村振兴、加快农业农村现代化、实现农业大省向农业强省转变提供强有力的人才支撑。

一 立足实际，全面厘清河南乡村人才振兴新情况

新时代十年，河南各级党委政府十分重视乡村人才工作，始终把乡村人才振兴放在实施乡村振兴战略的核心位置，摆上河南"三农"工作重要日程，先后出台了《河南省乡村人才振兴五年行动计划》《河南省"十四五"人才发展人力资源开发和就业促进规划》等一系列政策措施，建立健全了乡村人才培育、留用、引进等工作体制机制，持续培育了农业生产经营人才、农村二三产业发展人才、农业农村科技人才、乡村公共服务人才、村党组织带头人等多支乡村人才队伍。目前，全省乡村人才总体规模不断扩大，综合素质稳步提升，人才结构持续优化，为加快推进乡村全面振兴、实现农业农村现代化提供了坚强的人才智力保障。

（一）基本情况

1. 从农村人口总量上看

截至2021年底，河南省常住人口9883万人，其中乡村常住人口4304万人，占比43.55%。第七次全国人口普查数据显示，全省乡村行政区域内，16~59岁劳动年龄人口占全部乡村人口的50.70%，农村人口基数比较大，农村劳动力占农村人口一半以上。相比较而言，河南是农业人口大省，农村劳动力资源丰富，人口红利进一步挖掘的潜力较大。

2. 从农村人口受教育情况看

2021年全省乡村从事农业的生产经营人员受教育情况如表1所示。从表中可以看出，全省农村劳动力中具有初中文化程度的人数占比59.75%，高中文化程度的占比11.55%，大学专科和大学本科文化程度的仅占比4.36%。总体上看，全省农村劳动力文化素质有了大幅度提高，但受高等教育的人数占比不高。

表1 2021年河南省从事农业的生产经营人员受教育情况

单位：人，%

序号	学历	人数	占比
1	未上过学	41080	2.14
2	学前教育	1752	0.09
3	小学	423172	22.03
4	初中	1147767	59.75
5	高中	221907	11.55
6	大学专科	61311	3.19
7	大学本科	22502	1.17
8	硕士	1308	0.07
9	博士	143	0.01
总计		1920942	100.00

3. 从乡村人才类型上看

全省各类乡村人才发展迅速。其中，以经营管理型、专业生产型和技能服务型为代表的高素质农民群体规模最大，发展最快。截至2021年底，全省高素质农民总数达到135.7万人，领办创办农民专业合作社19.6万家、家庭农场26万家、农业社会化服务组织12.5万家。另外，全省乡村人才队伍中，还有农业技术人员5.7万人，兽医（防疫）技术人员1.6万人，乡村治理人才5.2万人，在乡镇工作服务的执业（助理）医师12.4万人，小学专任教师37.7万人，返乡下乡创业人员141.3万人。在全省27万名村干部群体中，村党组织支部书记平均年龄为51.8岁，大专及以上学历占

比18.8%。

表2至表4对河南省高素质农民群体进行了细化分析。从表2可以看出，全省高素质农民拥有初高中学历的人数占比79.51%。

表2　2021年度河南省高素质农民学历结构

单位：人，%

序号	类别	人数	占比
1	大专及以上	124840	9.19
2	高中	454138	33.47
3	初中	624809	46.04
4	小学	140430	10.34
5	未上过学	12788	0.94
合计		1357005	100

表3反映了全省高素质农民的结构类型，其中专业生产型人员占比42.24%。

表3　2021年度河南省高素质农民类型结构

单位：人，%

序号	类别	人数	占比
1	生产型人员	573208	42.24
2	经营型人员	313142	23.08
3	技能服务型人员	184872	13.62
4	技能带动型人员	146090	10.77
5	社会服务型人员	139693	10.29
合计		1357005	100.00

表4反映了全省高素质农民年龄结构情况，其中41~54岁占比55.35%。

4.从乡村人才发挥作用上看

目前，全省各类乡村人才在推动乡村全面振兴、推进农业强省建设中发挥了主力军、排头兵作用。一大批活跃在现代农业发展第一线的农业生产经营人才、农村第二和第三产业发展人才、农业农村科技人才等，在农业新技

表4　2021年度河南省高素质农民年龄结构

单位：人，%

序号	类别	人数	占比
1	35岁及以下	205618	15.15
2	36~40岁	281934	20.78
3	41~45岁	318241	23.45
4	46~50岁	270486	19.93
5	51~54岁	162482	11.97
6	55岁及以上	118244	8.71
合计		1357005	100.00

术推广、良种应用、绿色生产等方面发挥了示范引领作用，成为推动现代农业高质量发展的中坚力量。全省每年农业主推技术示范推广到位率95%以上，主要农作物良种覆盖率超过97%，畜禽良种覆盖率达90%以上，测土配方施肥技术覆盖率达90.5%，主要农作物耕种收的综合机械化水平达86.3%，这些新技术、新农艺的推广应用都与高素质农民等各类乡村人才示范带动密不可分，仅靠传统家庭农户，很多新技术、新品种难以得到大面积推广应用。

5. 从乡村人才获得荣誉上看

近十年来，全省乡村人才通过脚踏实地干事创业得到了社会认可，取得一系列荣誉。比如，在高素质农民队伍中，有2690人担任村两委干部，326人当选各级人大代表和政协委员，97人次先后被农业农村部、共青团中央、中华农业科教基金会授予"全国青年致富带头人""科教兴村杰出带头人""全国百名杰出优秀学员""全国百优保供先锋"荣誉称号，有4人获得"全国十佳农民"，25个人获得全国农业劳动模范称号。在基层农技人员队伍中，先后有1人被评为"全国十佳农技推广标兵"，9人被评为"全国最美农技员"，108人获得了全国农牧渔业丰收贡献奖奖励，成为全国农技推广的标杆和典范。

（二）取得的成效

1. 乡村人才培训机制逐步完善

通过开展高素质农民、农村第二和第三产业发展人才、乡村公共服务人才、乡村治理人才等多个专项人才培训项目，逐步构建了系统化、规模化、精准化、实用化的乡村人才培训体系。针对乡村人才独有的需求特点，在培训中专门遴选一批有理论水平、有实战经验的优秀师资队伍参与培训，创新一批行之有效的培训模式，而且各类培训相互借鉴，取长补短，形成了多支乡村人才队伍同部署、同培养的良好局面。2022年，省教育厅共安排经费3.9亿元，培训农村教师近20万人次；省卫健委采取线上线下相结合方式，对9764名基层卫生骨干和1250个家庭医生团队进行培训。

2. 乡村人才服务体系逐步构建

想人才所想、急人才所急、解人才所困，为各类乡村人才提供"一站式""保姆化"服务，切实做好乡村人才的"服务员""店小二"，尤其是从技术指导、产业引导、品牌打造、仓储物流、信贷优惠等方面开辟绿色通道，推动了全省农业龙头企业、农民专业合作社、家庭农场等新型农业经营主体和现代农业产业园等示范载体建设取得了较快发展。比如，省市场监管部门引导农业企业、农民合作社等新型农业经营主体，开展有机产品、绿色食品等相关产品认证。截至2022年11月，全省绿色食品认证证书达到2512张，有机产品认证证书348张，同时制定发布了82项农业农村领域省地方标准，使全省现行有效的省农业地方标准总数达到880项，有力地服务了乡村产业振兴提质增效。

3. 乡村人才扶持政策逐步加大

随着乡村振兴战略的深入实施，各级党委政府及相关部门顺势而为，相继出台了一系列扶持政策，为各类乡村人才大展宏图提供了强有力支撑。2022年，省财政筹措资金47.9亿元，支持高质量推进"人人持证、技能河南"建设，提高农民劳动职业技能。全省各级人社部门出台了返乡创业优惠政策，每年开展返乡创业优秀示范项目评审、返乡创业之星评审，以及凤归中原创业大赛，并给予贷款贴息、资金奖励等。人行郑州中心支行联合省农业农村厅印发《关于发挥农业信贷担保作用助力乡村振兴战略行动的通知》，鼓励金融机构综合运用再贷款与农业信贷担保，缓解涉农主体融资难、融资贵问题。截至2022年10月，全省支农再贷款余额245.2亿元，当年累计发放125.8亿元。

4. 乡村人才成长氛围愈发浓厚

乡村人才在推动乡村振兴中发挥着不可替代的作用。持续加大宣传表彰力度，让乡村人才"来者有其尊，优者有其荣"，进一步营造尊贤爱才、见贤思齐的良好氛围。比如，通过举办高素质农民创业大赛、农业职业技能大赛、十佳农民评选、招才引智大会等一系列大型竞赛和表彰活动，让越来越多的基层农业劳动者从田间地头走上了更大的平台，包括中央电视台等主流媒体也纷纷进行跟踪报道，让社会各界关注农村、关心农业的氛围日益浓厚，让乡村人才成长环境持续优化，自身的荣誉感、自豪感、获得感得到大大增强。

二 找准短板，准确把握河南乡村人才振兴新问题

当前，全省乡村人才供需关系呈现出总量不足、结构不优、区域性短缺的特点，农村人才资源还面临着关键农时缺人手、现代农业缺人力、乡村振兴缺人才问题。

（一）乡村人才总量供给不足、专业结构不太合理

随着新型城镇化、工业化、信息化的快速发展，农村大量的青壮年劳动力外出务工经商，导致留在农村的人口逐渐减少，老龄化问题越来越严重，现在从事农业生产的劳动力平均年龄在53.6岁左右。从行业上看，乡村人才主要集聚在教育、卫生、农林水等部门，乡村一线农业技术推广、乡村治理人才相对不足。从人才素质结构上看，从事农业生产经营人员普遍文化教育程度不高，乡村人才结构不协调，主要集中在种植养殖方面，现代农业发展中所需要的市场销售、品牌打造、风险防控等方面专业人才相对缺乏。

（二）乡村外来人才"引进难"、本地人才"留住难"

乡村人才"引进难"主要体现在，高层次人才不愿意到农村发展，大中专高校毕业学生不愿意回到农村，其主要原因是，乡村工资待遇相对低于

城市，工作基础相对差于城市，潜在发展机会相对少于城市。相比之下，不少人才更愿意流向大中城市。"留住难"的主要原因是，近年来乡村基础设施虽然有了大幅度改善，但相对于城市而言，在教育、卫生、文化等公共服务方面还不够完善，不能较好地满足乡村人才的现实需求；发展乡村产业存在设施用地审批难、农业生产经营贷款难等问题，制约了人才愿意回到乡村从事生产经营活动。2021年，全省农村劳动力转移就业总量3134.33万人，其中省内转移1878.36万人，省外输出1255.97万人，说明乡村劳动力外流现象比较普遍。

（三）乡村人才培训形式有待创新、培训实效有待提升

提高乡村人才综合素质，规模化、持续化、精准化培训是关键。目前，从培训对象看，农业农村、人社等部门开展的培训，更多注重农业生产经营人才、返乡创业等农村第二第三产业发展人才的培训，对家庭分散经营的小农户培训关注度还不够。从培训内容看，注重种植养殖专业技术培训较多，涉及风险防控、市场拓展、实操锻炼等综合素质提升方面的培训相对较少。从培训效果看，由于乡村受训人员文化程度参差不齐，生产经营涉及面广，存在众口难调问题，培训精准度很难把握，实际培训效果受到影响。另外，农业农村、乡村振兴等部门每年都有培训任务，现实中乡村有培训需求、有接受能力的受训学员总量增加毕竟有限，重复培训现象偶有发生。

三 多措并举，奋力谱写河南乡村人才振兴新篇章

"得地千里，不如一贤。"加快推进乡村全面振兴，农民是主体，人才是关键。当前，乡村振兴的宏伟蓝图已经绘就，确保乡村振兴战略落地生根，需要大批乡村人才去推动、去实施。实施乡村振兴战略背景下，加强乡村人才队伍建设，需要把提升村干部综合素质、用好乡土人才、引进外来人才等摆上重要日程，在坚持党管人才的前提下，加快建立健全乡村人才培养、留用、引进等支持政策体系，强化乡村人才使用、考评、激励等管理机

制，多措并举、多点发力，统筹做好乡村人才振兴这篇大文章，让乡村人才群贤毕至，内在活力迸发，奋力在农村广阔天地上大展宏图，再创佳绩。

（一）保存量，促增量

1. 着力在乡村人才挽留上下功夫

实现乡村人才振兴，首先要把乡村现有的人才尽可能地留下来，要让愿意留在乡村的人才留得安心。同时，要让愿意返乡下乡的人才更有信心，"既来之，则安之"。既要保障乡村人才的物质生活，做到工作环境安心、吃住舒心，同时也要注重情感认同，关心人才、支持人才，达成与人才的情感共鸣，真正做到人才"引得进""留得住"。

一是完善乡村振兴留才配套机制。切实解决乡村人才的后顾之忧，重点做好人才最关心的子女上学、配偶就业、职称晋升等配套工作，让广大乡村人才能全身心投入乡村振兴事业中去。

二是完善乡村人才公共服务需求。尽快提升农村基础设施、社会保障、就业创业、医疗教育等公共服务水平，完善各项服务乡村人才的综合服务设施，让乡村人才解除后顾之忧。

三是搭建乡村人才干事创业的"舞台"。要营造包容开放、规范有序的乡村人才发展环境，给予乡村人才更多的干事创业自由空间；要为返乡创业人才乡土人才生产经营开辟绿色通道，把乡村人才从烦琐的各项审批中解放出来，确保乡村人才有更多的精力投入乡村振兴大潮中去。

2. 着力在乡村人才引进上下功夫

乡村人才振兴，引进人才是重要补充，要从乡村实际出发，畅通引才渠道，灵活引才方式，为乡村人才引进建立便捷通道。

一是放宽引才条件。立足乡村实际，摒弃传统"唯学历论""唯专业论""唯头衔论"的观念，围绕乡村振兴中特色产业发展、人居环境改善、农耕教育、休闲观光等重点领域急需人才，可适当放宽条件，简化引进程序，确保引入适合乡村发展的可用之才。

二是打造引才平台。基于社会发展所需、乡村优势所在，培育有竞争力的乡村产业项目，扶持一批乡村龙头企业，塑造乡村特色品牌，为引进人才提供施展才华、展现抱负的发展平台。

三是打好"乡情牌"。乡情乡音是人们记忆中最美好的牵动，通过大力度、多途径宣传乡村振兴事业对人才的渴求，让曾经"走出去"的乡土人才返乡"造血"，实现人才在农村与城市间自由流动。以乡情乡愁为纽带，引导乡贤乡友"回乡"，促进农村人才"回流"。

此外，还可采用灵活的引才方式，加强与科研院所、高等院校等智库合作，借助项目合作、交流学习、讲学培训等方式吸引各领域的专家学者，通过参加志愿服务等形式，帮扶乡村发展产业。

（二）调结构，提素质

1. 聚焦乡村人才重点群体培养做文章

一是高素质农民队伍。组织开展农业技能培训、返乡创业就业培训和职业技术培训，探索田间学校、网络课堂等培训方式，探索高素质农民通过弹性学分制参加中高等农业职业教育，培养造就一支有文化、懂技术、善经营、会管理的高素质农民队伍。

二是农业农村科技人才队伍。发挥"中原英才计划"等省级重大人才计划引领作用，培养农业农村高科技领军人才；发挥河南省17个现代农业产业技术体系平台作用，培养农业农村科技创新人才；依托国家基层农技推广体系改革与建设补助项目和实施农技推广服务特聘计划，加强农业农村科技推广人才培养；深化拓展科技特派员助力乡村振兴"十百千"工程，完善科技特派员工作机制，发展壮大科技特派员队伍，基本实现区域特色产业全覆盖。

三是农村第二第三产业发展人才队伍。深入实施返乡创业人才能力提升行动，广泛开展各类创业培训，大力培育农村创业创新带头人。深入实施乡村技能人才提升行动，打造一批省级城乡劳动者转移就业培训品牌基地和省级技能大师工作室、大师传习所等，大力挖掘培养乡村手工业者、能工巧匠、传统艺人。围绕"一人一证、技能河南"建设，积极做好培训后职业技能等级评价工作，逐步提高持证比例。

四是乡村治理人才队伍。火车跑得快，全靠车头带。选优配强乡镇领导班子，实行乡镇编制专编专用，落实乡镇工作补贴政策；整体优化提升村党组织带头人队伍，通过外出学习、定向培养等方式，不断创新培养模式，培育一批"有思想、有眼界、能带头"的新型村两委干部；加大从优秀村党组织书记中考录乡镇公务员、招聘乡镇事业编制人员力度，激励其带头干事创业，带领群众共同致富。

2. 聚焦乡村人才系统培育做文章

乡村人才振兴，系统培育是关键因素。一是坚持需求导向，提高培育精准性。结合优质小麦、优质花生等十大特色产业基地和"肉、面、油、乳、果蔬"五大支柱产业转型升级的需要，创新开展"订单式""菜单式"乡村人才培训模式，由"大水漫灌"变为"精准滴灌"，提高乡村人才培训的针对性和有效性；进一步拓展培训方式和渠道，充分利用大专院校、高等院所师资，采取"请进来"教学和组织乡村人才赴农业发达国家和"一带一路"沿线国家"走出去"学习相结合的方式，不断巩固提升学习教育成果。

二是聚焦乡村人才特点，创新培育模式。坚持"送教下乡、进村办班、农学结合、弹性学制"培养模式，持续稳定举办中等职业教育，通过"固定课堂、空中课堂、田间课堂、流动课堂"一体化培养，在田间地头、产业链上培养乡村人才。加强教材编写研究，出版特色鲜明、内容全面、形式多样、务实管用的精品教育培训教材，利用云上智能App，广泛开展手机在线学习。

三是挖掘乡村人才典型，发挥示范引领作用。大力宣传在乡村振兴中涌现出的先进典型和培养模式，挖掘近年来通过农村实用人才带头人示范培训、高素质农民培育等产生的优秀人才，推广一批可借鉴、可复制的脱贫攻坚典型模式。持续开展高素质农民创业创新大赛和"全国十佳农民"资助项目评选，借助新媒体宣传其成长故事和典型经验，提升乡村人才队伍在社会中尤其是在年轻人当中的影响力和示范带动能力。

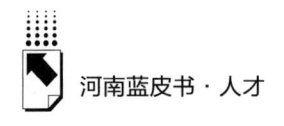

（三）把方向，重使用

1. 坚持党管人才原则

实施乡村振兴战略内容多、时间长，需要乡村人才的数量和种类较多，覆盖范围也比较广，涉及农业农村、科技教育、文化卫生等方方面面，包括农业生产经营人才、农村第二第三产业融合发展人才、乡村公共服务人才、乡村治理人才、农业农村科技创新五大类人才，不同人才归口不同部门管理。因此，必须坚持党管人才原则，将乡村人才振兴纳入党委人才工作总体部署，建立党委统一领导、组织部门指导、党委农村工作部门统筹协调、相关部门分工负责的乡村人才振兴工作联席会议制度，研究协调乡村人才振兴工作中的重大问题。同时，要加大对乡村人才振兴工作的目标考核，把乡村人才振兴纳入实施乡村振兴战略总体考核内容中去，形成齐抓共管、部门联动的工作机制，合力推进乡村人才队伍建设。另外，要加强农村工作干部队伍的培养、配备、管理、使用，将干部培养向乡村振兴一线倾斜，吸引更多人才愿意到乡村去，能留得住、干得好、能出彩。

2. 合理使用乡村人才

推动乡村全面振兴，需要打造一支能力强、素养高、精神足的乡村人才队伍。加快构建乡村人才队伍，培育引进是基础，选好用好是关键，让乡村人才在农村广阔天地上大展宏图、尽职尽责才是最终目标。

一方面，科学制定乡村人才选用标准，让乡村优秀人才聚起来。按照"凭能力用干部，以实绩论英雄"原则，把致富能力强、奉献精神强、为人公道热情的种植养殖大户、致富带头人、返乡人员、能工巧匠、文化传承人等选到乡村人才队伍中去，为家乡建设出谋划策，为乡村振兴增活力、添后劲。

另一方面，树立正确的用人导向，让乡村优秀人才有奔头。定期对进入乡村基层干部中的农村致富带头人、返乡下乡创业人员、复员退伍军人等人才进行考察了解，对那些能力突出、业绩突出的优秀乡村人才，从待遇上、身份上给予政策扶持倾斜，让乡村人才有干头、有盼头、有甜头，不断提升乡村人才发展乡村产业、服务农民群众、助推乡村振兴的积极性、主动性和创造性。

（四）强保障，重激励

1. 强化乡村人才公共服务保障

客观上看，乡村之所以留不住人才、引不进人才，其中一个主要原因是城乡之间基本公共服务差距过大。要让乡村人才能够安下心来干事创业，必须妥善解决好乡村人才的后勤保障问题，首要的是在加快提高乡村基本公共服务供给水平上下功夫，为乡村人才及其家属解决后顾之忧。在乡村教育上，财政资金投入要加大对乡村中小学校的倾斜力度，不断完善乡村义务教育基础教学设施设备，稳步提高乡村学校教师的工作待遇，让乡村人才的孩子们在当地也能够接受高质量的义务教育。在医疗卫生上，要加快完善乡镇中心卫生院和村卫生所医疗设施设备，研究制定工资待遇、职称评定向基层医务人员倾斜的优惠政策，广泛开展城乡医疗机构之间医生互派、结对帮扶和远程诊疗活动，让乡村人才在家门口也能享受到优质的医疗服务。在乡村文化上，要加强乡村新时代文明实践站、文化广场、乡贤馆、村史馆、农家书屋等基础设施建设，挖掘和传承乡村戏曲、魔术、舞狮等传统文化艺术，让乡村人才的业余文化生活也能够丰富起来。在乡村环境上，持续推进乡村五好公路、村村通公路、数字乡村建设，持续实施人居环境整治五年行动计划，高质量完成农村厕所革命，为乡村人才的日常出行提供方便快捷的交通服务，为乡村人才的日常生活打造出生态宜居的优美环境。

2. 建立完善乡村人才激励机制

建立健全乡村人才倾斜政策体系，保障和激励乡村人才想干事、能干事、干成事。

一方面，建立县域专业人才统筹使用制度，鼓励从上往下跨层级调剂行政事业编制，推动资源服务管理向基层倾斜。在乡村人才职称评定上给予优惠政策，如对乡村发展急需紧缺人才，按规定设置特设岗位，不受常设岗位总量、职称最高等级和结构比例限制。同时，合理设置职称评价指标体系，

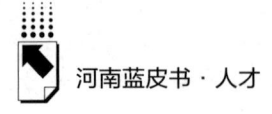

畅通乡村人才职称晋升渠道，打破唯学历、唯资历、唯论文的评审怪圈，让一大批工作实绩突出、实战能力较强的乡村人才能够脱颖而出，激励和吸引更多人才为乡村振兴贡献力量。

另一方面，要健全乡村人才荣誉表彰制度，大力选树人才服务乡村振兴的先进典型，广泛利用电视、报纸等主流媒体以及自媒体公众号等各类宣传平台，广泛开展"最美乡村振兴人才"宣传推介活动，持续加大对乡村人才扎根农村干事创业典型事迹的宣传力度，让优秀的乡村人才有荣誉、有面子、有位子，不断增强其获得感、成就感、荣誉感。要建立容错机制，宽容失败，搭建公平公正竞争平台，营造全社会关注关心关爱乡村人才成长的良好氛围。

参考文献

中共中央办公厅、国务院办公厅：《关于加快推进乡村人才振兴的意见》。

《加快培养一支懂农业、爱农村、爱农民的"三农"工作队伍——中央农办负责人就〈关于加快推进乡村人才振兴的意见〉答记者问》，《农民科技培训》2021年第4期。

《中共河南省委农村工作领导小组关于印发〈河南省乡村人才振兴五年行动计划的通知〉》（豫农领发〔2021〕2号）。

《河南省人民政府关于印发河南省"十四五"人才发展人力资源开发和就业促进规划的通知》（豫政〔2021〕62号）。

张道明：《实现共同富裕要让农民跟上步伐》，《河南日报》（农村版）2021年8月31日。

B.8 河南省现代服务业人才发展现状与对策研究

方雪琴 张 珊[*]

摘 要： 现代服务业的高质量发展，是现代化河南建设的坚实支撑。建设现代服务业强省，汇聚大批现代服务业人才队伍是关键。本研究分析了河南省现代服务业人才发展现状：产业发展对人才的集聚作用日益增强，人才队伍建设政策力度强劲，人才平台建设重磅发力，人才队伍规模持续提升，人才结构持续不断优化。河南省现代服务业人才队伍建设仍难以有效满足快速发展的现代服务业对人才的需求，具体表现为人才增速有待进一步提升、区域与行业的结构分布有待进一步完善、紧缺人才培育力度有待进一步加大、人才生态环境有待进一步优化等问题。因此，应从保障现代服务业人才供给、改善人才区域行业结构失衡、细化紧缺人才培育引进机制、优化人才市场软硬环境等方面加大推进力度，满足未来现代服务业对人才发展的需求。

关键词： 现代服务业 人才队伍 河南省

新一轮信息技术革命推动产业结构由"工业型经济"向"服务型经济"加速转型，服务业成为促进产业变革的重要力量。在信息技术的推动下，服

---

[*] 方雪琴，博士，现代服务业河南省协同创新中心执行主任，河南财经政法大学文化传播学院副院长、教授；张珊，博士，河南财经政法大学文化传播学院。

务业向专业化、知识化转型，知识与技术密集的现代服务业快速发展，已成为经济高质量发展的重要抓手和创新驱动力。现代服务业具有知识型、低能耗、高增值的优势，各地都在优先推进现代服务业的发展。[①] 2022年8月，《河南省人民政府关于印发河南省加快推动现代服务业发展实施方案的通知》指出，要"建设现代服务业强省"，推动现代服务业高质量发展，为现代化河南建设提供坚实支撑。现代服务业的高质量发展不仅取决于政策、资金、体制等环境，更取决于现代服务业人才队伍的建设水平。近年来，河南省现代服务业总量快速扩张，吸纳就业能力大幅提升，高层次、复合型、技术型人才加速向服务业集聚，为现代服务业强省建设提供了有力支撑。

一 河南省现代服务业人才发展现状

随着服务业转型升级和新业态的快速发展，现代服务业人才已成为重要的战略资源。河南省高度重视现代服务业人才队伍建设，不断推出引才育才政策，充分释放人才创新创业活力，人才平台建设持续发力，人才总量不断增加，人才结构持续得到优化，现代服务业人才队伍建设成效显著。

（一）现代服务业蓬勃发展，人才集聚作用日益增强

近年来，在消费需求带动下，河南省各级政府围绕建设现代服务业强省目标，通过投融资支持、配套政策落实和基础设施建设，服务业与新兴科技融合的力度增大，新业态新模式不断涌现。2018年，河南省第三产业生产总值占比首次超越以工业制造业为主的第二产业，实现了产业结构从"二三一"到"三二一"的历史性转变。[②] 2021年，河南省服务业实现增加值

[①] 现代服务业分类目前没有全国统一的标准，本文根据《北京市现代服务业统计分类（2020）》以及参考一些学者的研究，将科学研究和技术服务业，信息传输、软件和信息技术服务业，交通运输、仓储和邮政业，金融业，租赁和商务服务业，卫生和社会工作，教育，文化、体育和娱乐业8个行业作为现代服务业的范畴。

[②] 宋歌：《河南省现代服务业发展研究》，《中共郑州市委党校学报》2022年第4期。

28934.93亿元，是2012年的2.8倍，服务业对生产总值的贡献率10年提高29.0个百分点，2021年贡献率达到63.1%，高出第二产业36.2个百分点，拉动全省生产总值增长4.0个百分点，服务业成为助推全省经济增长的主要动力。[1] 按照河南省人民政府《关于印发河南省加快推动现代服务业发展实施方案的通知》的要求，到2025年，现代服务业增加值年均增长7.5%左右，信息服务、科技服务、商务服务等知识密集型服务业规模以上企业营收占比达到45%；服务贸易进出口总额年均增长8%，服务业吸收外资年均增长5%，服务业规模以上企业突破1万家，物流行业收入规模突破1万亿元，旅游业综合贡献占全省生产总值的比重超过12%，文化及相关产业增加值占全省生产总值的比重超过5%。可见，河南省现代服务业发展取得长足进步，推动现代服务业的发展壮大依然是河南省经济发展的重要目标和关键动力。

以信息传输、软件和信息技术服务业、金融、现代物流、电子商务服务为代表的生产性服务业和教育、健康、养老、文化、体育、娱乐等生活性服务业，其人才对现代服务业的引领作用日益增强，形成了"产业聚人才、人才兴产业"的良好态势。随着新产业新业态新生产模式的不断涌现，现代服务业的用工需求量质齐升，吸纳就业人数占比不断攀升，成为稳就业、促发展、保民生的重要力量和基石。

（二）释放人才政策红利，引才育才并举激发创新活力

现代服务业作为知识、技术密集型产业，人力资源是影响现代服务业发展的关键因素。为推动现代服务业发展，河南省相继出台一系列政策文件，逐步完善顶层设计，明确现代服务业人才工作方向。2022年，印发《河南省"十四五"人才发展人力资源开发和就业促进规划》，提出打造与服务业发展密切相关的八支人才队伍；出台《关于加快建设全国重要人才中心的实施方案》，进一步完善人才引进政策体系；出台《河南省加快推动现代服

---

[1]《新动能引领新发展 新时代铸就新辉煌——党的十八大以来河南服务业发展成就》，河南省人民政府网，https://www.henan.gov.cn/2022/10-25/2628422.html。

务业发展实施方案》，明确提出以现代服务业强省建设为目标，强化人才队伍建设。以"中原英才计划""人人持证、技能河南"建设为依托，开展"高精尖缺"人才试点，引进培育重点产业高层次专业技术人才，着力培养高端制造业、人工智能、新能源汽车、生物医药、康养服务、现代物流、家政服务等重点领域技能人才。① 当前，河南省现代服务业人才培养、引进、激励、评价等政策体系不断完善，引才育才并举充分激发了人才创新创造活力。

（三）强化创新平台建设，省重点实验室加速推进

河南省在人才平台建设上持续发力，以平台集聚人才、以平台培育人才，积极构建具有河南特色的现代服务业人才发展格局。围绕金融贸易、商务会展、物流运输、信息科技、文化旅游、医疗卫生、科学研究等现代服务产业，推动了一大批现代服务业平台项目建设。作为现代服务业核心增长极，以国际航空、班列、金融、会展等功能性服务业发展为重点，重点建设郑州国际物流中心、郑州国家区域性现代金融中心和郑州国际会展商务中心。加速推进黄河实验室、中原关键金属实验室、嵩山实验室、神农种业实验室、龙门实验室、龙湖现代免疫实验室、龙子湖新能源实验室、中原食品实验室等8个省级重点科研平台。河南省现代服务产业平台持续推进，为现代服务业创新要素和创新人才集聚提供了有力支撑。

（四）人才队伍平稳增长，从业人员比重持续增加

伴随着河南省现代服务业的快速发展，人才队伍规模整体平稳快速增长。2010年以来，河南省现代服务业从业人员占总就业人数的比重持续增加，现代服务业法人单位数占比稳定增长。截至2021年底，河南省第三产业就业人数2222万人，占总就业人数的45.9%，比2010年提升19.8个百分点，其中规模以上服务业企业期末用工人数154.82万人，是2012年的

---

① 《河南省人民政府关于印发河南省加快推动现代服务业发展实施方案的通知》。

2.4倍。2020年，第三产业法人单位1234139家，较2010年增加984335家，占全省法人单位数的74.7%，较2010年提升12.4个百分点。其中现代服务业从业人员规模持续扩大，2020年，现代服务业法人单位471182家，是2010年法人单位数量的5.54倍。2019年，现代服务业从业人员数量741.22万人，较2010年增加262.24万人，占第三产业就业人员总数的33.5%，占总就业人数的15.0%。

（五）人才结构不断优化，新兴服务业占比稳步提升

伴随着现代服务业人才数量的不断增加，人才队伍的内部结构也在不断优化。一方面，科技创新发展与消费需求升级促使服务业转型升级，以信息传输业、金融业、商务服务、科技、文化体育和娱乐等为代表的新兴服务业得以快速发展，新兴服务业从业人员占现代服务业从业人员总数的比例稳步提升。[①] 如图1所示，信息服务、商务服务、科技服务、金融、文化娱乐等新兴领域服务业从业人员占比逐年增加，2019年分别达到76.75万人、73.54万人、60.97万人、36.61万人、18.17万人，占现代服务业从业人员的35.89%，与2010年相比增加了12.86个百分点。以服务外包行业为例，2009～2021年，全省累计服务外包企业2937家，从业人员42.34万人，受训人员15.39万人，接包合同额132.49亿美元，接包合同执行额82.82亿美元。从服务外包企业从业人员的学历结构看，本科及以上学历从业人员占比30.18%，其中硕士学历占比3.82%，博士及以上学历占比0.38%。

《2020年河南省市场主体发展总体情况分析报告》指出，2020年河南省新增现代服务业市场主体11.51万户，其中，科技服务业新设主体占整个现代服务业新设主体的41.02%，占比最大，增量最多。省内高层次专业技术人才数量持续增加。根据河南省发改委关于《河南省现代服务业人才发展中长期规划（2011～2020年）》实施情况的报告，截至2019年底，河南

[①] 伴随着信息技术与知识经济时代而成长起来的新兴服务业，具有技术知识密集程度高、经济附加值高、对资源依赖程度低等特征，本文所指的新兴服务业，是指信息服务、商务服务、科技服务、金融、文化娱乐等新兴领域。

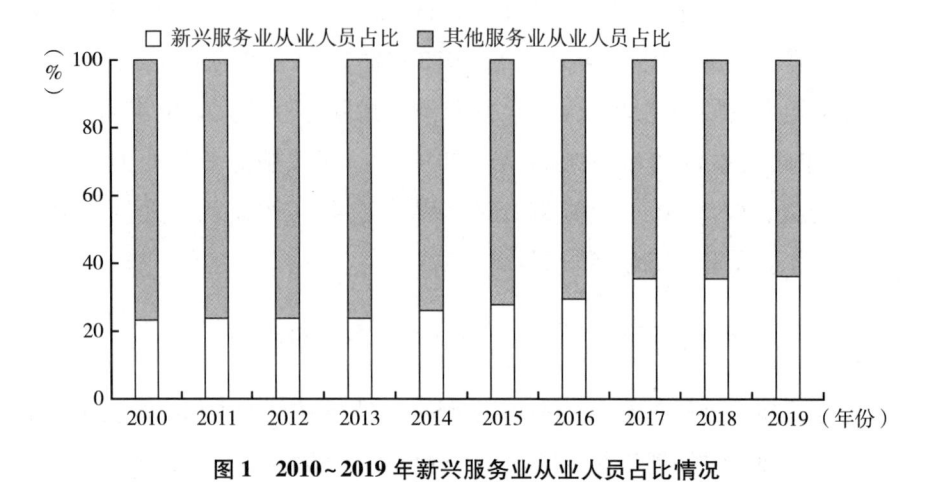

图 1　2010~2019 年新兴服务业从业人员占比情况

资料来源：根据《河南统计年鉴》计算得到。

省服务业领域专业技术人才达到342.6万人，占全省技术人才的比重达到67.7%。截至2020年底，企业经营管理人才、专业技术人才、高技能人才分别达到257.11万人、533.19万人、226.59万人，较2015年分别增长26.2%、23.5%、41.5%，伴随新兴服务业人员与高层次人才队伍的日益扩大，现代服务业人才结构持续优化。

二　河南省现代服务业人才建设面临的形势

当前，河南省现代服务业人才队伍建设仍难以有效满足快速发展的现代服务业对人才的需求，具体表现为人才增速有待进一步提升、人才分布有待进一步完善、人才培育力度有待进一步加大、人才生态环境有待进一步优化等。

（一）人才增速：从业人数整体比重还有待进一步提升

现代服务业从业人数逐年增加，但增长速度仍落后于服务业整体增速。如表1所示，近年来，河南省服务业从业人员占总从业人数的比例逐渐上升，2019年达到36%，相较于2014年与2010年分别提升7个和10个百分点,但现代服务业从业人员占服务业从业人员比重始终维持在30%左右,整体比重并未显著提升。可见,在河南省服务业人才发展中,传统服务人才仍占据主流地位,现代服务业在服务业内部的地位和比重不足。

表1 2010~2019年河南省分行业就业人数占现代服务业总就业人数比例

单位:%

行　业	2010年	2014年	2015年	2016年	2017年	2018年	2019年
服务业就业人数/总就业人数	26	29	30	31	32	34	36
现代服务业就业人数/服务业就业人数	30	29	29	29	33	31	31
交通运输、仓储和邮政业	44	43	42	40	38	37	36
信息传输、软件和信息技术服务业	7	7	8	8	13	13	10
金融业	5	5	4	5	4	5	5
租赁和商务服务业	6	8	9	9	10	10	10
科学研究和技术服务业	3	4	5	5	4	4	8
教育	24	22	21	21	18	18	18
卫生和社会工作	9	9	10	10	9	9	10
文化、体育和娱乐	2	2	2	2	4	4	2

资料来源:根据《河南统计年鉴》计算得到。

(二)人才结构:区域与行业的结构分布还有待进一步完善

在区域分布方面,河南省服务业人才资源不均衡,导致区域之间人才数量差异较大。如图2所示,2019年,服务业人才主要集中在郑州、洛阳、南阳、驻马店、周口等地,五市服务业人才数量占全省服务业从业人员总数的47%,而现代服务业占全市服务业从业人员总数的52%,包括信息技术、商务服务、金融、科技、文化在内的新兴服务业从业人员占全市服务业从业人员总数的62%。随着服务业下沉市场日趋活跃,二、三线城市与农村居民消费能力不断增强,人们需求与服务供给的失衡将日益突出。在行业结构方面,现代服务业从业人员占总服务业人数的比重仅为31%,大多数服务业从业人员仍然集中在批发零售、居民服务等传统服务业,在现代服务业中,包括信息技术、商务服务、金融、科技、文化在内的新兴服务业从业人员占比过低，仅为35%。分地区而言，郑州作为省会城市，现代服务业从业人员占服务业总人数的50%左右，而漯河、商丘、周口三地现代服务业从业人员占总服务业从业人员的比例不足25%，传统行业仍是服务业的主体，现代服务业人才发展与郑州等城市差距较大。因此，各省辖市之间、各行业之间服务业人才分布的非均衡态势，不利于服务业人才的区域协同，也不利于全省服务业的整体发展。

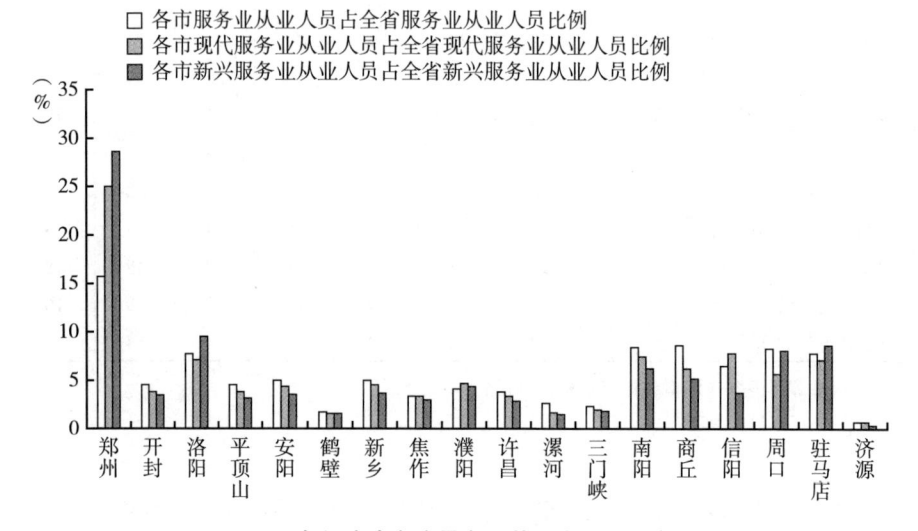

图 2 2019年河南省各市服务业从业人员占全省的比例

资料来源：根据《河南统计年鉴》计算得到。

（三）人才政策：紧缺人才培育力度还有待进一步加大

《2021年河南省战略性新兴产业急需紧缺人才需求目录》显示，河南省内以新一代人工智能、5G、网络安全、智能终端为代表的数字经济人才，以创新药、现代中药、医疗器械为代表的生物医药人才，以智能装备、节能环保、新能源为代表的高端科技人才匮乏，对科技、卫生等服务业人才需求庞大。如表2所示，2020年，河南省对科学技术、教育、文旅体育与传媒、卫生健康等服务业的财政投入占比32%，低于安徽、山东相邻省份。尤其是科学技术支出占总财政支出的2%，分别低于安徽、湖北、山东3个、1个、1个百分点。人才政策方面，相对于紧缺人才引进政策，人才培育政策力度仍显不足，2021年度河南省一流本科专业中人工智能、新能源、中医药等专业数量较少，与省内现代服务业发展需求不匹配。

表2　2020年部分省份分行业财政支出占比

单位：亿元，%

省份	支出总额	科学技术	教育	文旅体育与传媒	卫生健康	总占比
河南	10372.67	2	18	1	10	32
安徽	7473.59	5	17	1	10	33
湖北	8439.04	3	14	2	12	31
山东	11233.52	3	20	2	9	34

资料来源：根据各省统计年鉴（2021）计算得到。

（四）人才环境：薪资待遇等工作环境还有待进一步优化

近年来，河南省不断加大现代服务业资源投入，优化人才服务体系，创办政务服务网、政务服务中心、豫事办以及一体机多端服务平台，简化人才办事流程。但相对于其他省份，河南省对人才落户、医疗、子女教育、资金、住房等配套支持形式和力度吸引力仍显不足。在薪资待遇方面，河南省积极推动《关于提高技术工人待遇的实施意见》实施，明确提出要通过提升高技能领军人才与技术工人福利待遇水平等举措改善人才环境，但就现代服务业而言，平均薪资在相邻省份中仍处于较低水平。如表3所示，通过三省非私营单位与私营单位平均薪资对比，河南省除金融业非私营单位平均工资较高外，在交通运输、信息传输、商务、科研、教育、卫生、文娱服务业等其他现代服务业平均薪资均低于山东、安徽，薪资待遇等工作环境较相邻省份缺乏竞争力。

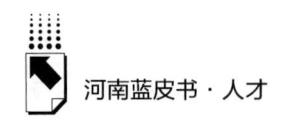

表3　2020年部分省份现代服务业分行业平均工资对比

单位：元

单位	省份	交通运输、仓储和邮政	金融	信息传输	租赁和商业服务	科学研究和技术服务	教育	卫生和社会工作	文化、体育和娱乐
非私营单位	河南	78218	122314	83900	53357	86681	76442	82555	74843
	山东	87492	90083	101715	61745	104463	107175	115979	79224
	安徽	94427	93192	105284	73711	112510	106901	106272	96490
私营单位	河南	47500	68899	50772	50193	52670	41801	47810	41995
	山东	55011	71289	72918	51475	56168	47028	54604	44752
	安徽	55780	69813	67111	54750	63383	52563	55850	53455

数据来源：根据2021年各省统计年鉴计算得到。

三　河南省现代服务业人才队伍发展对策

现代服务业人才队伍的建设状况，对现代服务业的发展方向和发展水平产生直接影响，进一步影响产业结构转型升级以及国民经济发展的水平。为解决现代服务业人才队伍建设存在的问题，河南要着力突破制约现代服务业发展的体制机制障碍，全方位培养、引进和用好一批适应现代科技发展的高层次人才；应拓宽现代服务业人才供给渠道，改善人才区域行业结构失衡状况，细化紧缺人才培育引进机制，优化人才市场软硬环境，满足未来现代服务业人才发展的需求。

（一）编制急需紧缺人才需求目录，保障现代服务业人才供给

为实现现代服务产业新突破，河南应加快建立人才保障机制。制定完善河南省现代服务业人才需求预测与需求信息发布制度，充分掌握各行业、各地区以及各类用人单位的人才需求，建立和完善现代服务业人才需求信息库。绘制重点产业人才图谱，充分利用"中原英才计划""人人持证、技能河南"建设，按照现代服务业发展需求培育、引进高层次专业技术人才，开展"高

精尖缺"人才地方经济综合贡献奖励试点；同时，根据现代服务业发展的需求预测，鼓励河南省高等院校开设相关专业，并在一流课程认证中加大支持力度；积极建设相关专业课程，完善新职业培训机制，扩大品牌运营、主播、骑手等新职业培训规模；举办现代服务业人才计划政策宣讲会、现代服务业人才招引会等大型人才招引活动，完善多层次现代服务业人才资源招引体系；通过现代服务业人才需求调研，培育与引进相结合，保障现代服务业人才储备。

（二）提高专业人才流动效率，改善人才区域行业结构

在省域层面，引导各市依托地方区位与资源优势，发展特色服务产业。推动人力资源、资金等要素向现代服务业重点区域与重点领域集中，在全省范围内有层次、有重点地推进特色产业集群建设，促进现代服务业协同发展。以郑州金融中心、物流中心、商务会展中心为核心，推动其他中心区域特色服务业发展，协同建设洛阳文化旅游产业集群、南阳物流与康养产业集群。同时，进一步辐射其他区域，发展商业中心、文旅消费中心等专业服务基地。以特色产业集群为依托，以产业聚人才，以人才促协同，整体提升省内现代服务业发展水平；鼓励省内服务业人才合理流动，建立现代服务业人才数据库，制定区域人才评定互认制度；鼓励各地政府根据地方实际，因地制宜制定人才优惠政策，提高专业人才流动效率，改善人才区域结构失衡状况。

（三）做好人才政策顶层设计，细化紧缺人才培育引进机制

以现代服务业发展需求为导向，坚持现代服务业发展规划和人才政策的整合协同，做好人才政策顶层设计。当前，技术的快速迭代对服务业发展环境产生了巨大影响。移动互联网、大数据、云计算等技术实现了在文化、出行、医疗多行业多领域的快速融合，催生了直播带货、网约车、智能家居、远程医疗、无人驾驶等众多新兴服务业态，对现代服务业人才发展提出了新要求。为此，要强化政府引导，建立现代服务业职能部门，统筹产业转型、人才工作、区域协调等顶层设计。人才政策要以现代服务业发展方向为导

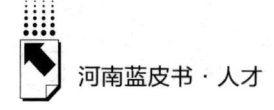

向，立足河南省对智慧物流、文化创意、商务会展等新兴服务业的发展需求，围绕现代金融、会计、咨询、法律服务等人才需求，培养一批熟悉国际规则、具有较强实践能力的优秀高层次人才。完善以知识资本化为核心的激励机制，通过技术入股、管理入股、股票期权等多种分配方式，吸引集聚现代服务业高端人才。加快完善新兴服务业态发展的行动方案与人才发展规划，细化完善对急需紧缺人才的培育引进与使用机制。

（四）完善人才服务保障措施，优化人才发展软硬环境

结合现代服务业发展实际，优化人才发展软硬件环境。在工作环境方面，各级政府部门应着力优化现代服务业营商环境，加大现代服务业投资与招商引资工作支持力度，培育具有本土特色的现代服务企业和品牌，提升省内各类服务企业竞争力；建立特殊人才保护制度，对现代服务业专门人才，如非物质文化遗产传承人等制定保护措施，给予平台、资金等全方位支持。生活环境方面，完善人才福利机制，对现代服务业紧缺急需的人才优先安排人才公寓、周转房，做好子女入学、配偶工作等服务工作；鼓励建立现代服务业热线机制，统一协调人才需求；鼓励各地建设"互联网+政务服务"平台，通过微信公众号、政务服务App、人才服务窗口等线上与线下相结合的方式，为人才提供高效优质的政务服务。

参考文献

王岚：《高职院校现代服务业人才培养研究》，博士学位论文，天津大学，2019。

孟琳琳、李江苏、李明月、宋莹莹：《河南省现代服务业集聚特征及影响因素分析》，《世界地理研究》2020年第6期。

宋歌：《河南省现代服务业发展研究》，《中共郑州市委党校学报》2022年第4期。

《河南省人民政府关于印发河南省加快推动现代服务业发展实施方案的通知》。

B.9 河南省经营管理人才队伍建设分析与展望

张东红 程宝龙 邓 静*

摘 要： 企业家是经济社会发展的动力源，是企业成长和发展的第一推动力。当前，河南正处于产业转型升级的关键期，高素质的企业经营管理人才是河南实现"两个确保"和实施"十大战略"的重要支撑。报告分析了河南省企业经营管理人才队伍建设的成效，结合发展趋势指出了当前存在的主要问题，并提出了相关对策建议。具体来说，河南省加强了经营管理人才的政策保障，拓宽了人才引进的渠道，提供了更广阔的发展前景，人才队伍整体素质的提升也带动了企业发展形势向好；但当前存在高端人才相对不足，部分领域人才专业化水平有所欠缺等问题，未来全省要进一步加强人才的引育，优化人才发展环境，推动经营管理人才队伍的职业化、市场化和规范化发展。

关键词： 经营管理人才 企业家 人才队伍建设 人才发展环境

党的二十大报告指出，要完善中国特色现代企业制度，弘扬企业家精神，加快建设世界一流企业。经营管理人才是落实企业战略的操盘手，对于维持企业内部运营体系稳定和提升外部竞争力至关重要，引育和储备企业经

---

* 张东红，河南省人才集团有限公司党委书记、总经理；程宝龙，河南省人才集团有限公司高端智库事业部研究员；邓静，河南省人才集团有限公司高端智库事业部副经理。

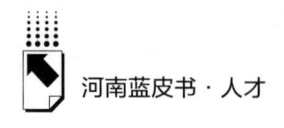

营管理人才是建设人才与创新高地、提升经济社会发展活力不可或缺的条件。当前，河南正处在产业转型升级的关键期，提升经营管理人才队伍建设水平，对于提升企业的发展效益，构建现代产业体系具有重要意义。

一 河南省经营管理人才队伍建设成效

（一）经营管理人才的政策保障更加完善

近年来，河南省及各地市出台的人才政策明确了经营管理人才是全省人才队伍建设的重要领域之一，《河南省"十四五"人才发展人力资源开发和就业促进规划》提出了全省经营管理人才队伍建设的阶段性目标，并谋划了相应的配套措施；省国资委出台的《关于加快建设省管企业人才新高地的若干措施》把高素质经营管理人才与高层次专业技术人才、高水平技能人才并列为"三高"人才，经营管理人才培育是全省国企人才培育的五大行动之一。郑州市的人才政策中将培养经营管理人才作为优秀企业家领航计划的一部分；洛阳市依据国企改革的相关政策，公开选聘市属企业的高级经营管理人才；许昌市出台的"许昌英才计划"中明确规定将采取五项措施全面提升企业经营管理人才队伍的能力素质，助推企业做优做强；周口市制定了"1+21"一揽子政策，其中把经营管理人才作为全市八大人才引育的专项行动之一。河南省级政策中涉及经营管理人才发展的要点如表1所示。

表1 河南省级政策中涉及经营管理人才发展的要点

序号	政策名称	相关要点	部门与时间
1	《关于促进非公有制经济健康发展的若干意见》	实施企业家素质提升工程，对全省规模以上企业高管完成一轮系统培训，省财政每年列支专项经费提供支持，每年遴选领军型企业家开展高端培训，选拔新生代企业家接受高水平教育培训	中共河南省委、河南省人民政府 2018.8.31

续表

序号	政策名称	相关要点	部门与时间
2	《河南省"十四五"人才发展人力资源开发和就业促进规划》	到2025年,全省企业经营管理人才达到300万人的目标;实施企业管理领军人才培养工程,建立青年企业家培养导师制,实施经营管理人才国际化行动,完善经营管理人才引进机制,加快建立职业经理人制度	河南省人民政府 2022.1.21
3	《省管企业负责人经营业绩考核办法》	明确了五大考核导向,实行分类与差异化考核、以质量效益为核心的考核体系,优化了考核目标的机制	河南省国资委 2022.2.15
4	《关于加快建设省管企业人才新高地的若干措施》	高素质经营管理人才是"三高"人才之一;培育经营管理人才是五大行动之一;加大分配激励和荣誉奖励力度,加强人才发展基金和信息化建设等保障	河南省国资委 2022.9.12

(二)经营管理人才的引进与交流渠道更加丰富

河南省积极搭建人才供需对接平台,探索人才引进的新模式,省市各部门及开发区等积极组织形式多样的经营管理人才对接活动,形成了相对成熟的本土化特色人才交流渠道。全省深入开展"万人助万企"活动,通过校企对接、线上直播等方式,增加了学生和企业之间的交流互动频次,为高校和企业提供线上交流的新平台,有利于学生选择适合自己的单位和岗位,有利于企业遴选优秀人才,"万人助万企"活动有效帮助了企业定向引进人才。自2018年以来,河南省连续5年通过线上线下相结合的方式举办招才引智大会,为全省各类企事业单位面向全球精准对接高素质经营管理人才提供了重要平台。另外,为深化政企融合发展,搭建政企交流沟通桥梁,河南省国资委与省管企业之间探索政企干部双向挂职机制,政府干部到企业挂职锻炼,能够更准确高效地解决企业经营管理过程中面临的问题,提高企业经营管理的整体水平。

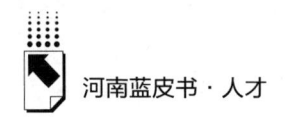

（三）经营管理人才的发展前景更加广阔

现代企业制度在规范企业经营管理行为的同时，也为经营管理人才队伍建设指明了方向。近年来，持续推进的国企改革为经营管理人才的选拔提供了新的机会，国企普遍在吸引、选拔和使用经营管理人才方面进行了积极探索，并取得了一定的成效。国有企业以董事会为核心的法人治理结构逐步完善，外部董事数量在董事会中的占比显著提升；经理层成员任期制和契约化管理机制不断健全，市场化选聘稳步推进；在省市所属的企事业单位中全面推行公开招聘制度，已有部分职业经理人走向关键领导岗位。而在民营企业中，在经营权与所有权逐渐剥离的趋势下，越来越多的企业淡化了"家族式企业"的印记，尤其是大型民企的经营管理更加规范化，职业经理人深度参与公司各项业务的经营管理及制定长期战略规划，企业经营管理人才逐渐拥有更大的决策权。

（四）经营管理人才的质量提升更加明显

河南省企业经营管理人才队伍持续壮大，总量由"十三五"开局的203.68万人增加到2021年底的271.05万人。[1] 同时，高学历和年轻化的特征更加明显，全省公有制企业的经营管理人才中，拥有本科及以上学历的人才占比超过50%，其中研究生以上学历占比超过15%，与十年前相比两者均有大幅提升；35岁以下经营管理人才数量明显上升，干部队伍的年龄梯队日趋合理。自2019年以来，针对企业经营管理人才的培训活动明显增加，省委统战部、省工商联、省工信厅等部门在专项财政资金的支持下，举办了高级研修班、继续教育、研学交流、专家讲座等多种形式的企业家培训活动，累计组织专项培训50余次，培训覆盖人次超过4000，有效提升了企业经营管理人才的专业化水平。

---

[1] 河南省人社厅统计数据。

（五）经营管理人才的作用更加突出

经营管理人才对于引领产业高质量发展和激发创新活力具有不可替代的作用，具体表现在企业经营业绩大幅好转、高成长性企业和高能级创新平台数量增加等方面。在过去的十年间，河南省管企业资产总额较十年前增长232%，利润总额和净利润分别增加238.5亿元、208.8亿元，主体数量接近1万家，总量跃居全国第4位、中部省份第1位；高新技术企业数量约1万家，培育国家级专精特新"小巨人"企业207家，并成功创建了30个"单项冠军"，上述数据均创新高。全省以高水平经营管理助力提升创新平台能级，共计挂牌成立25家省级产业研究院，培育建设了22家省级制造业创新中心，批准建设10家省级实验室，挂牌运行8家。[①] 河南省经营管理人才队伍的壮大为国企改革的顺利推进提供了人才保障，有效带动了全省各类企业的规范化经营和全省产业的高质量发展。

二　河南省经营管理人才队伍形势与问题分析

（一）经营管理人才队伍建设的变化趋势

1. 人才的跨界竞争将愈演愈烈

新技术正在重塑工作环境、劳动力和工作内容，企业的组织形态更多表现出平台化和生态化的特征，企业之间的竞争已经不限于同行业内的竞争，更多表现为跨界竞争，企业顺应未来发展趋势展开广泛的跨界融合创新。人才是跨界竞争与跨界融合创新的关键因素，人才队伍建设对于企业的发展水平具有决定性影响，尤其经营管理人员是企业战略和业务布局的实际执行人，更是最激烈的争夺对象。在此背景下，各类企业要构建灵活

[①] 《河南省管企业资产总额2.5万亿元　较2012年增长232%》，人民网，http://henan.people.com.cn/n2/2022/0921/c351638-40133806.html。

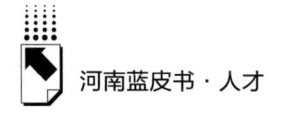

的经营管理模式，广泛面向多个领域遴选高素质经营管理人才，打造人才生态圈。

2.人才的引育成本将大幅增加

经营管理活动的成效验证存在一定的滞后性，且企业出资人、政府机构和第三方组织等机构和职业经理人个体的行为规范没有严格的标准和权责边界，各种因素综合导致企业引育经营管理人才面临一定的风险。企业内部培养的经营管理人才与企业文化天然契合，但人才识别难度大、培养周期较长，而外部引进的人才不仅存在适应性问题，也存在留存率较低的问题，反映到企业的经营管理环节表现为成本大幅增加。对于转型升级过程中的企业而言，成本与风险控制至关重要，因此，企业需要具备系统性思维，广泛依赖专业的服务平台优化人才的引育模式，通过精准的识别考察、合理的机制设定或商业模式上的创新探索，降低成本与风险。

3.人才的综合素质面临更高要求

现代企业管理制度的目标是提升经营业绩和持续竞争力，企业须采取更加灵活的经营管理模式从而提升全体员工的综合素质水平，对人力资源的管理与对物质资料的分配和生产变得同等重要。企业资源优化管理涉及供销链、生产制造、财务、人力资源、设备、成本等各个方面，人力资源模块与其他各个模块之间互相影响且高度集成，优质资源的效用最大化建立在完善的信息共享与沟通协调机制基础之上。因此，经营管理人才必须具备更广阔的视野、更灵活的思维、更丰富的经验才能帮助企业实现各模块信息的集成共享，从而提高经营管理效率。

（二）河南省经营管理人才队伍建设存在的问题

1.部分领域经营管理人才队伍建设有待进一步加强

近年来拥有工商管理、经济类学科背景的人才是河南省求职市场上缺口较大的类型之一，尤其是制造业，信息传输、计算机服务和软件业等行业的用人单位最紧缺的岗位都包含经营管理类，并且人才缺口整体上呈上升态势。不同类型企业的人才储备方面，国有企业和大型民企凭借相对更完善的制度和优良的环境吸引了更多的高素质经营管理人才,而众多中小型企业的经营管理人才储备略显不足。2021年河南省民营经济百强企业大部分属于传统产业领域（见表2），且就人才储备量而言，经营管理人才数量最多、占比最大的是采矿等传统行业，信息软件、科技服务等新兴产业经营管理人才储备量与传统行业存在量级差别，不同行业的人才储备量与行业发展前景不匹配，显示全省经营管理人才存在结构性错配现象。

表2 河南省2021年民营经济百强企业的行业分布情况

单位：家

行业类型	企业数量	行业类型	企业数量
装备与汽车制造业	14	专用产品制造（医药、化学品等）	17
金属（有色、黑色）冶炼与压延加工业	24	能源加工及资源利用	8
		批零住餐和商贸服务等	10
房地产与房屋建筑业	18	综合	4
农副食品加工业	5	合计	100

资料来源：《2021河南省民营企业百强榜单》，买购网，https://www.maigoo.com/news/609601.html。

2. 经营管理人才的发展环境有待进一步优化

对更看重个人发展前景的高素质经营管理人才而言，优质教育资源、创新生态环境等都对人才引进和发展带来一定影响。省内部分企业尚未建立完善的现代管理制度，部分经营管理者存在一定的能力短板，部分发迹于原有乡镇企业的经营管理者没有接受过系统性的高等教育，经营管理理念与经验不适应现代企业范式。有一部分从事企业经营管理活动的人员由于个人意愿不强烈或缺乏合作交流平台等，较少参与现代管理知识的系统教育与培训活动。整体而言，经营管理人才的引育和持续成长的环境都有待进一步改善。

3. 经营管理人才的整体素质有待进一步提升

全省现有的人才培育选拔使用和培训等机制与高素质经营管理人才的实际需求尚存在一定的差距。人才培养方面，省内高校相近专业的学科设置与企业需求有偏差，高校毕业生真正走上管理岗位所需的历练时间较长，企业与高校之间较少开展针对经营管理这一类人才的联合培养，相关模式和机制均有待完善。部分企业内部晋升通道较单一，缺乏多层次立体性措施，跨界人才流动仍存在一定的障碍，不利于广泛遴选和开发人才资源，导致人才流动的周期较长，人才流通的成本较高。经营管理人才的后续培养及服务方面，部分培训课程缺乏针对性且培训的约束力不强，对人才成长的助力作用有限，亦难以评估培训的后续效果。整体而言，河南省经营管理人才的职业化发展道路仍需政府、企业及社会组织等机构共同参与完善。

4.人才考评与激励制度有待进一步完善优化

经营管理人才的制度化考核存在两大难点：一是经营管理的效果存在滞后性，经营现状不足以对当期考核形成有效支撑；二是个人作用难以评估，企业"三重一大"事项需要集体研究决策，个人的作用无法量化考核。虽然这两大难点是普遍特征，但通过一定的机制设计仍可以最大限度地加强对经营管理人才考核与激励，而当前河南省在这些方面仍有不足之处。目前河南省企业的人才激励机制正处于从传统的人事管理向现代人力资源管理的过渡阶段，考评激励效果不明显。针对经营管理人才考核体系的指标设计未能契合发展实际，薪酬体系尚需与市场充分接轨，经营管理人才的退出和监督问责机制不健全等问题依然存在。

三 河南省经营管理人才队伍建设的对策建议

（一）统筹规划布局，提高选拔任用效率

1.建立重点领域的经营管理人才数据库

面向重点产业和重大科技创新战略领域，借助互联网平台、智能化手段对全省的存量经营管理人才进行全面摸底，开展人才画像、人才动态监测、人才需求等共享服务。基于数据分析，面向全球协助各领域精准筛选、靶向引进一批具有现代经营管理思维、拥有丰富经营管理经验的优秀人才。探索人才数据库的增值服务模式，通过线上线下相结合的方式，广泛链接个人用户与企业用户，打造"河南领军企业家社群"，围绕经营管理之道等主题举办形式多样的峰会及论坛活动，完善经营管理人才市场建设。

2. 实施具有行业特色的定向引才计划

根据不同行业、不同性质企业的人才成长规律和特点，加强对各领域经营管理人才的分类指导，完善人才引进、人才落地、人才服务的流程，推动各类举措有效衔接形成合力。重点瞄准国家和省级战略导向以及重点产业领域的需求，由政府相关部门联合重点用人单位共同发布专项人才政策，以特殊优惠政策定向选拔和培养经营管理人才。继续依托招才引智大会、高层次人才引进计划等渠道，有计划招录一批国内外高校毕业生，委派至相关企业并由省人社厅与用人单位联合开展定向跟踪培养，培育一批适应企业未来发展所需的优秀职业经理人。

3. 推动经营管理人才跨界交流

由省直各部门、省工商联、各行业协会等机构牵头，完善人才柔性流动的政策举措。健全党政机关和企事业单位人才的交流机制，鼓励不同所有制的企业之间共用共享人才渠道、培训资源等，深化跨区域跨行业的人才交流合作，组建经营管理人才发展联盟。联盟内各机构积极探索经营管理人才的分类评价标准融合统一，实行经营管理人才的内部互认，定期遴选一部分经营管理人才轮岗挂职锻炼，有条件开放共享部分人力资源服务场景，加快优秀经营管理人才的互通。

（二）改善发展环境，增强人才招引能力

1. 加强人才的福利待遇保障

引导企业建立健全体现高素质经营管理人才价值的薪酬分配制度，研究更灵活的政策及配套措施，以提升企业经营管理效率为导向，探索采取管理咨询服务、短期聘用、品牌营销等"柔性"措施引才用才，出台相关的专项政策予以保障。针对经营管理人才的特殊性，在人才引进、人才评

估等方面设立专门的标准体系、流程和制度，借鉴积分制的手段，对人才实行分级分类管理，并将经营管理人才纳入全省人才政策的支持范畴，保障人才在教育、医疗、租房、购房、晋升等配套保障方面享受同等福利待遇。

2. 提供精准化的人才综合服务

畅通经营管理人才的信息交流机制，充分利用信息化手段和数据画像等开展平台到个人的服务手段，集成和宣传人才政策要点实现精准推送，建立专员负责制加强与高素质经营管理人才的经常性联系，通过召开座谈会、个别座谈、电话访谈等方式，倾听意见和建议。推动各部门人才政策条款的统一与衔接，针对薪酬、落户、住房保障、子女入学、来华工作许可等方面的一揽子人才支持计划，明确政策兑现或办理的条件，推动服务内容和服务流程的标准化。

3. 加强民营企业家职称评审认定

充分结合民营企业的特点，形成科学合理的民营企业经营管理人才的职称评定标准，坚持重效益、重业绩的导向，将经营管理的业绩作为主要的评价依据，降低论文学历等考核指标的权重。放宽参评范围的限制条件，以劳动合同与社保为主要依据，减少单位性质、户籍、档案等方面的限制，将现场答辩、实地考察、群众评议等多种评价手段相结合，提高民营企业经营管理人才参评的积极性。积极探索评审权限下放和授权等机制创新，引导省市级的工商联和人社部门等加强合作，开展职称评审和后续的考核监督工作，构建有利于民营企业经营管理人才成长的环境。

（三）搭建成长平台，加大培养开发力度

1. 搭建经营管理人才成长与服务平台

以面向现代化河南的人才需求为导向，鼓励跨行业背景、跨所有制的用人单位畅通经营管理人才的发展路径。充分发挥行业协会、各领域龙头企业的作用，搭建高素质经营管理人才的"综合性平台"，健全联络沟通机制，面向经营管理人才个人和企事业单位提供交流、沟通和合作的渠道。增强平

台服务功能，重点关注规模以上工业企业、战略性新兴产业、高科技企业中优选的学历高、有实践经验和发展潜力的青年经营管理人员，以组织论坛交流会等形式，予以重点关注、跟踪培养。

2. 丰富经营管理的培训与历练形式

依托河南省人力资源和社会保障厅的知识更新工程等，针对企业经营管理和青年企业家的实际需求，通过举办高级研修班、公开课等形式，邀请高校经济管理方面的教授和业界资深师资力量进行定向授课，制定针对经营管理人才的专项培训课程。推动产教融合与校企融合，依托省内高校和专业化人才培训机构加强合作，包括培养方案共定、专业课程共设、实习实践共通等。充分整合利用市场资源，选取知名院校、科研院所等作为培训基地，增强经营管理层的理论水平，同时择优选择有经营管理专业背景的职工深入参与到企业的业务前端环节，参与市场开发或项目交付等工作。

3. 实施后备企业家招募与培养计划

建立符合人才成长规律的长期稳定支持和接力培养机制，重点关注经营管理人才中的青年人才，加快完善经营管理人才梯队建设，帮助新生代企业家提升战略规划能力、协同创新能力、团队管理能力、市场拓展能力等综合素质能力。鼓励各国有企业持续开展内部高潜质员工的发掘，针对重点培养对象开展岗位分析、模拟测试、观察评估等步骤的考核历练，实现高潜质员工的动态调整。引导国有企业持续开展后备人才培养计划，开展理论与实训相结合的培训，引入"后备人才积分制"精准遴选青年人才，推动企业落实管理层"传帮带"行动，帮助国企后备人才快速走上经营管理的关键岗位。

（四）健全激励机制，加大表彰宣传力度

1. 推动国有企业完善经营管理制度

面向现代化河南产业转型升级的需求，健全国有企业的法人治理结构，厘清和确定企业所有者、经营者和劳动者各自的权利和责任，推进董事会的规范化建设。优化国有企业股权比例，积极引进战略投资者，实现国有企业的股权多元化分布、权责及约束机制健全的经营机制，推动国有企业的改制上市。建立国有企业领导人员分类分层管理制度，坚持党管干部原则与董事会依法产生、董事会依法选择经营管理者、经营管理者依法行使人事权相结合，把国有企业的合规性优势与市场化机制的活力优势相结合，推行职业经理人制度，合理增加国企经营管理人才的市场化选聘比例。

2. 健全经营管理人才的市场化选拔机制

按照企业经营管理人才的定位、职责等从通用素质、领导力、业务素质与技能等各个方面综合设计经营管理人才的素质模型，以模型为标准衡量并指导经营管理人才的招聘、培训、发展规划、晋升选拔等。深化与国内知名高校、科研院所人才招引联动机制建设，建立稳定的经营管理人才合作基地，定向开展人才招引等工作，广泛开展人才双向挂职锻炼、联合培养等活动，形成多元化的人才使用方式。发挥高端人才猎头、行业协会、招商引资等类型机构的作用，协同做好重点行业领域的经营管理人才引进和选拔，丰富经营管理人才的市场化选拔渠道。

3. 强化经营管理人才的考核与激励

引导并鼓励企业逐步将考核工作规范化和标准化，综合运用平时考核、年度考核、专项考核、任期考核等多种方式，加强对企业经营管理人才的综合能力和工作业绩考核。引导企业遵循差异化、战略性和完整性等原则，优化经营管理人才的考核指标体系，激励企业经营管理人才成为创新领军人物，进一步体现企业家的创新价值和社会价值。探索经营管理考核的积分制，加强积分制考核结果的运用，将人才职务变动、职级晋升、经营管理层人员调整、评优资格等与考核结果相挂钩，并基于考核结果为人才政策的修订完善提供反馈建议。大力弘扬企业家精神，在全省范围内大力挖掘优秀经营管理人才，通过高规格评选表彰、广泛宣传优秀企业家事迹等精神激励形式，营造良好的经营管理人才发展氛围。

参考文献

《专题丨中国这十年·河南》，映象网，http：//ztm.hnr.cn/mzt/show.php？itemid=17。

《2021年河南人力资源和社会保障事业发展统计公报》，河南省人力资源和社会保障厅官网，https：//hrss.henan.gov.cn/2022/11-08/2636156.html。

王红军：《创新驱动下的高层次经营管理人才培养机制建设研究》，《价值工程》2018年第11期。

B.10
河南省卫生健康人才队伍建设现状与展望

孙兆刚 曾鑫 褚滔*

摘　要： 系统总结河南省卫生健康人才队伍建设成效，呈现出总量稳步增长、素质能力持续提高、结构分布不断优化、孵化平台加速发展、制度机制不断完善、发展环境不断优化等整体特征，但也存在全省卫生健康人才队伍建设同新时代卫生健康事业高质量发展要求不相适应的地方。要强化人才是第一资源的理念，建设高素质、专业化的卫生健康人才队伍，构建高质量发展的人才支撑，深化人才发展体制机制改革，集聚开发海内外高层次人才，为加快健康中原建设提供智力支撑。

关键词： 卫生健康人才　人才建设　人才发展体制　河南省

"十四五"时期是开启全面建设社会主义现代化河南新征程、谱写新时代中原更加出彩绚丽篇章的关键时期，是推动健康中原建设的关键时期。促进卫生健康事业高质量发展，推动健康中原建设提质增速，必须大力发展卫生健康人才队伍。党的十八大以来，河南省强化存量人才培养支持，拓宽人才引进渠道，营造留才良好环境，卫生健康人才制度机制持续改进，人才发展环境不断完善，人才资源总量明显增长，人才结构不断优化，人才孵化平

---

* 孙兆刚，博士，郑州航空工业管理学院教授、硕士生导师；曾鑫，博士，郑州大学公共卫生学院；褚滔，河南省卫生健康委员会人事处副处长。

台发展加速，人才队伍素质能力持续提高，服务能力显著增强，为保障人民健康奠定了坚实的人才基础。[①] 但必须看到，全省卫生健康人才工作同健康中原建设还有不小的差距。必须始终坚持党管人才，强化人才引领、系统均衡、适应需求、创新驱动，不断提升卫生健康人才队伍建设水平。

一 河南省卫生健康人才发展现状

（一）卫生健康人才资源总量稳步增长

2021年，全省卫生人员总量达到96.96万人，比2017年增加了17.14%，其中有29.75万名执业（助理）医师、32.81万名注册护士，均呈现增长趋势。2021年，河南省卫生技术人员总量达到75.56万人，是2017年的1.3倍，年均增长率为5.40%（见图1）。

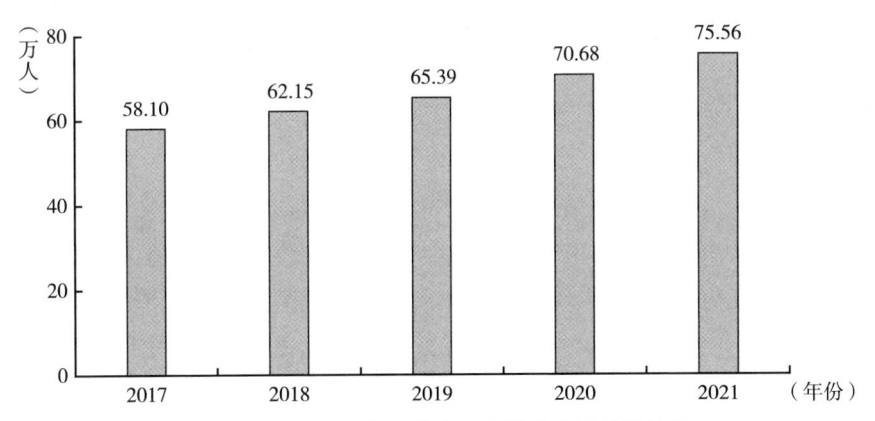

图1 2017~2021年河南省卫生技术人员总量情况

2021年，全省执业（助理）医师达29.75万人，是2017年的1.35倍，年均增长率为6.19%；注册护士32.81万人，是2017年的1.36倍，年均增长率为6.31%（见图2）。

---

① 《"十四五"卫生健康人才发展规划》，《中国实用乡村医生》2022年第9期。

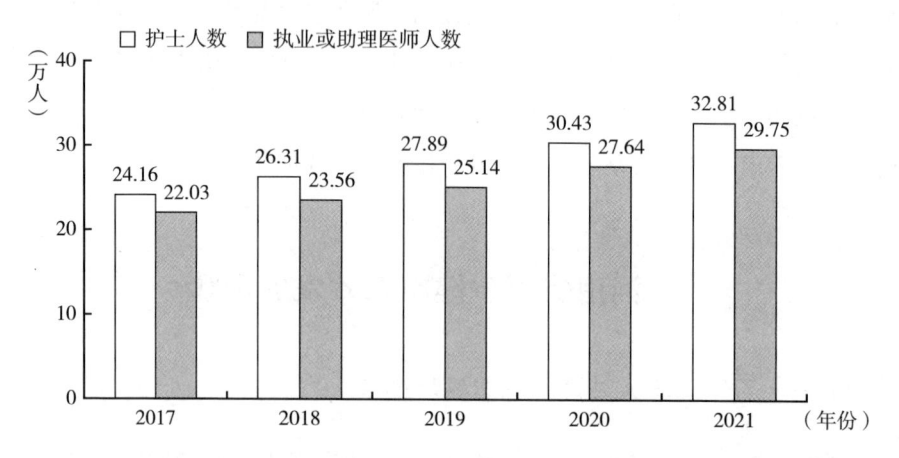

图2 2017~2021年河南省执业（助理）医师、注册护士总量情况

2021年，全省各类卫生技术人员规模持续增长。全省各级医院共有技师4.67万人，是2017年的1.24倍，年均增长率为4.49%；药师（士）3.19万人，是2017年的1.19倍，年均增长率为3.55%（见图3）。

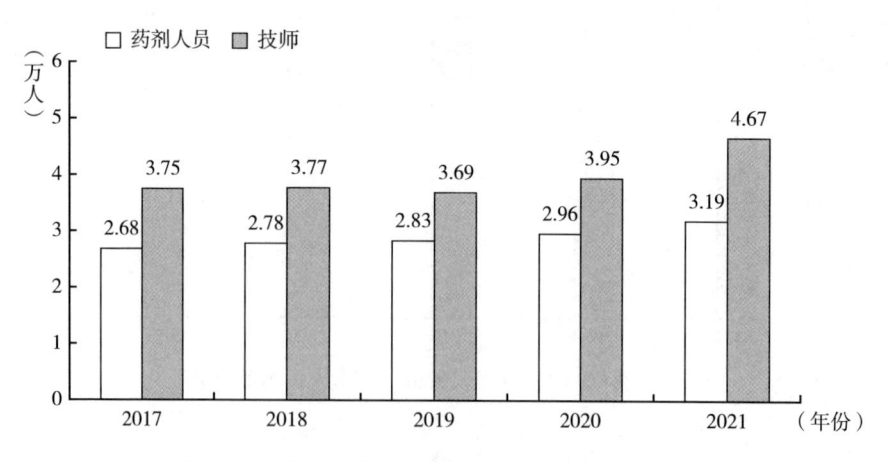

图3 2017~2021年河南省医院技师和药剂人员总量情况

（二）卫生健康人才队伍结构持续优化

2017年以来，全省卫生健康人才结构持续优化。全省卫生技术人员占

卫生人员比重持续提升，从2017年的70.20%提升到2021年的77.93%（见图4），卫生人才配备的专业化程度达到较高水平。

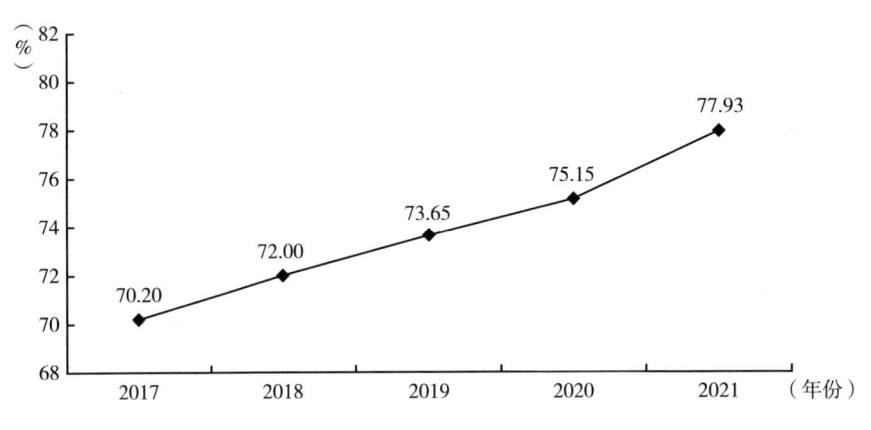

图4　2017~2021年全省卫生技术人员占卫生人员比重

主要人才配置方面，2017年以来，执业（助理）医师、注册护士稳中有升，结构总体稳定（见图5）。全省执业（助理）医师数由2017年的22.03万人增长到2021年的29.75万人，注册护士数由2017年的24.16万人增长到2021年的32.81万人，主要卫生人才资源配置水平持续提高。

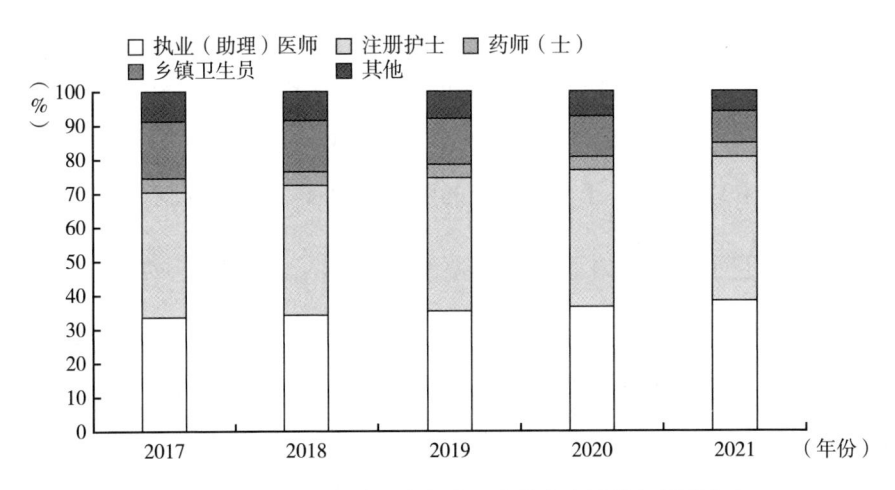

图5　2017~2021年河南省各类卫生技术人员岗位类型分布

全省卫生技术人员职称方面，2017年以来（由于没有2021年数据，此处只对比2020年的数据），全省卫生技术人员中中高级职称占比稳中有升（见图6）。

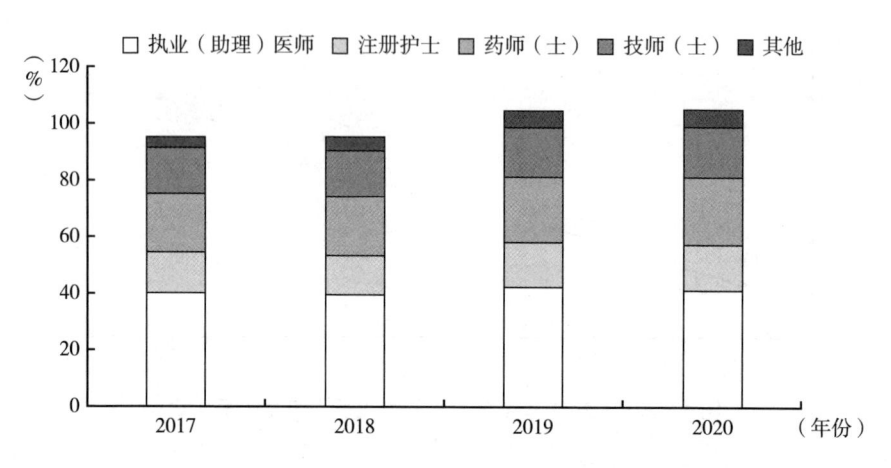

图6 2017~2020年全省卫生技术人员中中高级职称占比情况

2017~2021年的5年间，全省中高级职称卫生技术人员占比在总量增长的基础上稳中有升，大学本科及以上学历的卫生技术人员占比有了显著提高（见图7）。"十三五"期间，大学本科及以上学历的占比由2016年的22.34%提高到2020年的36.53%，增长了14.19个百分点。尤其是基层卫生技术人员中的大学本科及以上学历的占比超过了20%，学历结构有了较大幅度的改善；社区卫生机构、乡镇卫生院的执业（助理）医师、注册护士、药师（士）、技师（士）等人员的职称结构有了明显提高。

（三）卫生健康人才区域分布逐渐均衡

2021年，河南省共有卫生人员96.96万人，郑州、南阳、洛阳卫生健康人才总量排名前三，分别为14.05万人、7.36万人、6.11万人（见图8）。

2021年，从每千人口卫生人员数来看，郑州、三门峡、洛阳排名前三，分别为11.02人、8.96人、8.64人，总体变化较为平缓（见图9）。

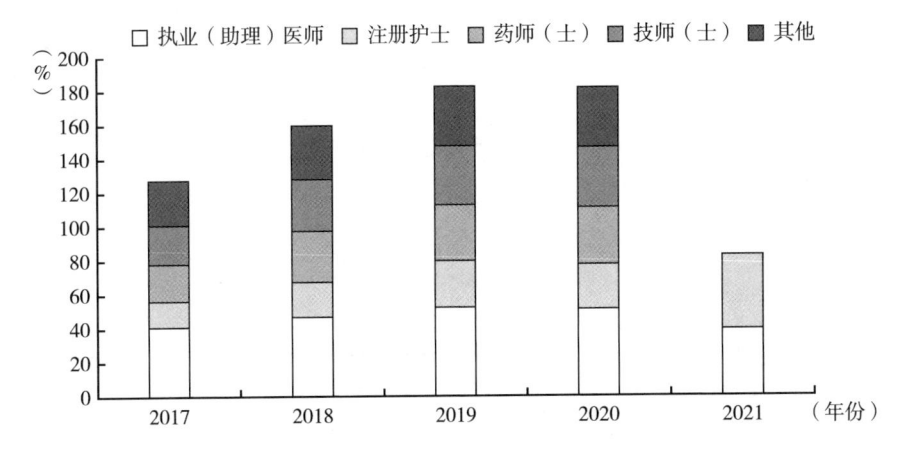

图7 2017~2021年河南省卫生技术人员中大学本科及以上学历占比

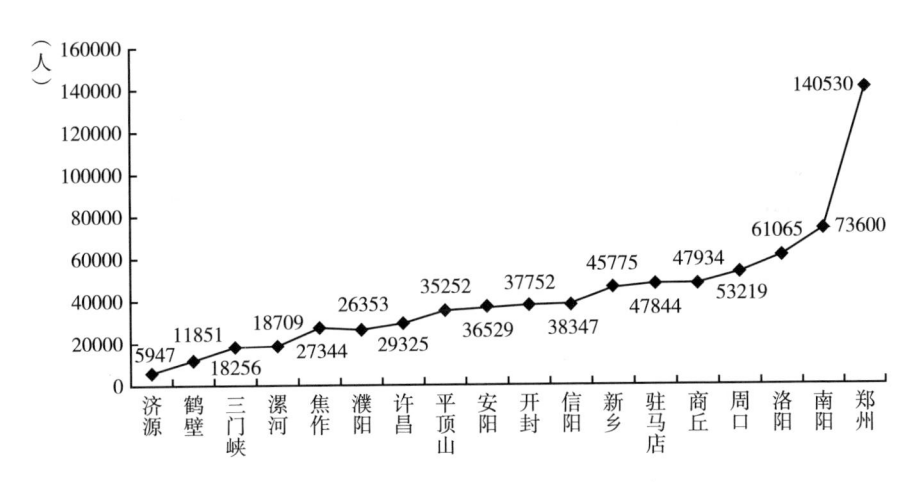

图8 2021年河南省各地市医疗卫生人员总量情况

2021年,河南省各地市主要卫生技术人员配置水平上,郑州、三门峡、济源执业(助理)医师配置水平较高,分别达到了每千人口4.14人、3.50人、3.40人;郑州、三门峡、洛阳注册护士配置水平较高,分别达到了每千人口5.29人、3.95人、3.93人。商丘、周口、信阳、许昌、安阳等地市配置水平不高,呈现出区域不平衡(见图10)。

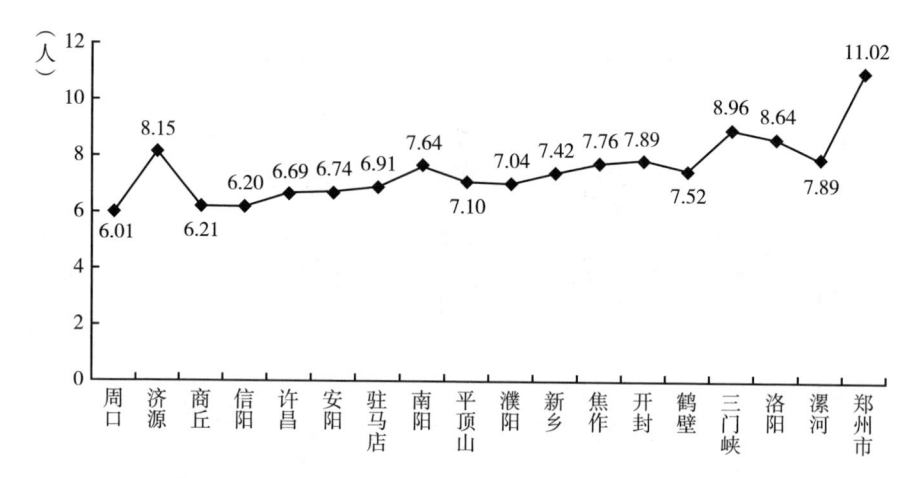

图9 2021年河南省各地市每千人口卫生技术人员情况

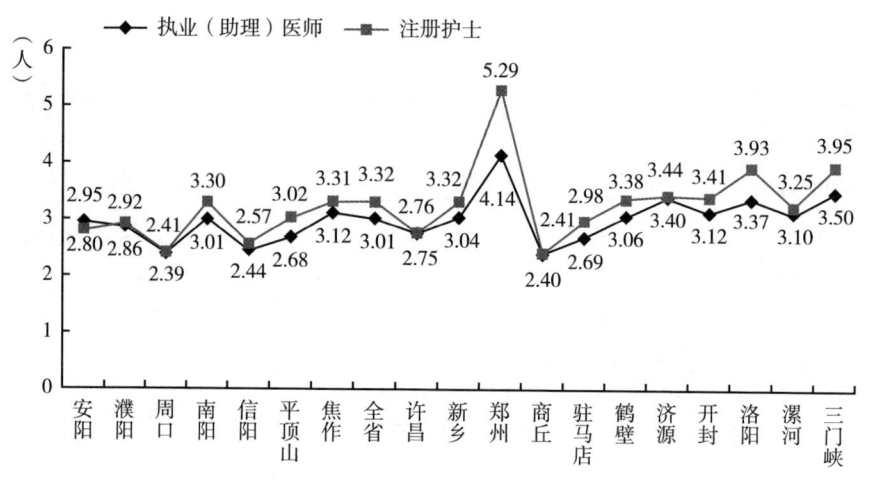

图10 2021年各省辖市每千人口执业（助理）医师、注册护士情况

（四）卫生健康人才孵化平台加速发展

郑州大学、河南中医药大学、新乡医学院等医学人才培养平台高质量发展，国家心血管、儿童、神经疾病、呼吸、中医（肿瘤）5个国家区域医疗中心试点项目相继落户河南，全国首家互联网医疗国家工程实验室建设高标准推进，引进中国医学科学院阜外医院华中医院、首都医科大学附属北京儿

童医院郑州医院、首都医科大学附属北京天坛医院河南医院等一批高能级卫生健康创新载体，卫生健康重大平台发展势头强劲，人才建设的影响力、吸附力持续上升。

（五）卫生健康人才制度环境不断改善

河南省先后出台了关于人才集聚、成长、创新创造的政策体制和评价机制，推进医教协同，深化医学人才培养制度改革，教育和培养质量不断提高。"十三五"期间，全省增设紧缺专业点106个，建成国家级住培基地40家、助理全科基地64家；在人才评价中，大力推广城乡卫生人才一体化措施，淡化科研论文要求，更加注重实绩实效的考核；河南省医学院毕业生的"369人才工程"圆满收官，累计为基层培训全科医生等基层紧缺人才6万多人；公立医院薪酬制度改革的试点工作稳妥推进，出台一系列政策来完善基层医疗卫生机构绩效工资制度。合理配置工作和生活、成长和发展的客观条件，不断优化卫生健康人才发展环境。创新卫生健康人才发展理念，在人才投入、激励、评价、流动和服务机制方面实施"五个创新"，具有河南卫生健康工作特色和更具竞争力的人才制度体系更加健全。高规格举办"中国医师节"庆祝活动，持续开展"河南优秀医师"评选，弘扬"敬佑生命、救死扶伤、甘于奉献、大爱无疆"的崇高精神，持续营造"尊医重卫"的社会氛围。

二 河南省卫生健康人才发展存在的挑战

经过近几年来的快速发展，河南卫生健康人才队伍建设得到明显加强，但必须看到，同新时代卫生健康事业高质量发展的要求相比，全省卫生健康人才发展还有一些不相适应的地方。

（一）卫生健康人才资源区域配置有待优化

一是卫生健康人才配置水平仍待提升。2021年，河南省每千人口执业

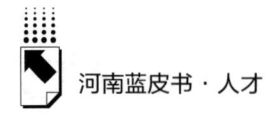

（助理）医师数、每千人口注册护士数、每万人口全科医生数分别为3.0人、3.3人、3.01人，均低于同期全国平均水平的3.04人、3.56人、3.08人，亟须补齐专业技术人员配置短板。

二是卫生健康人才在学历结构、职称结构、城乡分布、区域分布、不同医疗机构的分布仍不均衡。不同专业、不同学科之间的卫生健康人才配置水平存在较大差距。豫东南地区卫生技术人员配置水平有待进一步提升，一些紧缺专业人才队伍建设亟待加强。人才质量方面，目前队伍建设的现状同医疗卫生服务体系高质量发展的要求相比还有很多不相适应的地方，各类人才服务能力和技术水平都有待持续提升。

（二）重点领域卫生健康人才建设有待加强

适应新形势需要，亟须加强相关重点领域卫生健康人才队伍建设。一是贯彻"预防为主"方针，落实建设强大公共卫生体系要求，亟须大力加强公共卫生人才队伍建设，着力强化人才配备、能力提升、发展环境改善和人才政策创新。

二是推动新时代中医药传承创新发展，大力开发中医临床人才、基础人才、科研人才队伍，培养一批中医药多学科的交叉创新人才，促进中西医相互补充、协调发展。

三是落实提速提质建设健康中原，适应全方位、全周期的人民健康服务需求新形势，真正在基层培养一支"能中会西"的队伍，进一步拓宽老年健康、医养结合、托育服务、职业健康、健康服务业等相关领域人才的培养与开发，健全机制，加大投入，全面提升中医药服务群众健康的能力水平。

（三）卫生健康人才发展体制机制有待完善

一是构筑人才制度优势，实行更加积极、更加开放、更加有效的人才政策，着力加强高层次卫生健康人才队伍建设，坚持人才引领发展的战略地位，培养人才、吸引人才、留住人才、用好人才，加大力度实现顶尖人才突破，培养造就更多具有核心竞争力的医学科技领军人才和优秀科研创新团队、青年科技人才。

二是适应构建整合型医疗卫生服务体系的要求，亟待建立推动人才队伍建设高质量发展的体制机制，强化人才配备的政策、方法和激励机制改革创新。

三 河南省医疗卫生人才发展的对策建议

面对新形势、新任务，全面加强河南省卫生健康人才队伍建设必须全面贯彻习近平总书记关于做好新时代人才工作的重要思想和视察河南重要讲话、重要指示精神，全面落实省委省政府关于人才强省战略系列部署，卫生健康人才队伍建设要围绕卫生健康事业高质量发展的主题，树立人才资源是第一资源和系统开发人才的观念，创新人才政策，激发人才活力，优化人才发展环境，完善人才结构，构建上下协调的卫生健康人才工作大格局，为推进健康中原建设提速提质提供强有力的人才支撑。

（一）坚持围绕重点，加强卫生健康人才队伍建设

系统打造高水平卫生技术人才队伍。立足深化公立医院改革和推进卫生健康事业高质量发展的时代要求，着力打造与高质量发展相适应的人才规模和结构布局。到2025年，每千人口执业（助理）医师数、每千人口注册护士数、每千人口药师（士）数分别达到3.6人、4.3人以上、0.54人，到2035年，执业（助理）医师、注册护士、药师（士）等卫生健康人才主要资源配置水平位居全国前列。

加快建设强大的公共卫生人才队伍。统筹发展和安全，面向公共卫生安全体系建设重大需求，着力打造一支门类齐全、梯队完整、平战结合、专业化、复合型、高水平的公共卫生人才队伍。加大公共卫生高层次人才引进培养，引进培养5~10名公共卫生领军人才和战略科学家，培养和选拔50名以上学科带头人和技术骨干，重点补足流行病学调查、现场处置、消毒、实验室检测等专业人才短板。

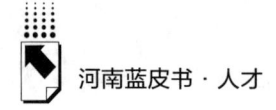

着力培育高素质基层卫生人才队伍。继续实施基层卫生人才工程。通过新一轮基层卫生人才工程实施,到2025年,基层卫生人员数占常住人口的比例达到3.7‰以上,乡镇卫生院的医护比达到1∶1.0以上,社区卫生服务中心(站)的医护比达到1∶1.2以上,城乡每万常住人口拥有3.93名以上注册全科医生。

持续打造特色鲜明的中医药人才队伍。深入实施"岐黄工程""仲景人才工程",积极打造一批国医大师、全国名中医、岐黄学者,推动建设高端中医医学创新团队,做强领军人才、优秀人才、骨干人才梯次配备的中医药人才队伍。力争到2025年,每千常住人口中医类别执业(助理)医师数达到0.62人,中药师持续增长,中医药人才结构更加合理。

发展壮大应对人口老龄化人才队伍。适应人口老龄化的现实需求,大力提升老年人、婴幼儿、孕产妇等重点人群的健康服务水平,促进老龄、托育、妇幼健康服务人才队伍高水平发展,统筹配置医疗、预防、康复等人才资源的支撑。

统筹协同建设好各类专门人才队伍。加强精神卫生、卫生健康监督、卫生健康信息化人才、健康服务人才培养,加大开发社区健康工作者和医务社工。

(二)坚持高端引领,集聚开发海内外高层次人才

坚持面向科技前沿、面向人民生命健康,依托国家和省重大项目、重大人才计划、重点实验室建设等,全方位培养、引进、使用好高层次卫生健康人才,打造在中部地区乃至全国具有强大影响力和吸引力的生命健康重要人才中心。

对标顶尖人才突破行动、领军人才集聚行动,持续强化领军人才培养,实现河南省在医学领域本土院士"零"的突破,支持郑州大学第一附属医院引进2个院士团队;开展"中原卫生健康领军人才"选拔,培育一批医疗卫生领域中原学者、50名中原卫生健康领军人才;[①] 协同推进人才"揭榜

[①] 《河南省人民政府办公厅关于加快医学科技创新全面提升卫生健康服务能力的实施意见》(豫政办〔2022〕74号)。

挂帅"制度，探索在重大健康问题、重点临床学科、紧缺专业和健康产业发展的主要领域支持建设优秀创新团队；面向世界汇聚一流人才，吸引海外高端人才，引进一批具有国际影响力的科学家、领军人才及创新团队。

对标青年人才倍增行动，分类制定卫生健康领域青年人才培养支持措施，加大资助力度，强化周期性的集中培养，着力支持培育多学科、复合创新型青年人才。依托省卫生健康中青年学科带头人培养项目、省中青年卫生健康科技创新人才培养计划等，培养具有国内先进水平的中青年学科带头人150人、中青年卫生健康科技创新人才300人、基层骨干医生9500人；大力引进高校优秀硕士、博士毕业生等潜力人才，打造青年人才"蓄水池"。

完善高层次人才认定、引进与培养机制。充分发挥高层次人才在队伍建设方面的示范作用，打造搭茬成长的人才梯队，着力建设人才数量规模适宜、人才结构分布合理、人才服务效能强大的卫生健康高层次人才队伍。

（三）坚持创新驱动，构建高质量发展的人才支撑

以满足重大疾病临床需求为导向，以提升诊疗能力和水平为目标，重点加强心脑血管、肿瘤、呼吸、感染、消化、儿科、重症等临床专（学）科人才的开发与培养，培养和吸纳病理、影像、麻醉、检验、药学等专业技术人员进入多学科诊疗团队，提升疾病综合诊疗人才队伍水平。

着力打造高能级卫生健康创新平台，分别以郑州大学第一附属医院、河南中医药大学第一附属医院、河南省疾控中心为依托，建设国家医学中心、国家中医医学中心、国家区域公共卫生中心；高标准建设儿童、呼吸、心血管、神经疾病、肿瘤、中医肿瘤、中医骨伤、中医脑病等8个国家区域医疗中心；依托15个省医学中心、60个省区域医疗中心的建设任务，重点布局神经疾病、老年医学、心血管、眼科、癌症、妇产、儿童等专科科室建设。加快建设卫生健康"国字号"创新载体，加强省部共建食管癌防治国家重点实验室建设，支持郑州大学第一附属医院创建生殖与遗传性疾病防治国家重点实验室、互联网医疗系统与应用国家工程研究中心、省部共建肾脏病国家临床医学研究中心。发挥高能级卫生健康创新平台和"国字号"创新载

体的引领辐射作用，着力培养临床和公共卫生学科带头人和技术骨干。

加快推进105个县域医疗中心综合能力提升，全面推进"五大中心"建设，推动全省70家县级医院达到三级医院医疗服务水平。围绕紧密型县域医共体高质量建设目标，着力加强县级医疗机构的人才队伍建设，优化基层人才配置和管理方式，贯彻提升核心专科、夯实支撑专科、打造优势专科的要求，培育和配备具备医、防、管等能力的融合型人才，重点加强心脑血管、肿瘤、消化、呼吸和感染等专科人才队伍建设，为强化县域医疗卫生服务能力提供人才支撑。

（四）坚持系统优化，深化人才发展体制机制改革

一是人才培养开发机制聚焦需求导向和质量导向。优化医学人才培养结构，提高办学层次和培养质量。深化毕业后医学教育、继续医学教育统筹改革，高质量推进住院医师规范化培训基地建设，塑造高尚的职业道德，巩固临床医学基础知识、提高临床医学诊疗专业技能，持续推进继续医学教育创新发展，树立医学发展新理念、推进医学教育发展新定位、强化医学人才培养新内涵，建立健全全员继续医学教育和终身教育学习体系。到2025年，以"5+3"为主、以"3+2"为辅的临床医学人才培养体系更加完善，建立好业务骨干、部门精英、管理人才的后备军；医学教育学科紧跟国际趋势，具有更加优化的专业结构、更加科学高效的管理体制机制以及高质量发展的毕业后医学教育、继续医学教育体系。

二是构建一体发展、顺畅有序的人才流动配置机制。创新公立医院人员编制管理，逐步建立公共卫生机构人员编制动态调整机制，稳妥推动医务人员的合理流动。

三是构建分类评价、放管结合的卫生健康人才评价使用机制。持续深化专业技术人员职称制度改革，逐步完善以服务水平、质量和业绩为导向，更加重视社会和业内认可的人才评价机制。在职称评审上更加突出业绩水平和实际贡献，向服务基层一线医疗卫生人才倾斜；完善临床医生执业能力评价指标，加强医疗卫生人才日常数据管理，推行成果代表作制度。

四是构建灵活高效、人尽其才的人才激励保障机制。全面推开公立医院薪酬制度改革,建立符合医疗行业特点、体现以知识价值为导向的人事薪酬制度,落实"两个允许"。改善公立医院收支结构,科学制定医务人员的绩效工资总量和水平,合理调控单位内部收入水平差距;落实基层医疗卫生机构绩效工资政策,根据岗位特点设置绩效工资项目,提高基层卫生人员收入水平,按政策规定落实乡村医生各项经费补助,推动实施乡村医生"乡聘村用"制度,分类解决乡村医生参加基本养老保险、医疗责任保险和村卫生室基本运行经费问题,增强乡村医生职业荣誉感和岗位吸引力。

B.11
河南省教育领域人才队伍分析与展望

王喜刚　张守恒　申学武*

摘　要： 河南省高度重视人才发展，深度融入构建新发展格局，制定实施以"创新驱动、科教兴省、人才强省"战略为首的十大战略，出台一系列促进教育高质量发展的具体措施。当前，河南人才培养条件持续优化，人才储量状况愈发良好，人才价值发挥能力持续增强，人才开发管理机制更加有效。但是河南教育领域人才队伍建设还面临一些挑战，如一流人才载体有待提质增效、人才缺口较大、引才竞争力较弱的问题仍然存在，其中高层次顶尖人才十分匮乏，已经成为制约河南教育发展的主要问题。为此，河南在今后教育工作中要继续贯彻落实党的二十大精神和党中央决策部署，坚持教育优先发展战略，统筹贯通各方责任主体，推进协同改革、优质创新的人才本土培育体系建设，实行更加优惠、更具诚意的人才开发政策措施，构建资源丰富、灵活畅通的人才服务管理机制，打造数字赋能、智能集成的卓越人才高地，把立德树人、优质高效、服务社会的理念融入河南教育现代化建设全过程。

关键词： 教育领域　人才队伍　教育现代化

---

* 王喜刚，博士，河南师范大学商学院副院长，硕士生导师，河南省教育厅青年骨干教师，清华大学访问学者，主要研究方向为绿色制造、绿色经济与管理；张守恒，河南师范大学商学院农村发展专业硕士研究生，主要研究方向为农业碳排放、绿色农业；申学武，博士，河南省教育人才学会副会长。

党的二十大报告指出，教育、科技、人才是全面建设社会主义现代化国家的基础性、战略性支撑，强调建设社会主义现代化强国务必要强化现代化建设人才支撑体系，要办好人民满意教育，完善科技创新体系，要加快实施创新发展战略，深入实施科教兴国和人才强国战略。河南省认真贯彻落实国家重大发展战略，高度重视教育领域人才队伍建设。过去十多年，河南省坚持把教育摆在优先发展的战略地位，加大教育领域人才培养和引进力度，加快推进河南教育现代化工作。河南省委锚定"两个确保"，全面实施"十大战略"，将"创新驱动、人才强省、科教兴省"作为"十大战略"之首，明确指出河南未来的发展"出路在创新，关键在人才，根基在教育"。教育领域的人才队伍建设作为一项惠民生、促发展的战略举措，是一项长期艰巨任务，是一项宏大系统工程，涉及范围广、建设要求高，需要协调社会多方资源，落实各方主体责任，平稳推进教育系统协同改革，创新实施引才、育才、用才、留才的相关政策及措施。

一　教育领域人才队伍发展成效

"十四五"时期是迈向第二个百年奋斗目标的开端，是开启新时代奋斗新征程的起点。当前，中国已进入高质量发展阶段，正处于战略机遇期，国内经济稳中向好，全民受教育程度稳步提高，为人才价值发挥创造了有利条件。近年来，河南省大力发展教育，坚持把"创新驱动、人才强省、科教兴省"作为重大战略部署实施，成效显著。

（一）人才培养条件持续优化

1. 教育经费投入显著增加

2021年河南省教育经费投入2775亿元，较2012年增加了89.2%，其中财政性经费投入由2012年的1106亿元增加到2021年的1927亿元，增长74.2%。同时，近年来河南省高校获国家自然科学基金和社科基金项目及经费数稳占全省90%以上，全省高校承担各类科研项目经费总额由2016年的

23.9亿元提升到2020年的56.97亿元，增长138%。教育体系经费的巨大投入为河南人才培养提供了真金白银的切实保障。

2.教育系统综合改革协同推进

教育系统综合改革是落实党中央全面深化改革总部署的重要举措，河南省坚定不移认真落实，出台了一系列改革实施方案。一是高校管理体制改革。省内高校全面实行以质量为导向的新改革理念，从以往追求规模扩张转向追求扩容增量、提质增效双提升。同时改革教师管理体制，下放职称评审权。二是教育督导体制改革。省人大常委会审议通过《河南省教育督导条例》，完善教育督导体制机制改革，为迈进教育强省提供法律保障。三是加强和改进新时代师德师风建设。河南省教育厅等七部门研究制定《关于加强和改进新时代师德师风建设的实施意见》，提升教师队伍思想政治素质和职业道德水平，倡导尊师重教社会风尚。四是加快推进教育现代化建设。省委省政府出台《河南教育现代化2035》及实施方案，对加快推进教育现代化、建设教育强省做出重要战略部署。河南通过这一系列新型管理制度的改革全力激发出省内教育事业的发展活力。

3.高校内涵式发展持续向好

省内高等教育不断由规模扩张向质量并举、内涵提升转变。全省共有高等学校166所，较2012年增加46所；全省高等教育毛入学率为53.13%，较2012年提升25.91个百分点；其中普通本科院校56所，本科层次职业院校1所，高职高专院校99所，成人高等院校10所。2021年全省拥有博士学位授权普通本科学校10所，硕士学位授权普通本科学校19所。其中博士一级学科授权点97个，硕士一级学科授权点368个，与2012年相比，全省博士一级学科授权点增加53个，硕士学位授权一级学科点增加86个。如今，郑州大学、河南大学进入国家"双一流"建设行列，7所高校的11个学科也正稳步推进"双一流"创建工作，省内高校58个学科进入ESI全球排名1%。与此同时，河南省深入实施特色骨干大学和特色骨干学科建设，重点建设15所示范性应用技术类型本科高校，推动高校分类特色发展。目前已有408个专业入选国家级一流本科专业建设点，高校中外合作办学机构和项目达 251 个，优质高等教育资源持续增加，教育国际交流与合作水平不断提升。①

4. 人才培养平台着力构建

随着河南高等教育的快速发展及"双一流"建设的阔步前进，各高校不断搭建一流创新平台，着力打造人才培育平台，重塑实验室体系，积极争创国家实验室，如信息工程大学和郑州大学组建的嵩山实验室、河南省农业科学院与河南农业大学组建的神农种业实验室等，制定年度高端人才引进清单，进一步明确引才方向、数量，致力于形成高端人才引进的蓄水池，以一流的创新平台引育一流的人才队伍。同时，为将更多更优秀的高端人才汇聚中原，河南省努力打破常规举措，积极构建国家级重大创新平台，为吸引和发展优秀人才助力赋能。2021 年 12 月 28 日，河南省科学院重建重振顺利推进并揭牌运行，这艘象征着河南科研的新"航母"正式启航，力图将科学院建设成为汇聚高端人才的保障平台。目前，河南省共建有国家级（省部共建）协同创新中心 9 个、省级重点现代产业学院 23 所、鲲鹏产业学院 25 所、省校级协同创新中心 140 多个、国家级创新平台 35 个、省部级科研平台 800 余个，各重大平台的构建为河南省人才发展提供了更广阔的舞台，切实推进了河南人才强省战略的有效落实。

（二）人才储量状况愈发良好

1. 人才总量不断增加

2021 年河南省高校教育人才 18.40 万人，比上年增加 1.19 万人，增幅为 6.91%；其中专任教师 14.25 万人，较上年增加 0.91 万人，增幅为 6.82%；专任教师中副高级及以上专业技术职务 4.65 万人（其中，正高级 1.11 万人），占总数的 33.72%，较上年增长 5.20%；硕士研究生及以上学历 8.19 万人（其中，博士研究生 2.27 万人），占总数的 59.49%，较上年

---

① 河南省教育厅 2022 年 10 月 12 日"河南这十年"主题系列第二十五场新闻发布会、《2012 年河南省教育事业发展统计公报》、《2021 年河南省教育事业发展统计公报》。

增长7.34%；硕士及以上学位9.69万人（其中，博士学位2.34万人），占总数的70.38%，较上年增长5.33%。近年来，河南教育人才总量不断增加，高学历人才规模不断扩大，这充分得益于河南省人才政策的推行与实施。

2. 人才结构持续优化

近十多年，河南省坚持扩大人才引进范围，持续优化调整人才结构，强化高层次国际化人才培养与引进。截至2022年末，全省教育领域共有两院院士11人、长江学者34人、国家杰出青年科学基金获得者23人、国家优秀青年科学基金获得者18人、国家教学名师28人、国家青年拔尖人才14人、中原学者42人。2022年度省管高校引进海外高端人才7人、海外博士359人、国内博士2939人（见表1）。

表1 2022年河南省高层次人才储量

单位：人

类 型	数量	类 型	数量
两院院士	11	国家青年拔尖人才	14
长江学者	34	中原学者	42
国家杰出青年科学基金获得者	23	海外高端人才	7
国家优秀青年科学基金获得者	18	海外博士	359
国家教学名师	28	国内博士	2939

资料来源：河南省教育厅。

（三）人才价值发挥能力持续增强

高层次人才效能得以有效发挥。近年来，大批高端人才、领军人才汇聚中原，河南省高层次人才效能不断凸显。近十年间，全省高校获国家科学技术三大奖46项，为通信技术、生物育种、疫苗研发、新能源研发等领域提供了关键技术，有力支撑了人才强省建设，彰显了教育服务社会取得的巨大成就。2021年河南省综合科技创新水平居全国第17位，比2015年提升3

位，其中获国家科技进步一等奖的河南科技学院茹振钢教授带领团队培育的百农系列小麦新品种"百农矮抗58"为社会增加产值300多亿元；郑州大学何季麟院士主持完成的"平板显示用高性能ITO靶材关键技术及工程化"项目取得突破性研究成果，解决了核心技术"卡脖子"难题；郑州大学、河南师范大学常俊标教授团队研发的"阿兹夫定"，成为国内首款自主研发的口服小分子新冠治疗药物，为疫情防控、保障人民健康和维护社会稳定贡献出河南智慧。① 河南通过大力发展教育事业，促进科技成果转化，不断为全省高质量发展作出积极贡献。

（四）人才开发管理机制更加有效

1. 人才开发举措不断完善

河南高度重视人才开发工作，出台系列人才队伍建设优惠政策，做出系列决策部署。中共河南省委、河南省人民政府先后出台了《河南省"十四五"人才发展人力资源开发和就业促进规划》和《河南省"十四五"教育事业发展规划》等多条规划意见，各地市贯彻落实省委省政府部署，也相继出台各项人才引进政策，如郑州市出台十条"青年人才新政"、洛阳市制定《河洛英才计划（2020~2025年）》、新乡市发布《新乡"牧野英才2.0"三年行动计划（试行）》，涉及个人奖励、科研基金、住房保障、医疗健康、配偶就业、子女入学、旅游休闲等多方面政策优惠，为多层次的人才队伍开发建设制定出具有针对性的实施方案。

2. 人才管理机制更加科学高效

河南在坚持省委领导部署下，深化改革人才发展体制机制，着力破除育才、引才、用才、留才多方面体制机制障碍，实行更加积极、开放、科学、高效的人才政策，结合本省省情出台实施《关于深化人才发展体制机制改革加快人才强省建设的实施意见》，逐步探索适合本省发展的人才管理制度

---

① 河南省人民政府2022年8月28日《近年来河南十大科技创新成果》、河南省教育厅2022年10月12日"河南这十年"主题系列第二十五场新闻发布会。

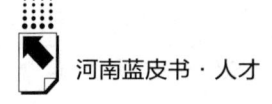

体系。着力完善人才选拔培育体系，制定实施高层次人才特殊支持计划、博士后创新人才支持计划、高层次人才国际化培养计划、重点领域紧缺人才培养计划等，以及实施高端领军人才引进计划、海外高层次人才引进计划、产业技术领军人才团队引进计划。通过系列举措完善人才激励机制，加强育才、引才载体建设，创新柔性引才方式，为人才管理提供更加便捷化的服务保障。

二 人才队伍建设中存在的问题

河南高度重视人才发展，深度融入构建新发展格局，出台一系列促进教育领域人才队伍高质量发展的具体措施，但目前仍面临着诸多挑战，存在的主要矛盾和不足集中表现在以下几个方面。

（一）高端人才载体有待进一步提质增效

河南作为人口大省、教育大省，需要足够数量和质量的人才载体与之匹配，对于人才引进也需要提供优质的用才单位。目前河南高校的整体水平有待提质增效，"双一流"高校仅有郑州大学、河南大学2所，其他兄弟省份如江苏省有16所、四川省有8所、湖北省有7所，对比来看，河南省一流院校较其他省份少，致使高端人才的培养载体支撑能力有限，对高端人才的吸引力还有待进一步提升，未来在人才引进培养和使用载体数量方面仍需继续优化。

（二）一流学科建设有待进一步彰显特色

省内高校的一流学科特色对于优质人才的培育与引进会产生较强影响力，将会切实提高服务河南省发展需求的贡献度。当前河南高校学科建设正处于战略机遇期，在"双一流"高校"第二梯队"创建步伐下，省内高校的学科建设有待进一步提质增优，学科优势有待进一步彰显特色。河南仅有4个世界一流学科，而兄弟省份如浙江省有43个、陕西省有37个、湖南省有27个,一流学科数量较少,未来河南高校应围绕一流学科建设,进一步彰显特色优势,"栽好梧桐树,搭好大舞台",凝练一流学科、引育一流团队、创造一流成果。

(三)人才生态体系有待进一步优化升级

河南省教育领域的人才队伍建设作为省内"十大发展战略"的首要位置,人才综合管理制度的规范化仍需加强,人才综合管理的服务体系水平仍需提高。目前依然存在新兴领域和紧缺型人才引进需求导向与激励措施针对性不强的情况,对于人才的价值发挥产生了一定影响。部分高校的交流合作目前仍处在省内、国内高校和科研单位之间,存在对外沟通交流不足的问题,这对提升本土人才队伍质量和管理水平产生了不利影响。

三 人才队伍建设的对策建议

教育领域人才队伍建设是一项长期艰巨任务,是一项宏大系统工程。"十四五"时期是现代化河南建设的机遇期,是河南教育提质增优的改革期,是河南教育领域人才发展的攻坚期。面对当前的战略机遇和严峻复杂的新形势,要贯彻落实党的二十大指示精神和党中央决策部署,认真执行教育部《关于加强高校有组织科研推动高水平自立自强的若干意见》,深入实施创新驱动、科教兴省、人才强省战略,坚持教育优先发展战略,统筹贯通各方责任主体,把立德树人、优质高效、服务社会的理念融入河南教育现代化建设全过程,以高质量、高水平的人才开发成果助力现代化河南建设。

(一)推进协同改革、优质创新的人才发展体系

1.培育"双一流"第二梯队,让优质人才载体"多"起来

应大力支持省内高校争优创先,组建更多高水平创新平台,坚持服务省内战略需求导向,培养更多"双一流"高校及学科。河南省目前已拥有两所"双一流"高校,应继续推进打造高等教育新高地,聚焦高质量教育体

系，继续优化高等院校结构。后续工作需根据教育部《关于深入推进世界一流大学和一流学科建设的若干意见》等相关文件指示精神，按照省委部署坚持稳中求进、提质增优原则，实现高等教育内涵式发展，支持多所高校发挥自身学科优势，融入"双一流"建设行列。在郑州大学、河南大学现有"双航母"基础上培育"第二梯队"，优化调整多所院校学科学院建设，全力推进"双一流"创建工作，提升办学层次和办学水平，强化教学管理能力、业务能力建设。此外，加大力度申请新增博士、硕士学位授权点，积极增设博士后工作站，创造人才集聚高地。学科建设与人才队伍建设是"一体两翼"，缺一不可，要将二者有机结合起来，为教育人才队伍建设打造更多优质培养摇篮和优质用才单位。

2. 对接新时代发展需求，让人才专业质量"强"起来

一方面，严把质量，推进高等教育师资专业认证。教师资格认证是政府对教师实行的一种特定的职业许可制度，属于国家资格性质，是国家对专门从事教育教学工作人员的基本要求，是获得教师职位、从事教师工作的前提条件。高等教育作为培养高级专门人才和职业人才的主要力量，更需要对其从业资格进行严格把关，开展高等教育人才专业质量监测，建立持续改进的质量保障机制，在制度层面保障高等教育人才的队伍建设。

另一方面，要努力建设科研与教学和谐发展的高水平教师队伍，以人才发展促进科技创新。高校教师的科研和学术能力是衡量人才质量的重要标准之一，是促进科技进步的直接生产力。对此，可以从以下三个方面入手。

第一，促进学科建设中的教学学术传承。与科研一样，课程教学的特色与优势同样需要传承。作为一种专业化的创造性实践活动，教学中充满着大量隐性知识和创新智慧。为此，应创建科研—教学一体化的学术共同体，让年轻教师在资深教授团队中耳濡目染、抱团成长，是提升其科研功力和教学创新素养的最有效途径。

第二，设计研发教师教学学术能力培养体系。开发出一套求真务实、实践导向的教师培训课程。以信息时代教学创新能力为主旨，采取混合学习、团队学习、以任务为导向的学习等多种新培训形式，让教师亲身体验未来学

习模式，提高教师参与培训的主动性，实现培训内容与形式的统一。

第三，启动一批高水平的教学学术项目，带动优秀教师和教师团队成长。需要强调的是，这些教学学术项目应当与高级别的科研课题具有同等的学术分量和资助强度，如此方能吸引一流人才投身其中，真正创造出具有理论价值和实践效用的教学创新成果。

3. 创新人才开发路径，让人才发展模式"新"起来

秉持"教学相长"理念，坚持"引育并行"举措，坚持专职与兼职、学校与企业、培养与引进、理论与实践并重的原则。在人才引进方面，改革教师招聘制度，广开人才引进渠道，打破学历的限制，提高人才待遇。在人才培育方面，坚持多方协同培育人才、人才体系支撑教育、教育成果服务社会的运行机制，探索不同层次的人才开发路径。强化高等院校、科研院所、企业集团的协同合作，联合制定培养方案，继续深化科教融合、产教融合、创新"产学研用"一体化人才培养模式。例如，从企业引进高技能人才到校任教，或者定期选派专业教师到企业参加实践，做到进企有事做、上岗有活干，与教学对接、与职业标准对接，提升专业教师的实践指导能力。

人才发展模式的创新，既要注重理论性研究，也要注重应用性研究。针对新兴领域与急需性人才要加快建立相应的培养标准与课程体系；针对科技人才，需要强化科研育人理念，融合多方异质性资源，建设高端协同创新平台、核心技术攻关平台、科研成果转化平台等，促进科技成果转化为生产力。积极利用国家高等教育智慧教育平台，实现人才培养与利用的高质量发展，满足河南省社会发展重大战略服务需求。

（二）实行更加优惠、更具诚意的人才开发举措

1. 激发人才发展活力，让人才开发政策"惠"起来

加大引才工作力度，在本土培育的同时加强人才引进宣传工作，合作利用猎头机构市场化运作手段，针对不同层次的人才引进采取公开招聘和针对性邀约等多种方式灵活吸纳各类优秀人才。加快制定实施更多具有较强吸引力、竞争力、号召力和针对性的人才引进政策及措施，完善人才编制，释放

政策红利，激发人才发展活力。尤其是针对新兴领域高层次稀缺人才要设立专项基金，给予配套资金支持，在工作薪资、经费支持、科研服务、住房保障、医疗健康等方面给予更多优惠政策。

2. 创新人才激励手段，让用才留才措施"实"起来

赋予各类教职人员和科研人员自主发展权，结合人才主体自身特色及发展目标，探索工作成果评价与科技成果市场化赋权的收益分配制度，创新人才激励手段，重塑符合实际需求的奖励机制。

遵循客观公正原则，注重人才主体"制治结合"的管理方法，探索采用过往资历认可与科研成果市场效益转化或同行评价、第三方专家评价等综合评价方式，健全人才评价激励体系，完善职称评定标准，激发各专业领域人才主观能动性，驱动创新发展动力。

推进教学科研评价机制改革，落实绩效评价与激励措施，营造良好创新生态。一方面，需要建立关于教学的学术评价规范，形成同行评审、学生评教、学校督导三位一体、互相印证的科学、专业、合理的综合评价体系，探索基于教学"大数据"的新型评价模式；另一方面，需要促进科研评价体系的不断完善与规范，应当全面、理性地看待SCI、CSSCI、影响因子等各类指标和排名，回归学术评价之本义、科学研究之本源，从唯数量指标到注重质量，从看重表面数据到注重成果的长远影响力，从要求快出成果到包容、鼓励长期研究，引入代表作制度，引导高校教师人才沉下心来研究重大理论与现实问题，为社会发展贡献真正的价值。

3. 优化人才发展环境，让一流创新人才"聚"起来

需强化组织领导，加强学风、师风、校风和作风建设，弘扬科学家精神、工匠精神，创造尊重、包容、求实、创新的文化体系，建立学术自由、宽容失败、合理容错机制。通过系列举措软硬兼施同步改造，促进"人才回流"发展。要充分发挥历史文化特色优势，树立好"老家河南"品牌标签，让"乡愁"留下来，让"孔雀"飞回来。真正做到爱才、敬才、用才、惜才，用真情实意营造留才良好环境，想方设法让人才愿意留下来。

（三）构建资源丰富、灵活畅通的人才服务管理机制

1. 拓宽资金投入渠道，让教育资源"富"起来

加大教育领域资源建设力度，资源配置教育优先。教育领域人才队伍的建设需要充足的资源配置，应统筹利用省内各项资源，汇聚优质资源，优先向教育领域倾斜。并且要建立稳定的财政投入机制，探索多种渠道资金来源，利用校企合作、校友基金、科研成果市场化效益等来源充实教育发展基金，尤其对教学使用和科研利用要给予正确引导和大力支持。发挥人才集团市场化机制的资本力量，充实人才发展全产业链资源，加大对教育教学、科研实验、人才价值发挥的资源投入，在资源配置、经费分发等方面充分考虑实际需求，按需分配，保障各类资源供给充足。鼓励高校、科研单位积极争取各级财政资金，探索多元渠道支持教育发展，提升人才福利待遇。同时要优化资源配置、资金投入监管体系，保障正常教学运行和科研攻关，形成安全、高效、合理、稳定的资源管理体制和运行机制。

2. 灵活调整管理制度，让人才流动与交流合作"畅"起来

规划调整人才流动发展策略，实行公平、公正、公开透明化人才流动机制。破除体制观念旧疾，促进体制内外人才有序、畅通流动。扩大单位用才自主权，拓宽体制外人才流动渠道，确保不因体制成为人才流动鸿沟，鼓励体制内人才通过挂职锻炼、咨询顾问等多种方式向社会组织兼职流动，建立职称、编制动态调整机制，搭建机关与高校、高校与社会的人才流动桥梁，促进省内教育领域人才合理布局、均衡发展。规范人力资源市场秩序，简化人才流动审批程序，开辟绿色畅通引进渠道。对引进人才实行动态跟踪管理，提供个性化优质服务，创造兼顾硬性投入和软性服务的综合服务体系。

以"开放、包容、合作、谦虚"理念，全方位、宽领域、多层次加强对外沟通交流，吸收借鉴国内外先进经验，拓宽人才管理的国际视野。立足本土，畅通中外，深化双边、多边合作机制，采用论坛、会展、赛事等多种形式联合开展多领域科研项目合作。加大中外合作办学力度，鼓励教育主体引进吸收海内外高层次人才参与学科建设，支持国际知名学者与省内高校开

展讲学访问与合作研究，拓宽人才培养和人才引进路径。立足本土实际和人才发展规划目标，建设具有河南特色的人才培养体系和人才引进机制。

3. 化解人才岗位供需矛盾，让人才队伍"活"起来

解决人才岗位资源供需矛盾，绝不是盲目增加岗位数量，而是要在积极推进改革的进程中，引进科学的方法，促进师资队伍全面协调可持续发展。

一方面，要倡导"人本管理"，实行分类指导。"人本管理"是现代人力资源管理的重要理念，其基本含义是将人作为重要的资源进行科学的管理和开发，以激励人的行为、调动人的积极性和创造性为根本，实现最佳的组织绩效。高校人才队伍由于学科、年龄、受教育经历等原因存在很大的差异性，如果简单地使用统一的标准进行管理，不可能充分调动人才的积极性。因此要倡导人本管理，在制定岗位设置方案时要分类指导，实现岗位资源的最优化配置。要深入分析各学科师资队伍的现状及未来的发展趋势，分层次进行岗位的资源配置。统筹协调好对杰出青年教师人才的激励和对长期勤奋努力的中老年教师人才保护的关系。在聘任条件和考核标准上要分类指导，实现对广大人才发展的有效激励。本着承认差异、积极引导、促进发展的原则，分别制定聘任条件和考核标准。引导各类人才在工作中充分施展其才能，并对他们在工作中取得的各种业绩充分认可，有效地激励绝大多数教师全面发展。

另一方面，采取"市场"与"计划"相结合的手段，厘清岗位资源的配置理念，其原则之一是"按需设岗"，既要站在学校事业发展的角度，形成以满足事业发展之"需"为导向的岗位资源配置理念，采用"市场"对资源的配置手段，谁的事业发展快，其所获取的岗位资源就会多；又要关注人才发展之"需"，形成以满足人才全面发展需要为导向的岗位资源配置理念，考虑人才发展的实际需要，通过计划的手段进行调节。统筹使用好"市场"和"计划"两种配置手段，以实现人才队伍全面协调可持续发展之"需"。

（四）打造数字赋能、智能集成的卓越人才高地

1. 重视教育数字化规划引领，让人才环境"通"起来

数字化是河南由教育大省向教育强省转变的重要机遇，河南将抢抓教育

新基建的重要契机，基于"云—网—端"的新型建设模式，健全优化高等教育管理信息化体系，全面打通数据孤岛，提升教育数字化治理与服务能力，实现院校等专业机构、政府、企业在教育信息化方面的协同创新，推动信息化建设由硬件设施建设向融合创新为主转变。

首先，做好数字化资源顶层设计。高校要做好数字化教育的顶层设计，理顺数字化改革理念、思路和方法手段，发挥好各部门的系统协同能力，提高教育系统人才治理体系和治理能力的现代化。

其次，升级改造教育设施环境。教育系统各级领导要高度重视学校信息化教育的进程，加快信息化硬件和软件的建设，改造硬件基础环境，为教育信息化提供物质保障。建设校园网络，配备多媒体设备、云计算平台、智慧教室、网站教育资源等，引进尽可能多的教学设施，完善教学条件，提高课堂教学效果，提升人尽其才的数字化环境保障能力。

2. 响应数字化发展理念，让教育人才"新"起来

联合国教科文组织在2020年的世界教师日重申，教师作为"危机中的领导者、未来的重塑者"，是在疫情期间提供连续性教育支撑的核心。以高校管理者、高校教师、行政人员、相关政府官员为代表的高等教育人才，肩负着为国家培养数字化人才、驱动科研创新、带动数字化经济发展的重要职责。

强化教育系统人才的信息与通信技术（ICT）能力是推动教育系统数字化转型、提升其在线教学质量的核心途径。各利益相关方应明确教师在培养学生的信息与通信技术（ICT）技能和教育系统数字化转型中扮演的关键角色。改革教师评价及其专业化发展的路径，以应对高校对教师信息与通信技术（ICT）能力的更高要求。尤其将在线教学相关内容纳入教师培训工作，强化未来教师的在线教学能力。从内容上来讲，不仅包括大数据技术，更包括大数据理念、大数据思维。同时，以系统的在线进阶培训为路径，建立或引入优质课程资源以强化教师数字化素养。高校可依托政府培训项目，遴选教师参与培训，建立大数据人才库；与大数据技术公司、大数据应用公司以及教育培训机构等企业合作，通过开发数字课程，不断提高教师信息技术使

用能力、大数据分析能力及教育教学改革创新能力。要勇于实践,将创新技术运用到教学管理中。通过智慧教室、智慧校园等创新实践,逐渐转变教育系统的运营流程。河南省可以在省内设立培训基地,建设试点学校,充分发挥其对其他学校教师发展的辐射和示范作用。

参考文献

安国勇、赵翔:《"双一流"建设背景下拔尖创新人才培养问题研究》,《河南大学学报》(社会科学版)2022年第1期。

刘冉:《探索创新型人才培养新模式》,《河北日报》2022年10月20日。

《世界教师日》,联合国教科文组织网站,https://www.unesco.org/zh/days/teachers。

专题报告
Special Reports

B.12

河南省营造一流人才发展生态研究

河南省社会科学院创新发展研究所课题组[*]

摘　要： 人才资源是第一资源，人才竞争说到底是人才生态的竞争。近年来，河南聚焦打造全国重要人才中心，不断完善人才发展顶层设计，推进人才政策有序迭代，打造产才融合闭环生态，深化人才发展体制机制改革，建设招才引智高地，打响"老家河南"引才品牌，一流人才发展生态营造亮点纷呈。但是，人才总量不足、人才结构不优、服务能力不强、体制机制不畅等问题仍然存在，迫切需要把营造一流人才发展生态摆在更加突出的位置，通过建设"以产为纲、产才相宜"的引才格局，构建"多方合作、优势互补"的育才体系，营造"渊深鱼聚、林茂鸟栖"的留才生态，激发人才发展体制机制创新的改革红利，打造"热带雨

---

[*] 课题组组长：杨东风，河南省社会科学院创新发展研究所所长、编审。课题组成员：李红见，河南省社会科学院创新发展研究所正高级经济师；袁金星，河南省社会科学院创新发展研究所副研究员；赵晶晶，河南省社会科学院创新发展研究所助理研究员；都鹤鸣，河南省社会科学院创新发展研究所经济师。

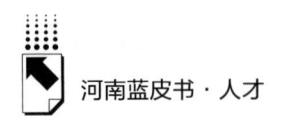

林式"的人才服务体系,不断开创新时代人才强省建设新局面。

关键词: 人才　发展生态　人才理念　人才政策　河南省

当今世界正经历百年未有之大变局,新一轮科技革命和产业变革加速演进,全球经济格局加速重构。推进高质量发展成为时代主题,国家战略进阶升级,更加凸显了人才资源及其发展制度的战略价值。今后一段时期,我国经济发展进入一个新的创新驱动、人才引领的历史坐标当中,区域间人才竞争将更趋激烈。人才竞争将由人才数量竞争转为人才发展的竞争、一流人才价值创造能级和影响的竞争、人才创新创业生态系统的竞争和整体人才生态环境的竞争。

近年来,河南省高度重视人才工作,省委把"实施创新驱动、科教兴省、人才强省战略"列为"十大战略"之首,提出"建设国家创新高地、打造全国重要人才中心"的战略目标,人才发展的战略地位更加突出,新的人才理念和人才政策更加深入人心。与发展现实需要相比,受区域资源禀赋和功能定位的影响,现阶段河南整体经济发展层次和发展水平仍然相对不高,创新发展的动力和基础仍需加强,人才引育用留机制尚需持续优化,应对区域人才竞争的压力越来越大。对此,应立足河南现实发展需要和比较优势,克服思维定式和路径依赖,准确把握人才发展阶段性特征,进行系统性谋划,采取突破性举措,全力打造一流的人才生态环境,提升对存量人才的凝聚力向心力、对外部人才的吸引力竞争力,实现"聚天下英才而用之"。

一　人才发展生态环境的内涵及体系构成

人才生态环境是在人才研究日益丰富的基础上,引入生态学理念和研究方法而提出的一个系统学概念。人才生态环境是指在一定的时间与空间内,以人才为中心,由各类人才群体与其外部众多复杂因素而共同构成的完整而有自身发展逻辑的社会生态系统。人才生态环境既包括人才群体本身,也包括对人才的产生、培养、成长、成就及退隐等过程发挥直接、间接作用的所有要素,如政策引领、社会支持、经济与自然条件支撑保障等各方面因素。

人才生态环境系统性、体系化特征决定了打造人才生态环境不是简单要素的叠加,而是更应注重实践性要求,突出区域各类环境要素、各个流程环节之间的协同。从目前国内外发达地区已有实践来看,一流人才发展生态体系至少应包括以下几个方面。一是有利于促进人才发展的政策法制体系。具有完备的人才引育用留各环节的法规、规章和规范性政策,多层次的财政金融支持体系等。二是优质高效的公共服务体系。建成相对完善的人才公共服务体系,培育专业化、特色化、具有较强竞争力的人才服务市场主体,建成有区域一体化的市场化人才服务网络和现代信息服务平台等。三是重才爱才的社会支持体系。营造出"尊重劳动、尊重知识、尊重人才、尊重创造"的社会氛围,有"鼓励创新、宽容失败"的人才发展环境。四是完善坚实的综合保障体系。聚焦人才住房保障、子女教育、医疗保健、创新创业等,构建让人才"政治上有荣誉、经济上得实惠、社会上受尊重"的综合保障体系。

二 河南营造一流人才发展生态的重大意义

当前,河南正处于战略叠加的机遇期、提质增效的攻坚期、风险挑战的凸显期。立足新阶段新征程,面对新任务、新要求、新目标,要进一步深刻领会营造一流人才生态的重要意义,方能加快形成人才引领发展的新局面,为实现"两个确保"提供人才资源的强大支撑。

(一)落实党的二十大关于人才发展重要论述的客观要求

党的二十大报告指出:"教育、科技、人才是全面建设社会主义现代化国家的基础性、战略性支撑。必须坚持科技是第一生产力、人才是第一资源、创新是第一动力,深入实施科教兴国战略、人才强国战略、创新驱动发展战略，开辟发展新领域新赛道，不断塑造发展新动能新优势。"打造一流人才生态环境，营造"尊重劳动、尊重知识、尊重人才、尊重创造"的社会氛围，持续深化人才发展体制机制改革，构建适应现实发展需要的人才政策体系，用好用活各类人才，吸引集聚人才，优化人才布局，正是践行二十大实施人才强国战略的客观要求和重要举措。

（二）构建国家创新高地和全国重要人才中心的现实需要

构建一流创新生态、打造国家创新高地和重要人才中心，是现阶段河南确定的重大战略目标。实现这一战略目标，必须遵循人才工作的发展规律，优化人才培育模式，完善人才评价激励机制，健全容错免责机制，推进创新文化建设，加快推进创新载体、创新平台等主要人才集聚平台，"全力营造尊重人才、求贤若渴的社会环境，公正平等、竞争择优的制度环境，待遇适当、保障有力的生活环境"。只有这样，才能激活区域存量人才，吸引留住外来人才，打造近悦远来的人才"强磁场"，才能真正聚天下英才而用之。

（三）推动高质量发展助力现代化河南建设的有力支撑

习近平总书记在党的二十大报告中指出，"高质量发展是全面建设社会主义现代化国家的首要任务"。推进高质量发展，需要推动质量变革、效率变革、动力变革，必然要求改善要素质量、优化要素配置，不断提高全要素生产率。人力资源是经济发展中的最关键要素，其中人才尤其是高层次人才是最具引领性、决定性的战略资源。高质量发展阶段，需要营造一流人才生态环境，提升人才培养质量与效果，激发人才活力，切实为全面推进现代化河南建设提供有力的人才支撑保障。

（四）融入新发展格局应对区域经济竞争的有效手段

构建"双循环"新发展格局的关键在于实现国民经济的畅通循环和高水平的自立自强。外围严峻的宏观经济形势下，国内人才"磁吸效应"凸显，"留学潮"正在转向"海归潮"，国内人才良性循环格局正在形成。而人才作为引领性资源在社会化大生产全过程循环中流动，可以推进人才链和创新链、产业链深度融合，优化人才产业及空间布局，提升人才供需匹配度，促进全省人才协调发展。对此，河南应抢抓机遇，加快构建一流人才生态，提升区域人才的竞争力、吸引力，推进人才集聚，增强内生动力，保持区域竞争优势，担当引领中部地区发展的主力军。

三　河南营造一流人才发展生态的主要做法

（一）坚持党管人才，完善人才发展的顶层设计

河南省坚决落实中央关于人才工作的一系列重要战略举措，坚持党管人才原则，持续完善全省人才发展的顶层设计，提出建设国家创新高地、打造全国重要人才中心的战略目标，把实施创新驱动、科教兴省、人才强省战略作为"十大战略"之首，展现出大抓人才发展、坚持党管人才的坚强决心。全省上下自觉把思想、行动集中统一到习近平总书记关于人才工作的新理念、新战略和新举措上来，集中统一到省委省政府关于科学创新和人才战略发展的战略部署上来，持续完善党管人才的领导体制、制度机制、工作机制，将党的政治优势、组织优势和制度优势充分转化成河南省人才发展的活力优势。高规格成立省科技创新委员会，大力实施顶尖人才突破行动、领军人才集聚行动、青年人才倍增行动、潜力人才筑基行动等"八大行动"，努力打造人才汇聚新高地，为河南构建一流人才发展生态构筑了顶层设计。

（二）推进政策迭代，构建立体有机的政策体系

科学合理的政策是人才发展的必备条件，河南根据具体省情和战略发展目标，适时推进人才政策的更新换代，构建出立体、有机、全面的人才发展政策体系，出台了一系列重磅政策，坚持引育并举、以用为本着力构建具有河南特色的人才雁阵格局。瞄准顶尖人才、关键少数，打造青年人才生力军，打通人才发展绿色通道，打造科技创新人才队伍、产业人才队伍、专业

技术人才队伍、乡村振兴人才队伍、高技能人才队伍等多支人才队伍。以《关于加快建设全国重要人才中心的实施方案》为引领，配套出台了"1+20"一揽子人才引进等政策措施，制定《河南省"十四五"科技创新和一流创新生态建设规划》《关于加快构建一流创新生态建设国家创新高地的意见》《实施"创新驱动、科教兴省、人才强省"战略工作方案》《河南省"十四五"人才发展人力资源开发和就业促进规划》，为河南构建一流人才发展生态奠定了政策基础。

（三）紧盯产业需求，打造产才融合的闭环生态

河南紧盯产业发展需求，持续打通人才链和产业链，营造产业、人才融合的闭环生态，持续深化创新链、产业链、供应链、要素链、制度链的"五链"耦合，将人才发展充分融入其中，驱动制造业高质量发展，推进传统产业换代升级、新兴产业重点培育、未来产业抢滩破冰，战略性新兴产业、高技术制造业占规上工业比重明显提升，新能源客车、光通信芯片、盾构等产业科技水平和市场占有率均居全国前列。特别是聚焦高端装备制造业、信息产业、现代农业、生物制药等重要产业领域，持续推动国际国内产业与人才的合作交流，积极融入"一带一路"建设，打造集聚产业创新人才及吸收技术项目等资源的产业创新合作高地，为河南构建一流人才发展生态打造了产才融合的闭合生态。

（四）深化人才改革，厚植活力迸发的发展沃土

河南依照人才发展规律，持续深化人才发展体制机制改革，不断破除人才发展面临的体制性壁垒、政策性限制，厚植人才发展沃土，激发人才发展活力。着力建立以需求为导向的人才培养培育机制、运行高效的人才管理机制、近悦远来的人才集聚机制、放管结合的人才评价机制、以人为本的人才激励机制、充分信任的人才使用机制、顺畅有序的人才流动机制等。通过建设人才平台、构筑"双创"特色平台、推进一流创新成果转化等举措，为人才提供干事创业的舞台。聚焦人才全链条生命周期，打造一站式人才服务

平台，积极"走出去"，持续"引进来"，对引进的顶尖人才提供个性化解决方案，为人才提供科研平台建设、科研创新项目经费、生活津贴等支持举措，注重发挥好人才的积极性。加快建立多元化人才评价体系，持续畅通职称和职业资格、职称和高技能人才的评审通道，持续推进"人人持证、技能河南"建设，加大对人才发展的经费投入，为河南构建一流人才发展生态厚植了体制机制发展沃土。

（五）建设引智高地，畅通人才国内国际双循环渠道

河南敞开大门，建设引智高地，广纳天下英才，畅通人才国内国际双循环渠道，呈现出人才总量稳步增长、结构持续优化、载体更加丰富、效能有效发挥、环境持续优化等良好人才发展态势。截至2021年底，全省人才资源总量1201.23万人，较2012年增加260.49万人，增长27.7%。[①] 自2018年起已连续举办五届"中国·河南招才引智创新发展大会"，面向海内外着力延揽一批高层次、创新型、引领型人才（团队），广泛汇聚各方智慧，着力推动一批高质量人才项目合作和创新创业项目落地，办出了新气象、取得了好成效。2022年郑州大学、河南大学迈入院士校长领衔时代。举办"中国·河南开放创新暨跨国技术转移大会"，持续引进一大批国际高层次人才和国际高端研发机构，带动引进国际优秀科技人才等创新资源，持续提升关键领域的研发能力。鼓励用人单位采取多种形式，面向国内外延揽留学归国人员、各类社会优秀人才、豫籍青年英才回豫就业创业、来豫建功立业，为河南构建一流人才发展生态畅通国内国际双循环发展渠道。

（六）营造良好氛围，打响"老家河南"引才品牌

河南持续营造良好的引才氛围，通过"以才引才、以情引才、以侨引才"的方针，积极打响"老家河南"引才品牌，大力引进重要领域的高层

[①]《全方位、"保姆式"服务 河南"一站式"人才服务平台服务留豫人才》，河南省人民政府网，http://m.henan.gov.cn/2022/09-19/2609414.html。

次紧缺人才。深入实施中原英才计划，大力营造识才爱才敬才的人才发展生态环境。全方位、多角度培养培育人才，引进用好人才，在创新平台建设上，着重服务嵩山实验室、神农种业实验室、黄河实验室等重点实验室，推行首席专家负责制，"一事一议"为人才提供个性化支持和全过程的跟踪服务，以针对性的邀约、同行专家的举荐等方式方法精准引进国际顶尖人才，支持自主组建科研团队，打造国家战略人才的河南梯队，推进重大创新平台建设取得新突破。在人才保障和人才服务上，让人才安心、放心、暖心，积极开展"一站式服务""保姆式服务"，持续聚焦人才的高频服务事项，持续推动人才相关待遇的落实，用多种方法解决人才的配偶就业、住房安居、子女上学、医疗社保等问题，关心人才关心的问题，解决其后顾之忧，让人才真正把河南当作"老家"，持续增强各类人才的满意度、获得感以及对河南的归属感，为河南构建一流人才发展生态营造良好氛围，形成人才发展的生动局面。

四 河南营造一流人才发展生态存在的主要问题

（一）人才总量相对不足

随着创新驱动、人才强省、科教兴省战略的推进，河南人才队伍建设取得了明显进步，人才队伍在规模、质量和效能上都有了很大程度的提升，截至2020年底，企业经营管理人才、专业技术人才、高技能人才、农村实用人才分别达到257.11万人、533.19万人、226.59万人、130.7万人，较2015年分别增长26.2%、23.5%、41.5%、16.6%。[①]

但是，全省人才队伍建设仍然面临人才资源总量短缺、高水平人才相对不足的局面。在就业人员受教育程度上，《中国人口和就业统计年鉴2021》

---

① 《河南省人民政府关于印发河南省"十四五"人才发展人力资源开发和就业促进规划的通知》（豫政〔2021〕62号）。

数据显示,河南就业人员中大学专科、大学本科、研究生学历的占比分别为9.7%、6.7%、0.6%,该项数据远低于全国平均水平,同时也低于山东、湖北等临近省份;在高等教育上,2021年河南省高等教育毛入学率仅为53.13%,而全国平均高等教育毛入学率为57.8%,本科高校占全省高校总数的比例低于全国8.63个百分点。在常住人口受教育水平方面,根据第七次人口普查数据,河南大专以上学历常住人口达到1167万人,然而河南是人口大省,高学历人口只占总人口的11.81%,在全国排第27位,属于倒数的水平。在高层次人才上,近年来尽管河南在人才方面的投入力度很大,但仍存在高水平的管理人才、技术人才向东部沿海发达城市转移的现象。

(二)人才结构不够优化

一是人才资源地区分布不均。由于河南地区间经济社会发展不均衡,人才队伍的分布也显示出区域选择性,高水平、高学历人才更加倾向于郑州、洛阳等城市发展,人才相对集中,而其他周边城市人才资源相对匮乏。另外,河南主要科研机构、高校主要分布在郑州、洛阳等中心城市,而在濮阳、商丘、漯河等城市人才资源相对匮乏。

二是高层次人才短缺。河南教育资源不够突出,本地重点院校偏少,高层次、创新型、国际化人才相对缺乏,尤其是国家顶尖的科学家、产业领军型人才缺乏。河南的两院院士、长江学者等高层次人才在入选数量上相对较少。以院士数量为例,根据中国科学院和中国工程院2021年11月公布的最新增选名单,河南新增1名院士,全省两院院士总数达到25位,与中部临近省份相比,湖北新增8名院士,两院院士总数上升至81位,居全国前列;安徽新当选3名院士,院士总数达39位;湖南新当选5位院士,两院院士达44位。

三是在产业结构上人才分配不够合理。《2021年度河南省人力资源和社会保障事业发展统计公报》数据显示,截至2021年末全省就业人员4840万人,其中城镇就业人员2627万人;全省就业人员中,第一产业就业人员占24.2%,第二产业就业人员占29.9%,第三产业就业人员占45.9%。然而数据显示,从业人数最多的是批发和零售业,或是处于产业链分工的中下游。当然,这与河南本身的产业结构有关,河南人口密度大,人口红利支撑起了低端制造业,而中高端制造业、高精尖制造业相对较少。而在引进人才中大多意向进入机关事业单位从事相对稳定的工作,从事战略性新兴产业的引进人才占比相对不高,创造性人才、创新性人才明显偏少。

(三)机制障碍有待破解

一是人才集聚机制有待完善。在新一轮人才竞争中,许多城市制定了很多吸引人才的政策,不仅有现金奖励,也有医疗、社会保险、配偶安置、子女就学、落户的优惠政策,但是在吸引人才方面,河南亮点略显不足,而且河南作为拥有1亿人口的大省,仅有郑州大学、河南大学新晋"双一流"大学,高等教育资源不够充沛,存在教育短板。同时,河南存在高层次人才外流的现象,不只是由于教育短板的问题,同时也是由于河南受制于资本、技术、制度等种种因素,高端产业难以落地。

二是人才激励机制不足,没有充分发挥人才积极性。近年来河南在人才工作方面有了长足进步,但人才队伍积极性尚未得到充分发挥。一方面,关于人才的激励政策的落实不够,还需加大统筹协调力度;另一方面,培养创新型人才的激励机制不够完善,部分人才政策尚未完全落地实施,造成对创新型人才的作用不能真正有效发挥。

三是人才管理与评价机制有待完善。一些科研单位存在行政化、"官本位"倾向,另外部分地区人才工作上存在"外行"评价"内行",专业知识看不懂、长远目标摸不清,引发了人才流动失序,青年人才把精力过多投入"帽子"竞争上,影响了良好人才生态进一步构建。

(四)服务能力有待强化

一是人才服务能力需要提升。近年来河南在人才引进上做出了很大努力,中国·河南招才引智创新发展大会已举办至第五届,但对于长期的人才服务以及吸引人才,经济的高质量发展是最有效的,自然会推动服务能力的提升以及吸引到更多的优秀人才,而河南处于产业链中高端的产业支撑力度尚且不足,因此对人才吸引力和服务能力也相应有所欠缺,特别是近两年受需求收缩、供给冲击、预期减弱三重压力影响,经济下行压力明显,出现相关政策兑现不及时现象。

二是服务保障需要进一步完善。近年来通过信息化、市场化等手段,政府服务能力有显著提升,然而部分政府工作人员的服务意识、专业能力等有待提升。另外,河南社会保障体系有待完善,《2021年度人力资源和社会保障事业发展统计公报》数据显示,全省全年基本养老保险、失业保险、工伤保险三项社会保险基金总收入2515.51亿元,增长22.7%;基金总支出2428.62亿元,增长6.9%,这两项数据的增长率皆低于全国平均水平。

五 河南营造一流人才发展生态的对策建议

功以才成,业由才广。事业因人才而兴,人才因事业而聚。建设现代化河南,必须要有一支规模宏大、结构合理、素质优良的人才队伍,而一流生态是吸引人才、留住人才、用好人才的关键所在。要深入学习贯彻党的二十大精神,全面落实省委十一届四次全会关于创新驱动、科教兴省、人才强省战略的各项部署,把营造一流人才发展生态摆在更加突出的位置,聚天下英才而用之,把河南打造成为人才集聚之地、人才辈出之地、人才向往之地,不断开创新时代人才强省建设新局面,为新征程上现代化河南建设提供坚强的人才支撑。

(一)做强重点产业,形成"以产为纲、产才相宜"的引才格局

产是才之基,才是产之魂,产业发展与人才引育是密切关联、相辅相成的关系,需要协同联动、一体推进。要突出"产才融合"理念,聚焦发展所需、企业所急、人才所盼,抓好"三个同步",加快形成"以产为纲、产才相宜"的引才格局,做好产才融合文章。

一是推动产业布局与人才发展同步规划。一方面,省委组织部(省委

人才办)、省人社厅、省科技厅等人才职能部门要与省发改委、省工信厅等行业主管部门共同制定产业发展规划，从顶层设计方面，确保人才工作嵌入产业发展战略、定位布局、项目建设、政策保障，形成"抓人才不离开产业，抓产业不脱离人才"的良好格局；另一方面，紧扣产业链布局人才链，聚焦汽车及零部件、装备制造、生物医药、现代农业、新材料等重点产业，绘制产业人才开发路线图，建立高层次人才引进目标库和重点人才培养目录，以此来推动产业人才精准对接，实现产才"同频共振"。

二是推动招商引资与招才引智同步部署。要坚持招商与招才并举、引资与引智并重，进一步建立健全"双招双引"机制，在招商引资中同步安排招才引智活动，以项目聚人才，以人才带项目，产生"引进一个高端人才、带来一个创新团队、催生一个产业、培育一个经济增长点"的衍生效应，实现人才、技术、资本、项目"同声相应，同气相求"。

三是推动产业资金与人才资金同步落实。要多措并举，加快构建从技术孵化到创新融资再到产业扩张的全生命周期资金扶持体系，推动人才链、产业链、资金链深度融合。

（二）做精载体平台，构建"多方合作、优势互补"的育才体系

载体平台是人才发挥作用的重要舞台和支撑，是能够释放聚才育才用才的强大磁场，而这是河南的突出短板。全省各类国家级创新平台只有172家，体现原始创新能力的国家重点实验室全省仅有16家，远低于北京、上海、广东、湖北等省份。[1] 栽下"梧桐树"，方能引来"金凤凰"。要扎实开展创新平台赋能行动，放大创新平台这个"强磁场"。

一是打造高水平高教平台。要全力推进高水平大学和高水平学科建设，加大郑州大学、河南大学"双航母"建设高水平研究型大学支持力度，将河南科技大学、河南工业大学等高校打造成"双一流"建设第二梯队，提高高层次人才培养能力。

---

[1] 赵西三：《汇聚创新动能推进现代化强省建设》，《河南日报》2019年9月19日。

二是打造高能级创新平台。要争创国家区域科技创新中心，重点依托各类开发区，力争在创建国家级重大创新平台、提升省级创新平台能级、激发平台创新效能上实现新突破，以更强大的平台延揽人才、吸引人才、培育人才。

三是打造高效能孵化平台。要充分发挥"双创"基地、众创空间、科技企业孵化器、新型研发机构等孵化平台引才聚才作用，全面推行"人才项目+孵化器+产业园区"全链条发展，加快科技成果转化，探索产学研用深度融合的组织和激励机制，让更多孵化平台成为集聚人才新引擎。

（三）做优"双创"环境，营造"渊深鱼聚、林茂鸟栖"的留才生态

涵养生态，良方聚才；林茂鸟有归，水深鱼知聚。要积极转变政府职能，始终把"大众创业、万众创新"作为创新驱动、科教兴省、人才强省战略的重要抓手，把优化"双创"环境作为培养造就大批德才兼备高素质人才队伍的重要手段，不断完善全过程创新生态链，努力打造"双创"发展的"河南模式"。

一是突出对"双创"的正向激励。重点是强化人才政治引领和精神激励，建立领导干部联系服务专家人才制度，向全社会释放尊才、重才鲜明信号。

二是优化平台服务。要高度重视众创平台建设，为创客营造要素齐全、功能完善、专业高效的创业氛围，采取强化政府扶持、引导全民参与、推进自主创业等措施，将创新与创业结合、线上与线下结合、孵化与投资结合，为广大创业者构建集创业培训、创新服务等于一体的资源共享空间。

三是构建"科技+金融"创新生态链条。在强化落实税费减免、创业担保贷款、创业孵化基地补贴、创业就业补助等扶持政策的基础上，大力发展科技金融，创新金融产品，同时搭建"政银保担企"平台，将政府、金融机构、融资担保公司与民营企业的合作落到实处，为创业人才注入"第一桶金"，助力更多创业者实现创业梦想。

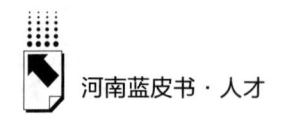

（四）完善发展机制，以改革红利激发创新型人才干事创业活力

人才生态的关键在体制机制，体制机制的活力重在改革创新。要坚决破除束缚人才发展的体制机制障碍，切实做到在人才管理上有容才雅量，在人才评价上有识才慧眼，在人才使用上有用才胆识，在人才激励上有兴才胸怀，真正为人才松绑减负、护航鼓劲。

一是完善党管人才机制。要突出政治引领，严格落实"一把手"抓"第一资源"职责，健全完善党委统一领导，加快形成组织部门牵头抓总，有关部门各司其职、密切配合，社会力量广泛参与的人才工作格局。

二是在人才管理上重"赋权"。要着力打通企业和高校院所人才流通渠道，大力支持高校、科研院所等科研人员带着项目、带着成果、保留编制岗位到企业开展创新活动，真正把出台的配套政策落实到位。

三是在人才使用上激"活力"。要坚持具体问题具体分析，针对高校、科研院所、企业等不同用人主体的不同特点和需求，通过制度、政策手段来"激活"主观能动性，推进"揭榜挂帅""赛马"机制，打破长期存在的论出身、论资历等束缚，让真正有能力的人脱颖而出。

四是在人才评价上破"四唯"。要坚持以创新价值、能力、贡献、实绩为导向，建立分类评价指标体系和评价规范，构建有序有效的考核、评估和退出机制，重点是要深化职称制度改革，改变简单以头衔、称号确定薪酬待遇和配置学术资源的做法，打破"四唯"怪圈，贯通人才发展通道。

（五）完善人才服务，全方位打造"热带雨林式"人才发展生态

服务好则人才聚，比"真金"更要比"真心"。要全面提升人才服务水平，用更系统的保障服务人才，积极为人才提供全生命周期的优质高效服务，开创新时代河南人才工作的崭新局面。

一是深化人才工作"一件事"改革。全省上下要进一步完善"线上+线下"人才服务机制，特别是在地方政务服务大厅要开辟人才"政务服务绿色通道"，为各类人才提供"一站式多元化"的人才服务。

二是营造最优"生活圈"。聚焦人才对高品质生活的实际需求，鼓励重点用人单位设立人才服务专员，着力解决子女入学、配偶就业、住房医疗等与人才密切相关的"关键小事"，消除人才创新创业后顾之忧。

三是抓好各类人才政策兑现。要打造多系统联动、多部门协同的人才管理及服务保障支撑体系，确保出台的政策可落地、简易办、效果好，让"黄金政策"发挥"黄金效应"，不断提高人才的满意度和获得感，让各类人才的创造活力在中原大地竞相迸发、聪明才智充分涌流。

参考文献

《习近平：要抓好执政骨干队伍和人才队伍建设》，《中国人才》2020年第8期。

孙锐、黄梅：《人才优先发展战略背景下我国政府人才工作路径分析》，《中国行政管理》2016年第9期。

孙锐：《四十年人才强国路》，《瞭望》2018年第22期。

孙锐：《我国人才发展进入新机遇期》，《瞭望》2017年第49期。

孙锐：《构建"聚天下英才而用之"的支撑体系——十八大以来我国海外人才引进工作取得重要进展》，《人民论坛》2018年6月上。

金艾琳：《一流人才"拉新"河南欲抢先机》，《河南商报》2022年6月17日。

陈希：《必须抓好后继有人这个根本大计》，《中国石化报》2022年3月23日。

陈锋、张昕：《着力完善政策体系 全面激发动力活力 为国家中心城市现代化建设提供坚实人才支撑》，《郑州日报》2022年6月22日。

谢忠阳：《构建"近悦远来"的人才生态》，《中国人事组织报》2021年10月26日。

王长林：《国内三大经济区招才引智的实践及对河南的启示》，大河网，https://theory.dahe.cn/2022/04-11/998669.html。

闫仕彬：《构建高品质的人才生态》，人民论坛网，http://www.rmlt.com.cn/2022/0621/649904.shtml。

边继云、逯飞：《构建激发创新创业创造的高质量人才生态》，《中国社会科学报》2020年7月15日。

《河南省人民政府关于印发河南省"十四五"人才发展人力资源开发和就业促进规划的通知》(豫政〔2021〕62号)。

B.13
加快引育青年人才推动人才强省建设研究

郝莹莹*

摘　要： 青年人才作为科技创新的生力军，在全社会实现高质量发展的过程中具有非常重要的战略意义。近年来，河南省在推动科技创新与全国重要人才中心建设中，实施了系列人才新政，在人才强省建设中取得了突出成效。本报告以河南省引育青年人才工作为主要内容，梳理了河南省以往在引育青年人才过程中的系列政策举措，总结了其取得的突出成效，并指出现阶段引育青年人才面临的机遇挑战。在此基础上提出，河南省应从顶层设计、引才路径、多元培养以及环境建设等方面做好设计与优化，加快建成全省青年人才梯队，推动河南省人才强省建设开创新局面。

关键词： 青年　人才政策　人才培育

青年人才作为党人才队伍中的重要组成部分，是人才强省战略的源头活水，对于推进科技创新高地与全国重要人才中心建设，具有十分重要的战略意义与现实意义。党的十八大以来围绕人才强省战略，在省委省政府的领导下，全省进行了充分的探索与实践，制定了系列青年人才政策，力破青年人才发展过程中面临的体制机制障碍，在实践中取得了非常突出的成效，青年人才对河南省重大战略的支撑作用得到显著提升。但是，面对社会发展风险带来的不确定性、资源环境的约束日益趋紧、人口老龄化程度逐步加深等现

---

* 郝莹莹，河南省社会科学院人口与社会发展研究所研究实习员，主要研究方向为社会发展与社会政策。

实挑战,如何破解现实困境、开辟新的发展机遇,成为需要解决的现实问题。人才资源作为基础性、创造性、战略性资源,能够为全省的现代化建设提供强大的智力支撑,在科技创新、产业融合、社会发展中发挥重要作用。因此,新时期推动全省实现高质量发展,必须建设一支结构合理、素质过硬的人才队伍,做好青年人才培育,以持续深化青年人才工作推动全省现代化建设,有效应对现代化建设中面对的新形势、新要求、新挑战,不断开创全省现代化建设的新局面。

一 河南引育青年人才推动人才强省建设的政策举措

为建设成为国家创新高地和全国重要人才中心,在省委省政府的推动下,全省加速推进创新驱动、科教兴省、人才强省战略的实施。在建设青年人才队伍上,积极加强青年人才引育的顶层设计,出台引育青年人才的政策举措,搭建引育青年人才的平台载体,为集聚青年人才、培育青年人才创建积极、开放、有效的政策与社会环境。

(一)做好引育青年人才工作的顶层设计

人才工作的顶层设计与制度建设,是全省人才工作开展的重要依据和遵循,在引才的重点领域、战略目标、具体措施等方面指明了方向。青年人才作为创新驱动、科教兴省、人才强省战略的重要内容,被纳入《河南省国民经济和社会发展第十四个五年规划和2035年远景目标纲要》《河南省"十四五"人力资源和社会保障事业发展规划》《河南省"十四五"人才发展人力资源开发和就业促进规划》等一系列发展规划中,为青年人才工作提供了重要参考与遵循,也为实际推进青年人才工作提供了稳定性、规范性的指导。特别是2019年出台的《河南省中长期青年发展规划(2019~2025年)》,将青年人才工作作为重要的发展领域列入其中,对青年人才队伍建设的发展目标、发展措施做了规划设计,为全省有序推进青年人才队伍建设提供了支持。

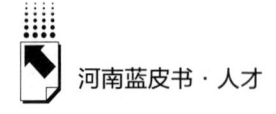

在顶层设计之外，全省逐步出台并建立了涵盖法律法规、综合引才措施、具体推进机制、服务配套保障等环节的全方位引才育才政策体系。制定出台《河南省创新驱动高质量发展条例》，以立法推动全省创新主体、创新人才、创新环境等建设，为创新人才培养提供了新动能。结合青年成长的群体特点，为针对性地解决青年人才在学习成长、住房保障、编制待遇、创业融资等方面的现实问题，相继制定了一系列具体实施方案和管理规定，例如《河南省博士后创新实践基地管理办法》《河南省青年技能培训行动方案（2020~2021年）》《河南省省直青年人才公寓管理暂行办法》《省直青年人才公寓项目工程建设招标管理规定》等，为专项推进具体问题解决提供了相应的方案，逐步构建了引育青年人才的政策体系。

在青年人才管理机制上，始终坚持党管人才的原则。不断完善党的领导体制和工作机制，发挥党的领导核心作用，努力形成党委统一领导，组织部门牵头抓总，有关部门各司其职、密切配合，用人单位发挥主体作用，社会力量广泛参与的工作格局与推进机制。

（二）推进引育青年人才的平台载体建设

围绕创新驱动、科教兴省、人才强省战略，积极打造引才聚才平台。锚定"青年人才倍增行动"的目标任务，坚持线上与线下、主场活动与专场招聘、省级活动与市县活动、高层次人才与急需紧缺人才相结合的方式，坚持举办招才引智活动，积极吸引、延揽各类青年人才，主动争取青年人才项目签约。打造大学生实习应聘、就业创业全链条支持体系，吸引更多高校毕业生在豫就业创业。在重视重点单位、重大人才项目引进取得显著成效的同时，也积极推动招才引智工作向市县拓展，积极引导青年人才向地市流动，推动青年人才面向基层就业，加强基层青年人才队伍建设，推动青年人才积极服务乡村振兴战略的大局。

青年人才的发展离不开好的平台载体。坚持平台育人，着力打造科技创新创业平台、高端平台、产能孵化平台，重构重塑实验室体系，通过平台聚才育才，吸引了一大批青年科技人才。大力发展大学科技园和科技企业孵化器，加强对科技创业人员的凝聚和培养，重点扶持拥有核心技术或自主知识产权的优秀科技人才，创办科技型企业，加强科技产业社区建设，积极吸引产业研究院进驻，通过融合发展，推动科技创新活动的开展，从而构建吸引青年科技人才"强磁场"。坚持校企育才，结合"人人持证、技能河南"建设，实施"十万数字人才培养计划"，规划建设职教园区，创新校企合作、产教融合新模式，加强人才培训品牌、培养示范基地、公共实训基地等平台建设，推动青年技能人才培育。坚持推行"人才+项目"培养模式，鼓励和支持青年创新人才承担重要科研任务、参与重大项目攻关，支持更多青年人才成长为领军人才。高质量推进"双一流"建设，推进博士后科研流动站、工作站和创新实践基地建设，培养一批科技创新主战场的青年拔尖人才。

有爱才的诚意，营造良好的用人环境，才能更好地吸引人才、培养人才、留住人才。在实施积极引才举措的同时，逐步加强对人才生态环境的改善。结合青年人才成长特点，推进人才管理体制改革，向用人单位授权，保障和落实企事业单位和社会组织的用人自主权，在岗位设置、人才使用、职称评聘等方面放权，破除青年人才成长过程中的体制机制障碍，积极在实践中培养和使用青年人才，探索建立青年企业家培养"导师制"等，纵深推进青年人才发展机制，创建青年培养平台载体，优化人才发展环境。推动创新发展配套综合改革，创新科技项目立项组织方式，赋予科研人员更大技术路线决定权、经费支配权、资源调度权，积极支持科技创新创业平台建设发展。

（三）加强引育青年人才工作的服务保障

在引育青年人才的过程中，切实为青年人才提供住房、医疗、就业创业等支持，全力为青年人才提供服务保障。2020年，全省人力资本投资额7635.1亿元，比上年增加573.76亿元，增长8.1%；占GDP的比重为13.9%，比上年提高0.9个百分点，比2010年提高4.4个百分点。医疗卫生、教育、研究与试验发展（R&D）经费投入都在逐年增加，其中研究与试验发展（R&D）经费投入保持着较高的增长率，在企业与高校中的投入

增长较快。郑州市作为省会城市，在过去十年实施的青年人才补贴政策，已经累计惠及人才15万名，为集聚青年人才提供了强有力的支撑。对于青年人才资金保障的投入，可以帮助青年人才解决面临的现实性问题，减少青年人才流动的后顾之忧。

为更好地引育青年人才，全省积极改善基础环境，推动构建吸引青年人才的友好社会环境。围绕产业融合、科技创新、人才结构等需求特点，积极通过青年就业创业"人才驿站"与青年人才公寓的建设吸引青年人才，为青年人才就业创业解决"第一站"的问题。同时，积极推进青年友好发展型城市建设，建立青年友好社区，积极营造青年人才生活居住、互动交流、创新创业的良好场景。布局建设青年创新创业园，创新园区基础环境建设，营造有利于青年人才创新创业、互动发展的园区氛围，建立多元文化共存的文化创意空间。

积极推进人力资源社会保障基层服务平台、人力资源服务机构、人力资源服务产业园以及人才集团的建设，围绕人才就业创业、人才评定、人才发展、人才培训、人才补贴、人才生活服务等内容，在住房、交通、教育、医疗、社会保障、法律援助等领域，通过线上与线下相结合的方式，为青年人才提供便捷高效、舒心顺心的"全链条"服务。截至2021年底，全省共设立各类人力资源服务机构2639家，从业人员3.87万人，服务各类用人单位39.3万家次，帮助818.9万人次实现就业和流动，全行业营业总收入达到612.8亿元。

二 河南引育青年人才推动人才强省建设的实践成效

近年来，随着省委省政府对于人才工作重视程度的不断提升，人才工作的投入不断加大，全省青年人才队伍建设在整体容量、质量以及平台建设上取得一系列成效。

（一）青年人才队伍不断充实

2021年底，全省人才总量1201.23万人，比上年增加49.99万人，增长

4.3%，青年人才依然是河南省人才队伍主体，重点领域青年人才队伍得到不断充实。2021年，经营管理人才中45岁及以下217.37万人，占比80.2%，其中35岁及以下占比32.3%；专业技术人才中45岁及以下433.79万人，占比79.9%，其中35岁及以下占比38.5%。与往年相比，青年人才占比保持基本稳定，人才队伍继续保持年轻化，为全省经济社会建设提供了稳定的青年人才支撑。特别是2018年以来，全省招才引智成效明显，共签约高端人才（硕士、博士研究生及副高以上职称）10.89万人，引进了大批优秀青年人才，为青年人才队伍建设注入强力。

（二）青年人才队伍质量稳步提升

全省劳动者文化素质不断增高。2021年全省15岁及以上常住人口的人均受教育年限达到9.89年，较2020年提高0.10年，较2010年提高0.94年。主要劳动年龄人口受高等教育的比例为21.41%，比上年增加1.8个百分点。新增劳动人口受教育年限13.93年，比上年增加0.01年。2021年全省高校毕业生人数70.01万人，比上年增长6.6%。其中，博士毕业人数450人，硕士毕业人数1.63万人，本科毕业生30.64万人，分别比上年增长64.8%、13.4%、1%，可见高学历毕业生增长速度较快。作为全省青年人才资源的重要补充来源，2021年全省高校毕业生留豫工作人数为14.71万人，比上年增长5.7%。特别是高学历人才留豫工作人数增长较快，为全省青年人才队伍质量提升贡献了力量。

（三）育才平台载体不断丰富

为加快建设国家创新高地和重要人才中心，积极推进人才平台建设，构建了经济技术开发区、企业技术中心、重点实验室、工程研究中心（工程实验室）、工作站、继续教育基地、高等教育院校等平台建设，引育人才的平台载体不断丰富。2021年，全省在高新技术企业发展、技能人才培训基地、重点实验室、高等教育建设等方面取得新进展，为深化青年人才培养体系建设搭建了平台。依托育人平台，在全省积极开展职业技能提升行动、发

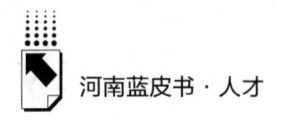

展技工教育、推进职业技能等级认定、职业技能竞赛规范化建设、实施全民技能振兴工程项目建设等工作。

积极推动全省"双一流"建设,通过重点学科、硕博士学位点建设、博士后创新实践基地等平台建设,持续招引青年人才,大力培育基础性、复合型、应用型人才,推动全省青年人才培育取得新成效。数据显示,2021年全省普通高等教育在校生人数约为276.62万人,比上年增长7.5%。其中,本科在校生130.85万人,比上年增长4.6%;硕士研究生在校生7.51万人,比上年增长18.4%;博士研究生在校生0.46万人,比上年增长14.7%;高等职业教育在校生137.8万人,比上年增长11%。高校学生作为全省青年人才的主要来源,在校生数量持续上升。特别是硕博士在校生保持较高增速,为持续提升青年人才队伍质量打下了基础。

三 河南引育青年人才推动人才强省建设的机遇挑战

在省委省政府对于人才工作的高度重视,以及全省深入推进实施创新驱动、科教兴省、人才强省战略的背景下,青年人才发展面临新的发展机遇,青年人才将拥有更加充足的发展空间,在科技创新、产业融合、新技术发展、科学研究等方面拥有更多的创新活力、创新动力与创业潜力。把握好当前良好的发展机遇,开创青年人才工作新局面是全省高质量发展的必然要求。因此,应该看到以往青年人才工作中面临的现实挑战,深化青年人才工作,在研究解决青年人才的区域资源配置、服务保障体系化以及社会支持环境建设上下功夫。

(一)青年人才资源配置不均衡

经济因素依然是影响青年人才流动的主要因素。区域间经济和社会发展水平存在差距,创造的岗位容量、工资福利、创新创业环境、公共服务等资源,以及对于青年人才的吸附力也就存在差距。不同地市、城乡之间,青年人才资源数量存在差距。第七次全国人口普查数据显示,省内流动人口为

1992.81万人，外省流动人口为127.37万人，流动人口主要以省内流动为主，外省流入人口相对较少。2021年的统计数据显示，36.8%的外省流入河南人口、59.8%的省内跨市流动人口流入到了郑州市，郑州市在全国最具人才吸引力100强城市排名中位列第18。在常住人口变动中，2021年郑州市较上年增加12.5万人。人口净流入，与郑州作为中心城市经济发展水平较高、就业创业环境较好、社会保障水平较高等因素有关，郑州对青年人才的吸纳力持续增强。但是，省内其他城市对于青年人才的吸附能力与郑州相比还存在差距。另外，乡村地区青年人才持续外流，人才队伍建设面临着总量不足、素质偏低、老龄化突出等问题，全省基层青年人才队伍建设依然需要应对引进青年人才、留住青年人才的问题。

（二）青年人才服务保障体系建设需要进一步深化

人才服务体系建设，能够为引进青年人才后更好地就业、创业和生活提供有力保障，也是留住人才的长久之计。目前，全省的青年人才服务体系建设还需要在数据库建设、数字信息应用场景拓展、数字平台信息共享等方面做出努力，以"数字河南"建设为依托，推进人才服务保障体系化、智慧化建设，为青年人才快速获取市场需求信息，了解行业数据，在区域内充分流动，提供基础数据信息支持与保障。除此之外，需要进一步加强部门、区域之间的联合，加强青年人才服务保障的专业意识与合作意识，在专业技能提升、趣味性打造、区域资源共享与互联等方面进一步优化，以更加及时、专业、全面的服务保障青年人才。特别是在全省新产业、新业态不断涌现，大量青年人才进入新领域中工作，需要及时关注青年人才需要的职业流动、权益保障、法律援助、心理服务等内容，加强跟进研究，妥善处理新兴产业、新型职业中出现的问题。

（三）青年人才社会支持环境建设需要进一步优化

积极引进青年人才之后，怎样留住人才，考验的是整个社会对于青年人才的支持与接纳程度。青年人才与其他群体相比有着显著的群体特点，有着未婚率较高、家庭迁移率较低、经济收入低、消费能力强等群体特点。青年群体在居住、消费、教育、医疗、休闲、交通等方面有着较高的需求，能否满足青年人群的社会需求，促进青年人才在经济、社会、心理等层面积极地融入当地，更好地参与当地的社会建设，是一个地区能够持续吸纳青年人才的关键。青年人才在面对收入低、就业难、居住条件差、教育资源差、休闲配套设施少等区域时，人才引育举措就会缺乏吸引力。在解决人才住房、编制待遇、子女入学问题的基础上，青年人才群体的心理融入问题也需要关注，共青团、社会组织、青年团体力量能否为青年人才创建社会基础支持环境，增强青年人才对于当地的归属感，需要在基础社会环境中进行引导与优化，共同创建接纳青年的友好社会环境。

四 加快引育青年人才推动人才强省建设的思路建议

党的二十大报告指出，"教育、科技、人才是全面建设社会主义现代化国家的基础性、战略性支撑。必须坚持科技是第一生产力、人才是第一资源、创新是第一动力，深入实施科教兴国战略、人才强国战略、创新驱动发展战略，开辟发展新领域新赛道，不断塑造发展新动能新优势"。推进全省现代化建设，必须深入实施创新驱动、科教兴省、人才强省战略，加快引育青年人才，在顶层谋划、引才路径、多元培养、搭建平台、服务保障等方面做好设计，开创全省青年人才集聚与培养的新篇章，建设好青年人才梯队，为科技创新与人才强省建设提供最活跃的人才资源，助力全省实现更高质量的现代化发展。

（一）加强前瞻布局谋划，推动青年人才工作的创新发展

经济发展水平始终是影响青年人才发展的基础性因素，通过推动全省经济高质量发展、加速科技创新、产业布局调整、硬件设施改造等，为容纳更多青年人才梯次、提供更多的就业岗位创造基础。加强青年人才政策的研究制定，提升青年人才政策的有效性，积极将经济发展、活力释放、创新提倡

和公平公正的要求,纳入经济社会发展与人才工作的工作内容与政策实施的动力中,为青年人才发展创造公平开放的制度环境。加强政策制定过程中的公众参与、民主决策,多种形式广泛征求意见建议,保证多方参与者的话语权,提升政策的针对性与可行性。要加强政策的研究,在配套法规体系建设与机制运行上做好研究,在引育青年人才的全过程参与其中,及时动态调整,提升政策体系的有效供给,实现社会制度和青年发展共同进步。青年人才工作创新发展需要各主体协调推进,需要完善人才工作的实施机制。坚持党管人才的原则,发挥党的领导核心作用,为青年人才工作的开展提供强大的政治保证和组织保证。坚持党管人才,组织部门统一抓人才工作,各级政府、宣传、教育、团委、科技、人社、金融、外事等部门充分发挥作用,各司其职、密切配合,协调社会力量充分参与,深化青年人才工作向纵深发展。

(二)扩大引才聚才范围,促进青年人才资源的结构优化

人才是最稀缺、最重要的资源,要谱写中原更加出彩的新篇章,就要"聚天下英才而用之",实施更加积极、更加有效、更加开放的人才政策,把党内党外、国内国外的优秀人才全部吸引过来、凝聚起来。人才资源流失、配置不均衡、基层青年人才资源缺失等困境,需要我们积极引进青年人才,缓解人口老龄化趋势带来的影响,也为推进社会治理能力提升、农业农村建设提供人才基础。加强全省人才统计工作,定期开展数据统计,制定人才引进计划,建立与人才引进地区、行业、部门等的常态协调对接机制,及时实现人才政策的动态调整。在引才类型上,要以全省经济社会发展方向为指导,在重点行业、重点领域、重点学科进行人才引进。高质量的社会现代化建设需要各个方面的青年人才。在重点引进的基础上,也要注重基础性人才体系构建,防止人才出现断代现象。在引才方式上,政府仍然要发挥主导作用,同时积极引导各行各业积极参与青年人才引进工作,探索猎头引才、举荐制度、政企协作引才等模式。加强与省内外高校联系,建立豫籍人才数据库,加强海外、省外人才引进联络点建设,开展顶尖人才突破行动,创新引进方式,灵活引进青年人才。

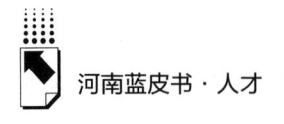

（三）融合多元力量参与，推进青年人才培育的体系建设

青年群体是科技创新的重要力量，面对人口结构变化的巨大压力，要求必须要下大力气把青年人才培养成才。青年人才成长，需要多元力量的参与。党团组织要发挥引领作用，创新党团工作，做好新媒体运营，反映好青年群体最核心的诉求，促进青年人才通过新媒体平台积极学习、交流。青年群体面临着更加多元的成长环境，有属于青年群体的亚文化，有青年群体认同的社群语言，在成才的过程中要发挥好党联系青年人才的桥梁纽带作用，积极关注和了解青年人才的思想动态，做好思想观念引导，在实践教育中帮助其树立社会主义核心价值观，坚定政治立场，始终为实现全省现代化奋斗。加快青年人才的自主培养能力，完善产学研用的培养体系建设，推动高校发挥育人能力提升，发挥高校主力军作用，在青年人才培育、人才开发体系建设上发挥高校优势。搭建"项目+人才"的资源平台，促进人才资源有效配置，在项目中促进青年人才成长。发挥创新技术平台、创业孵化园区、创新创业赛事、青年协会等载体的人才培育和资源对接作用。

（四）规范人才流动机制，推动人才资源区域平台建设

人才合理流动才能更好地激发青年人才活力，应该做好人才流动机制的规范，为人才合理流动扫除障碍。区域协同发展不仅需要产业协同、交通互联、文旅共建、民生实事合作，也需要区域性的人才资源平台建设，建立人才资源共享数据库，以此搭建资源集聚平台载体，在项目承接共建、资源共享上进行合作，为青年人才资源在区域内合理配置，实现更高质量的就业，享受更好的教育、医疗以及公共服务资源，增强对于青年人才的吸附能力，改善除省会中心城市青年人才流出较快的现实困境。引导用人单位树立正确的人才观，用开放的人才理念来吸引和留住青年人才，为青年人才提供机会与平台，挖掘青年人才潜能，创造培训教育的机会，推动人才发展体制和机制改革，为人才创建职业发展的空间与通道，无形中增强青年人才的归属感与幸福感。加强青年人才流动的服务、保障与支持，通过程序监督与权益保

障支持青年人才、帮助青年人才、尊重青年人才意愿，真正引导建立"尊重劳动、尊重知识、尊重人才、尊重创造"的良好社会风尚。

（五）建设多维服务架构，营造青年人才融入的支持环境

在做好青年人才安居工程、解决青年人才住房问题的同时，也应该紧扣青年人才需求，建立建设多维服务框架体系，提供全方位、高质量的公共服务，满足青年人才在个人成长、子女入学、医疗、养老、文化、保障等方面的需求。例如，结合青年群体特点，建设多样化的专题数字化学习平台，加强青年文化学习空间建设，提升青年空间与文化的可及性。青年人才因在就业、教育、住房、婚恋、养老等方面的现实压力，容易出现心理问题，在注重提供物质支持的基础上，也应该加强青年人才的心理建设，通过社会支持网络为青年人才提供心理支持。发挥社区在青年融入中的关键性作用，加强社区对青年新移民的关注，通过社区基础改造增设青年文化交流空间，提供社区层面的心理咨询服务，定期开展丰富的社区专题活动，引导青年积极参与社区事务，推动青年人才实现政治融入与心理融入，增强对于城市的归属感与幸福感。加强青年发展型城市建设，积极宣传青年文化、青年模范，增加区域内与区域外的联结，为青年群体创建多元互动的人文活动，提升城市的温度与厚度。

参考文献

任远：《河南省政府推动人才集聚研究》，硕士学位论文，大连海事大学，2019。
钱花花、杨曦、韩恒：《2010~2020年河南省科技人才流动状况调查分析》，载郑永扣主编《河南社会治理发展报告（2020）》，社会科学文献出版社，2020。
王平：《河南人才工作机制体制创新发展趋势分析》，《人才资源开发》2022年第9期。
张大力、李晓明、商克俭：《河南省人才引进政策回顾、现状与展望》，《人才资源开发》2022年第5期。
曾凡清：《河南省人才培养过程中存在的问题及解决策略》，《就业与保障》2022年第5期。

B.14
深化人才体制机制改革
推进全国重要人才中心建设研究

唐晓旺*

摘　要： 人才是第一资源，创新是第一动力。在全面建成社会主义现代化的新征程中，各地围绕人才的竞争日益激烈。就河南省来说，推动人才事业发展面临着难得的机遇，同时也存在着诸多挑战。当前，河南省人才管理体制改革滞后，人才评价体系科学性、有效性不足，人才的使用、激励和流动均存在诸多问题。为此，要进一步深化人才发展体制机制改革，推进人才管理机制、评价机制、使用机制、激励机制和流动机制创新。同时，要坚持党管人才的原则，加快构建多元化的人才投入体系，完善人才发展政策保障体系，为建设全国重要的人才中心提供智力支撑。

关键词： 人才　体制机制改革　全国重要人才中心　人才建设

人才是经济社会发展的第一资源，从国家到地区再到具体的企业，人才始终是事业发展最关键的核心要素。当前，无论是国家之间、地区之间还是企业之间，围绕人才的竞争都特别激烈。对于中部大省河南来说，吸引人才、用好人才、留住人才，让各类人才充分发挥聪明才智，是加快人才强省

---

* 唐晓旺，河南省社会科学院改革开放与国际经济研究所研究员，研究方向为科技创新、区域经济及产业经济等。

建设的中心任务。未来一个时期，河南要将人才工作摆在全省优先发展的位置，下大力气深化人才体制机制改革，优化人才发展环境，为推动建设全国重要人才中心奠定基础。

一 当前河南人才发展面临的重大机遇

（一）人才重视程度日益提高

党的二十大报告明确指出，人才是第一资源，创新是第一动力。在新一轮科技革命和产业变革深入推进的背景下，谁拥有人才，谁就能在发展中赢得主动，抢占先机。我们国家历来重视培养人才，积极发挥人才的作用。习近平总书记指出："人才是衡量一个国家综合国力的重要指标。国家发展靠人才，民族振兴靠人才。"近年来，国家出台了一系列深化人才体制机制改革的政策，有力地促进了我国经济社会的快速发展。在省级层面，很多地方都把人才看作促进发展的关键要素，纷纷出台了引进人才的优惠政策，展开了一场声势浩大的人才争夺战。就河南来说，新一届省委省政府特别重视人才，将创新驱动、科教兴省、人才强省战略列为十大战略之首，把"人人持证、技能河南"建设作为重要抓手，不遗余力地推进全国重要的人才中心建设。在此背景下，河南人才发展面临难得的政策红利和发展机遇。

（二）经济保障能力显著增强

无论是人才培养还是人才引进，都需要具有一定的经济基础，需要给人才提供良好的经济保障。广东、浙江、江苏等沿海地区之所以能够吸引大量的人才，与其经济发展较快有很大关系。就河南来看，经过改革开放40余年的发展，全省的经济实力显著增强，经济总量连续多年居于全国第五位，居民可支配收入不断提高，为人才事业发展奠定了坚实的物质基础。同时，河南大力推进新型工业化，已经成为新兴的工业大省，先进制造业、高新技术产业、现代服务业快速发展，产业集聚区、产业园区蓬勃发展，外向型经

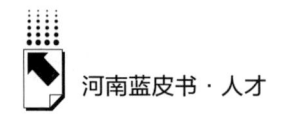

济不断壮大，吸纳人才的载体不断丰富。目前，河南经济稳中向好、长期向好，人口受教育程度上升，人才流动更加顺畅，新的就业增长点不断涌现，为人才作用发挥创造了良好条件。

（三）区域战略地位更加突出

近年来，随着国家促进中部地区崛起和"双循环"发展战略的持续推进，河南的区域战略地位日益凸显。河南优越的区位交通优势、超大规模的市场优势以及深厚的文化优势，成为集聚人才要素的重要"磁力源"。在此背景下，河南越来越快地走向国家发展舞台的中央，已经由发展的后方变为开放的前沿，再也不是以前遭人嫌弃的农业穷省。与此同时，河南多项国家战略叠加，也为海内外人才提供了施展本领的平台。河南持续推进郑洛新自主创新示范区建设，加快推进郑州航空经济综合实验区建设，加快推进黄河流域生态保护和高质量发展。这些国家重大战略的推进，为人才创新创业、就业扩容提质提供了重要机遇和坚实支撑，成为新时代河南人才加快发展的重要机遇。

（四）各项重点改革不断深化

近年来，河南持续深化各项改革，扎实推进行政管理体制、投融资体制、财税体制、社会保障等领域的改革，经济社会发展活力不断释放。就人才发展来说，河南加快推进教育、科技、社保和人才等领域的改革，不断优化人才创新创业的社会环境，为全省打造全国重要人才中心提供了较好的条件。在高等教育领域，河南打造出了郑州大学、河南大学两所"双一流"高校，人才培养规模不断增大，水平不断提高，成为人才发展的"压舱石"。在科技领域，河南不断增加创新投入，创新载体不断增加，创新生态不断改善，为人才集聚提供了重要基础。在社会保障领域，河南积极推进社保、就业、编制等各项改革，为人才流动扫清了障碍。目前的河南，已经成为人才成长的"沃土"，成为人才集聚的"强磁场"，河南在全国人才发展格局中的地位不断提升。

二 当前制约河南人才发展的体制机制障碍

当前,河南人才发展工作取得了很多成绩,人才集聚和成长的大环境已具雏形。同时,也应当看到,河南在人才发展方面还存在着不少亟待解决的短板,一些深层次障碍依然不同程度地制约着人才创新创造活力。为此,需要进一步深入推进人才发展体制机制改革,多措并举疏通人才发展体制机制障碍。

(一)事业单位人才管理体制改革滞后

改革开放以来,我国不断深化人才管理制度改革,基本形成了以行政、事业、企业分类施策为特征的管理体制。对于企业人才管理,采取了市场化的方式,有效激活了人才的积极性。而事业单位人才管理体制改革仍有待深入推进,以不断激发人才创新创造的积极性。

(二)人才评价体系科学性有效性不足

近年来,河南省对人才评价机制进行了改革,已基本形成了以统一、量化、分类为特征的人才评价机制,对于调动人才的积极性发挥了重要作用。然而,与新时代创新驱动发展的要求相比较,河南省人才评价体系仍有进一步的提升空间,"四唯"现象在一定范围内仍然存在,科技创新、科技成果转化等工作需进一步加大激励力度,开放评价、长效评价机制需要持续健全。

(三)人才使用存在"重引轻用"倾向

近年来,河南省基于人才发展的重要性,出台了很多引进人才的政策,也引进了很多高层次人才,有力地推动了全省经济社会发展。然而,在实践上,一些地方还存在着对引进人才使用不规范的问题,人才引进和需求脱节,对人才重引进轻使用,难以发挥人才应有的作用。

三 深化人才体制机制改革的重点

体制顺、机制活，则人才聚、事业兴。加快建设全国重要人才中心，必须牢牢把握深化人才体制机制改革这个中心环节，以问题为导向，进一步解放思想、转变观念，向改革要动力、用改革增活力，着力解决突出问题，加快建立具有河南特色的人才发展体制机制，为现代化河南建设提供更加坚实的人才支撑。

（一）推进人才管理体制机制改革

人才的价值在于创新，而创新具有灵感性的特征，因此对人才的管理，关键在于激发人才的创新能力，给人才提供自由的发展空间，而不是相反。传统的人才管理体制脱胎于计划经济，习惯于用管干部的方法管理人才，其结果是抑制了人才的创新精神，不利于人才作用的充分发挥。对河南省来说，要充分发挥人才的作用，建立全国重要人才中心，必须以去行政化为突破口，推进人才管理体制机制改革，最大限度地消除制约因素、调动积极因素，真正使各方面人才各得其所、尽展其长。

一是进一步推动人事管理部门简政放权，转变职能，给予用人单位更多自主权。要以事业单位重塑性改革为契机，推动事业单位管理体制的根本性转变，逐步取消学校、科研院所、医院等事业单位的行政级别，建立与事业单位管理相适应的管理体制。

二是加强事业单位和高校内部机构改革，建立科学的人才管理和运行体系，切实改变内部管理中存在的行政化倾向，完善以创新为导向的人才评价和资源分配体制。

三是在全社会营造崇尚知识、崇尚创造而非崇尚权力的氛围，让更多的人才成为创新的主角。

（二）完善人才评价机制

人才评价是人才管理的核心环节，是甄别人才、激励人才、促进创新的重要手段，人才评价机制是不是科学，关系人才创新效能能否得到充分发挥。在推进全国重要人才中心建设的新征程中，河南要"破四唯"和"立新标"并举，加快建立以价值、能力、贡献为导向的科技人才评价体系，形成并实施有利于科技人才潜心研究和创新的评价体系。

一是坚持破立并举。科学的人才评价机制，既要"破四唯"，又要"立新标"，既要反对以"唯论文、唯职称、唯学历、唯奖项"评价人才，也要反对行政化、"一刀切"的关系评、人情评。

二是坚持人才评价的价值、能力和贡献导向。要在人才科学分类的基础上，坚持人才评价的贡献导向，以实绩论英雄、以能力见高下，充分尊重人才价值，让能者上、庸者下、劣者汰。

三是建立人才评价的动态调整机制。应着眼于未来、着眼于现实需要，对人才评价标准进行动态调整，对人才评价结果进行动态管理，完善容错纠错及反馈机制，避免一评定终身的弊端。

（三）完善人才使用机制

人才聚，则事业兴；人才用，方事业强。当今世界，人才是经济发展的关键要素。做好人才工作，我们既要做好招才引才这篇文章，更要下好人才使用的"先手棋"，坚持引用并举才能真出效益，才能充分释放人才创新创造的活力，真正把人才优势转化为发展优势。

一是坚持因需引才，"以需定引"，反对"唯引而引"。要树立务实的"人才观"，根据地区经济发展需求，立足本地实际开展引才工作，使引进人才的规模、质量和结构与地方经济社会发展相适应。同时，要着眼于产业发展方向，合理确定人才需求，提高人才引进的前瞻性。

二是坚持引用并重。对已引进人才，要压担子、给任务、给机会，让人才在锻炼中成长、在实践中提高。要给保障、给待遇，在住房、医疗、子女就学等方面提供保障，解除人才的后顾之忧。要多支持、少干预，切实营造人才发挥作用的优良环境，让人才干事创业有平台、有动力。

三是坚持育管结合。要加快所引进人才的本土化培养，提高人才的政治

和经济待遇，提升人才的组织归属感和获得感，让人才引得来、留得住、用得好。同时要加大本地人才的培养力度，加强对本土青年人才的选拔和培养，抓好人才的源头活水。

（四）强化人才激励机制

水不激不跃，人不激不奋。要留住人才、用好人才，必须完善人才激励机制，强化正向激励，让人才实现名利双收，最大限度激发各类人才干事创业的积极性。

一是强化事业激励。高层次人才通常事业心都比较强，成就一番事业是人才奋斗的根本动力源泉。一个地方，要想用好人才、留住人才，需要给人才提供能够成就一番事业的平台。因此，人才制度设计必须坚持正确的激励导向，让想干事、能干事、会干事的人才有机会、有地位，不断增强其事业的成就感，提高干事创业的原动力。

二是重视薪酬激励。薪酬高低一定程度上体现了人才的价值大小，合理的薪酬是激励人才的有效途径。要探索知识、技术、管理等要素按贡献参与分配的有效途径，鼓励通过股票期权等激励手段，将人才自身利益与单位利益挂钩，形成长期持久的激励。

三是强化情感激励。人是情感动物，人的一切活动都离不开情感伴随。情感是一种强大的驱动力，能达到其他手段达不到的效果。要强化对人才的尊重和信任，多一份关爱和关怀，切实保障人才的合法权益，把人才当作宝贵财富，解决人才面临的急难愁盼问题，增强各类人才对事业发展的情感认同。

（五）健全人才顺畅流动机制

人才流动本质上是资源重新配置的重要方式，建立健全顺畅的人才流动机制，是构筑全国重要人才中心必不可少的重要基础。为此，必须进一步健全完善人才流动市场机制，激发人才市场活力。

一是着力完善人才市场供求、价格和竞争机制。要从供给侧和需求侧同时发力，优化人才市场结构，建立产业与人才匹配的新机制，促进人才高水平的供需动态平衡，实现人才供需精准对接。健全合理体现人才价值的收入分配机制，促进知识、技术、管理等要素按贡献率参与分配。营造各种所有制主体依法平等使用人力资源要素、人才间公平自由竞争的市场环境。

二是清除阻碍人才流动的体制机制障碍。坚持以"市场红利"释放"人才红利"，下大力气消除人才流动的行业垄断和市场壁垒，打破城乡、地区、行业分割，消除身份、性别歧视，建成规则统一开放、标准互认、人才自由流动的人力资源市场。

三是强化政府对人才流动的引导。在坚持市场机制起决定性作用的基础上，更好发挥政府作用，弥补市场失灵，引导人才合理流动。政府通过制定支持和补贴政策，引导鼓励人才向边远地区和基层一线流动，向重点领域和地区流动，促进人才空间布局的均衡。

四 推进人才体制机制改革的路径选择

深化人才发展体制机制改革，是一项综合性、前瞻性的系统工程，需要发挥社会各方面的力量，形成加快全国重要人才中心建设的合力。为此，未来一个时期，河南需要不断完善组织保障、资金保障和政策保障，为人才发展体制机制的运行提供现实保障。

（一）强化党对人才工作的领导

人才工作是一项事关全局、事关长远的基础性工作，必须坚持党对人才工作的领导，保证人才建设的社会主义方向。要牢固树立"抓发展必须抓人才，抓人才就是抓发展"的理念，把人才工作放在优先发展的位置，集中全党力量抓紧抓好，形成全社会重视人才、爱惜人才的良好氛围。

一是强化党管人才主体责任。各级党委"一把手"要带头抓"第一资源"，以高度的政治责任感，认真履行好党管人才的职责，切实履行人才工作"第一责任人"职责。要善于分析人才工作面临的形势，着力把握人才工作的主要特点，发现人才，培养人才，团结人才，用好人才，为经济社会发展提供强有力的人才支撑。

二是夯实人才发展工作基础。各级党委要强化人才工作的组织领导，要按照新时代人才工作的要求，加快组建和完善人才工作领导小组，加强顶层设计和科学谋划，聚焦重点领域、重大战略和关键环节，精准选配高水平高质量的人才。三是以党建高质量推动人才发展高质量。在新征程中，各级党组织要以党的自我革命引领人才发展，不断增强党管人才的本领，以高质量的党建推动全省人才高质量发展，努力建设全国重要人才中心。

（二）构建多元化的人才发展投入体系

人力资本投资在一定程度上具有公共产品的性质，因此人力资本投资的主体应当是政府。但是，政府的财力毕竟是有限的，要想加快人才事业发展，必须发挥企业、个人及社会等多种力量的积极性。河南要加快人才事业发展，打造全国重要人才中心，需要建立涵盖政府、企业、个人及社会等多元化的人才投入体系。对于政府来说，要进一步加大人才投入规模，优化投入结构，建立财政性人才投入稳定增长机制，提高财政性人才投入的比重。同时，通过财政补贴、税收减免等政策，引导企业和个人加大人才投入力度。对企业来说，要充分认识到人才对企业发展的作用，重视并加大人才投入力度，将企业的发展与人才投入关联起来，建立企业人才投入稳定增长机制，同时，要用好人才，为人才成长搭平台建载体，促进人才不断成长。对个人来说，人才投入与自己及子女的前途密切相关，是最具有能动性的人才投入主体，强化个人对人才投入也是人才投入体系的重要组成部分。为此，要鼓励个人加大自己、子女的智力投入，不断提高自身的知识水平，提高子女的文化水平，促进自身及子女能力提高。

（三）完善人才发展的政策保障机制

人才是区域发展最重要的资源，促进人才集聚，提高人才质量，是各地政府重要的职责。加快制定有利于人才集聚和发展的人才政策，是河南省各级政府的当务之急。

一是优化吸引人才的政策。从薪酬、待遇、政治地位、社保保障、子女入学等方面给予人才充分的保障，提高招才引智的竞争力。

二是优化用好人才促进人才成长的政策。不断优化人才支持、使用、评价、激励等政策，做到人尽其才，最大限度发挥人才的作用。

三是优化留住人才的政策。加快营造宽松的创新创业政策环境，持续改善人才的生活和工作环境，减少人才干事创业的后顾之忧，为激发人才创新活力提供环境保障。

B.15 "人人持证、技能河南"建设成效与对策研究

韩晓明　张晓欣　陈向英[*]

摘　要： 习近平总书记在党的二十大报告中指出，实施科教兴国战略，强化现代化建设人才支撑。技能人才是中国制造、中国创造的重要力量，现代化建设离不开技能人才队伍的支撑。河南省委省政府高度重视技能人才队伍建设，省委书记楼阳生提出"人人持证、技能河南"建设要求，省第十一次党代会把实施创新驱动、科教兴省、人才强省战略列为"十大战略"之首。本研究立足于河南实际，采用政策研究方法，对"人人持证、技能河南"建设的背景进行系统梳理，客观评估建设成效，对建设过程中存在的问题逐一探寻，从健全体系、调整优化培训专业结构、坚持需求导向、用工需求摸底、终身培训评价、加快政府职能转变、优化培训主体、创新培训模式、完善技能培训数据分析、推广技能竞赛等十个方面，提出"人人持证、技能河南"建设的对策建议。

关键词： 职业技能　人才建设　技能培训

---

[*] 韩晓明，河南省社会科学院人口与社会发展研究所助理研究员，主要研究方向为行政管理、人力资源、人事人才；张晓欣，河南省社会科学院人口与社会发展研究所副研究员，主要研究方向为行政管理、人力资源、人事人才；陈向英，河南省社会科学院人口与社会发展研究所高级经济师，主要研究方向为经济学、人力资源、人事人才。

一 "人人持证、技能河南"的建设背景

党中央、国务院对职业技能培训工作高度重视,近年来,先后出台了推行终身职业技能培训制度、新时期产业工人队伍建设改革等一系列政策文件。2019年5月,国务院办公厅印发《职业技能提升行动方案(2019~2021年)》;2022年10月,中共中央办公厅、国务院办公厅发布了《关于加强新时代高技能人才队伍建设的意见》;2021年10月,河南省出台《高质量推进"人人持证、技能河南"建设工作方案》;党的二十大报告与《河南省"十四五"人力资源和社会保障事业发展规划》均强调健全终身职业技能培训制度,应持续大规模开展职业技能培训。这一系列政策文件的出台,标志着职业技能培训将从国家战略的高度作为破解我国结构性就业矛盾、实现高质量发展、经济结构转型升级的关键举措。

河南经济正从高速发展向高质量发展转型,推进"人人持证、技能河南"建设,就是通过大规模开展职业技能培训、下大力气发展现代职业教育,有效提高劳动力素质,推动人口"数量红利"向"人才红利"转变,将人才作为第一资源推动、激发和转化创新。河南省应主动适应产业发展需要,着力培养技术技能人才,提高劳动力供给水平,满足产业升级需要。只有大规模地通过开展职业技能培训、评价,快速提升劳动者的技能水平和就业创业能力,让更多劳动者实现技能就业、技能增收、技能富民,才能从根本上缓解结构性就业矛盾,防范化解失业风险,实现充分、高质量就业。

河南省作为人力资源大省、劳动力输出大省,一直以来为全国各地不断输出着各类技能型人才,省委省政府对技能人才队伍建设工作一直高度重视,强调技能人才是支撑中国制造、中国创造、中国创新的重要力量,强化高级工及以上的高技能人才队伍建设,对巩固和发展工人阶级先进性,切实增强国家核心竞争力与科技创新能力,缓解结构性就业矛盾起着至关重要的作用。河南省与人社部签署四次共建协议,并在人社部指导下于2017年12月出台《河南省职业培训条例》,成为首个在省级层面对职业培训进行立法

的省份。目前，河南省大力推进职业培训工作法治化、规范化、品牌化、国际化，以服务发展、稳定就业为基本导向，着力弘扬工匠精神、劳动精神、劳模精神，建立健全技能人才培养、使用、评价、激励制度，构建党委领导、政府主导、政策支持、企业主体、社会参与的高技能人才工作体系，将河南省高技能人才成功打造为一支爱党报国、规模宏大、技艺精湛、敬业奉献、结构合理、素质优良的队伍。

河南省锚定"一个目标"，设定"两个阶段"，突出"三项标准"，用好"四大主体"，建立"五大体系"，科学设计2025年与2035年两个阶段性目标，通过不懈努力，最终实现"技能河南"总目标；设立科学标准，将持证率、就业率、增收率作为评价"人人持证、技能河南"建设成效的基本指标；充分发挥企业、院校、公共就业训练中心、社会培训机构的用人主体作用；从培养、评价、激励、就业、增收等全链条切入，建立健全技能人才培养培训体系、就业创业支持体系、评价激励体系、信息管理体系和技能竞赛体系"五大体系"。同时，聚焦"十大战略"，服务制造业高质量发展主攻方向，扩大中高级技能人才供给规模，加强企业新型学徒制培训和高技能人才"金蓝领"培训，将技能人才培养培训与产业转型升级有效深度融合，促进产业、企业、职业、行业、专业"五业"联动。至2025年，全省预计完成1500万人次的职业技能培训，1050万人（含新增高技能人才380万人）取得相应职业资格证书。全省持证人员（含专业技术人才、技能人才、企业经营管理人才、社会工作人才、农村实用人才）总量预计达3000万人，占从业人员总量的60%以上。其中，技能人才（是指取得职业技能等级证书、职业资格证书、特种设备作业人员证书、特种作业操作证书、专项职业能力证书的人员）总量预计达1950万人，占从业人员总量的40%左右；中级工以上的中高级技能人才总量预计达1560万人，达到河南省技能人才总量的80%以上。力争在2025年，河南省技能劳动者实现全部持证就业，基本建成全国技能人才高地。累计实现新增就业700万人以上（含城镇新增就业500万人）。通过持证就业增加居民收入，实现居民人均可支配收入增幅与经济增长同步。到2035年，全民能力素质明显提升，居民人均可支配收入增幅高于全国平均水平，从业人员基本实现"人人持证"，实现"技能河南"目标。

河南省的发展已站在新的历史起点，高水平实现现代化河南、高质量建设现代化河南，需要培养造就一支高素质、高水平、高职业精神的劳动者队伍。开展"人人持证、技能河南"建设，是推动河南省未来产业谋篇布局、传统产业转型升级、新兴产业重点培育的迫切需要，是缓解结构性就业矛盾、健全就业促进机制、促进高质量充分就业的迫切需要，是增加城乡居民收入、实现共同富裕的迫切需要，是实施创新驱动、科教兴省、人才强省战略的迫切需要。

二 "人人持证、技能河南"的建设成效

2022年以来，在省委省政府的坚强领导下，河南省各级各部门认真贯彻全省高质量推进"人人持证、技能河南"建设工作电视电话会议精神，把"人人持证、技能河南"建设作为全局性重点工作，摆在重要位置，强化政治担当，找准工作定位，突出各自特色，注重实践创新，推动"人人持证、技能河南"建设进入快车道，"技能河南"建设呈现顶层谋划、高位推动、全面实施、纵深发展的良好态势，受到国务院稳增长稳市场主体保就业专项督查充分肯定。截至2022年6月，全省已开展职业技能培训278.3万人次，完成年度目标任务的92.8%，完成第一阶段目标任务的18.6%；新增技能人才（取证）256.04万人，完成年度目标任务的106.7%，完成第一阶段目标任务的24.4%；新增高技能人才（取证）104.52万人，完成年度目标任务的130.7%，完成第一阶段目标任务的27.5%。

（一）相关政策适时出台

自河南省委省政府印发《高质量推进"人人持证、技能河南"建设工作方案》以来，17个省辖市和济源示范区、31家省级成员单位迅速响应、主动出击、积极作为，全部出台兼具针对性、指导性、实用性的工作方案，

其中多家单位同时出台配套政策。财政部门出台"人人持证、技能河南"建设资金管理办法，预拨2022年就业补助资金24.33亿元，提取失业保险基金3.26亿元，安排年度预算1亿元，用于支持"人人持证、技能河南"建设；人社、教育部门联合出台支持院校技能等级认定政策，将"1+X"证书纳入职业技能等级认定体系；商务部门启动开展河南电商职业技能培训三年行动计划；住建部门探索实施"一试双证"评价政策；卫健部门紧紧围绕"一老一小"照护服务，建立健全"健康管理师""老年人能力评估师"等专业培训体系；农业农村部门出台加快农业农村人员技能评价体系，推进高素质农民评价持证。各地结合实际相继推出一系列创新政策。开封市委市政府印发《关于实施"东京英才计划"的意见》，对在汴科研机构或企业工作，新取得首席技师、特级技师、高级技师等技能等级证书的人员，当年分别发放1万元、5000元、1000元奖励，对新设立的省级高技能人才培训基地、技能大师工作室，符合条件的分别给予100万元、15万元项目经费。漯河市出台《关于开展"人人持证、技能河南"建设示范企业创建活动的通知》《漯河市大专学历及技能人才购房补贴发放办法》等多份重磅文件，明确提出在漯稳定就业的技能人员，可申请每人1万元的购房补贴，在"一村一名大学生"党员干部学历教育中开展职业技能培训。

（二）职业技能培训人次屡创新高

截至2022年6月，17个省辖市和济源示范区全部实现时间过半、任务过半目标，任务完成远超时序，其中，开封（110.4%）、洛阳（100.5%）、安阳（100.4%）、鹤壁（103.3%）、焦作（131.7%）、漯河（101.4%）、三门峡（100.4%）等7个地市和济源示范区（100.5%）完成全年目标任务；从行业部门看，教育、科技、工信、公安、民政、司法、人力资源社会保障、住建、交通、农业、商务、文旅、卫健、退役军人事务、应急、国资、广电、粮食储备、乡村振兴、大数据、通信管理、邮政、供销、工会、共青团、妇联、残联等28个部门完成年度目标任务的50%以上，其中，科技、民政、人力资源社会保障、交通、卫健、粮食储备、乡村振兴、供销、妇联等9个部门完成全年目标任务。

（三）新增技能人才数量满足社会发展需求

截至2022年6月，17个省辖市和济源示范区大部分实现技能人才翻番的目标，开封（136%）、洛阳（104.3%）、安阳（100%）、鹤壁（186.1%）、新乡（119.5%）、焦作（119.5%）、濮阳（183.3%）、漯河（116.8%）、三门峡（119.9%）、南阳（104.3%）、信阳（126.2%）、周口（127.1%）、驻马店（119.8%）等13个地市和济源示范区（119.7%）完成全年目标任务；从行业部门看，教育、科技、工信、公安、民政、司法、人力资源社会保障、住建、交通、农业、文旅、卫健、退役军人事务、应急、国资、市场监管、乡村振兴、邮政、供销、工会、共青团、妇联、残联等23个部门完成50%以上，其中，科技、民政、人力资源社会保障、交通、卫健、退役军人事务、应急、市场监管、乡村振兴、邮政、供销、妇联、残联等13个部门完成全年目标任务。

（四）高技能人才队伍稳步增长

截至2022年6月，开封（183.5%）、洛阳（106.2%）、平顶山（111.8%）、安阳（152.3%）、鹤壁（219.5%）、新乡（142.9%）、焦作（149.8%）、濮阳（120.7%）、漯河（162.5%）、三门峡（135.8%）、南阳（113.4%）、商丘（101.8%）、信阳（221.9%）、周口（135.9%）、驻马店（154.5%）等15个地市和济源示范区（118.6%）完成全年目标；从行业部门看，教育、科技、工信、民政、人力资源社会保障、农业农村、退役军人事务、国资、乡村振兴、邮政、供销、工会、共青团、妇联、残联等15个部门完成50%以上，其中，教育、科技、民政、人力资源社会保障、退役军人事务、供销、妇联等7个部门完成全年目标任务。

（五）技能培训管控科学有效

河南省"人人持证、技能河南"建设工作领导小组办公室在贯彻落实

"月月评"制度的基础上,加强了对培训数量、培训质量以及培训工种的定量分析研判,根据社会面需求及时调整了培训、评价方向。在第一季度完成任务远超时序进度的基础上,第二季度开始分产业、行业、专业对培训取证结构进行分析,引导、推动全省工作重心由规模质量并举向更加注重质量结构转变,取得明显成效。2022年上半年,全省新增技能人员取证256万本,其中技能等级证书218.3万本,占比85.3%;专项职业能力证书15万本,占比5.9%;职业资格证书21.7万本,占比8.5%。技能等级证书成为技能证书的绝对主力。在218.3万本技能等级证书中,中高级取证178.6万本,占比81.8%,实现"中高级技能人才占技能人才总量的80%以上"阶段性目标。一二三产业取证结构进一步优化,第一产业取证13.8万本,第二产业取证79.6万本,第三产业取证125万本,一二三产业取证比例为6∶36∶57,第二产业中的战略性新兴产业、未来产业取证占比持续攀升,比如,6月份,半导体及集成电路相关职业新增取证2068本,较前5个月增长172%;新能源、新材料、汽车制造等相关职业取证数量分别达到8034本、6031本、4466本,较前5个月分别增长31.1%、29.2%、36.8%,结构调整成效明显,对重点产业的对接更加紧密,服务支撑能力更加彰显。

(六)"技能河南"的品牌影响力日益增强

河南省"人人持证、技能河南"建设领导小组印发《河南省人力资源品牌建设的实施意见》,统筹推进10个省级、100个区域级人力资源品牌建设。省人社厅与中国研究型医院学会签订战略协议,共同推进河南康养照护人力资源品牌建设;省商务厅正式实施"河南电商"三年培训行动,计划培训15万人,目前已培训取证8.04万人;省农业农村厅大力推进"豫农技工"品牌建设,力争每年培训50万名高素质农民。开封市将"康养照护"人才培育品牌培塑工作纳入市政协双月协商;许昌市印发"鄢陵花木""鄢陵康养"等7个特色鲜明的人力资源品牌建设工作方案;漯河市积极开展市厅共建,打造"漯河食品"人力资源品牌;驻马店市推进"一县一品牌"建设,做优做强"遂平家政""平舆防水"等品牌建设。

标准化培训、规模化输出、全程化服务的人力资源品牌融入发展模式日趋成形。

（七）职业技能赛事频传佳绩

河南省紧紧抓住疫情防控窗口期，于2022年上半年成功举办了河南省第一届职业技能大赛。大赛围绕重大产业布局、重点领域职业（工种）、技能岗位用人需求等方面，遴选设置45个赛项，共有1412名选手参赛，规格之高、规模之大、活动之多、受众之广、影响之远前所未有，有力地向社会传递了省委省政府对技能人才的高度重视，积极地向社会传递了开放的河南对技能人才的重视和渴求，极大地鼓舞了全省职业教育和职业培训工作者的热情，充分调动了社会力量对产教融合、校企合作的参与和职业技能竞赛赞助的积极性。

（八）营造技能培训的良好氛围

河南省各部门、各地市与媒体深度合作，既有通过官方媒体广泛宣传政策，还有通过自媒体制作发布技能人才相关短视频，播放量达2亿次以上。《人民日报》官网开设"人人持证、技能河南"专栏，对河南省职业技能培训取得的成效给予了高度肯定。省人社部门设立了"人人持证、技能河南"网上专栏，通过进企业、进院校、进社区发放"口袋书"，以及基层"大喇叭"宣讲等方式开展灵活多样的政策宣传。开封市成立市委宣传部牵头的宣传工作小组，预算安排1000余万元，系统用于宣传、表扬、激励等，鼓楼区"汴梁小吃"品牌受到央媒报道；鹤壁市人社局与鹤壁日报社、鹤壁广播电视台签订《高质量推进"人人持证、技能河南"建设战略合作协议》，广泛开展立体多元宣传；"漯河食品"人力资源品牌代言宣传视频被人社部在全国推广。南阳市在《南阳日报》建立宣传专栏，定期公布市县区建设情况。目前，"人人持证、技能河南"建设的社会知晓度、参与度持续攀升，"一技在身、一证在手、一条致富路在脚下铺就"日渐成为社会共识。

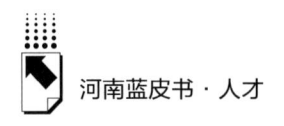

三 "人人持证、技能河南"建设过程中存在的问题

河南省在"人人持证、技能河南"工作推进取得一定成效的同时，也存在一些不容忽视的问题。比如，工作推进程度参差不齐，培训数量与质量难以兼顾，评价取证全过程、立体化监管不够，培训机构对财政资金依赖度过高等。

（一）培训专业和培训机构数量不匹配

从目前认定的企业评价机构和社会评价机构的培训专业情况来看，存在有的专业开设机构很多，有的专业开设机构非常少，取证需求专业与评价机构供给数量不匹配。从投入成本看，投入成本低的专业比投入成本高的专业开设的机构多；从取证难易程度看，取证容易的专业比取证较难的专业开设机构多；从社会需求层面看，社会需求量大的专业与开设相应专业的机构成反比；从证书含金量上看，含金量高的证书对应的机构数量相对较少。

（二）网络学习平台数量不足

目前，由企业评价机构和社会评价机构建设的网络学习平台数量偏少，不足职业技能培训总学时的1/10。其原因在于，一是相对于线下培训，网络培训的成本标准和文件依据不够明确，部分机构担心将来会存在审计风险，没有建设的主动性。二是网络平台建设是系统工程，涉及平台搭建、课件制作、后期维护等事项，需要经费的持续投入，在参训人员太少的情况下，会产生收益不能弥补成本的结果，机构对建设网络学习平台存在顾虑。还有部分机构，虽然建设了网络学习平台，但平台资源建设渠道基本依靠第三方开发提供，机构对课程的整体规划和质量监控明显不足。

（三）培训机构日常管理不规范

部分培训机构虽然设有专职人员和机构，但变动过快。在实地考察的

50家机构中,有一半的管理人员都是刚接手的新人,存在着业务不熟悉、吃不透政策的情况。部分机构没有成立专门负责机构建设工作的领导小组,虽然大都制定有机构管理制度,但这些制度基本都是套用照搬上级文件办法,而没有聚焦本单位实际出台明确的管理举措。部分机构线下培训的管理链条不够明确规范,在培训班的组织管理、资料存档和财务收支等方面缺乏规范性。

(四)培训机构作用发挥不充分

由于培训机构自我造血能力不足,对财政补贴资金依赖度过高,部分培训机构建设缺乏持续性资金投入。很多机构几乎都没有把继续教育经费纳入统筹计划,缺少专项经费投入或明确的制度支持,影响了培训机构工作的发展壮大。部分培训机构缺乏清晰明确的长远规划和合理定位,没有全面展开工作的意识,名不副实,不符合定位。在调研中发现不少培训机构都存在此种情况。

(五)培训内容和培训效果不佳

调研过程中发现,有相当一部分培训机构受师资力量、地理位置、专业设置的限制,培训内容不规范,培训对象不精准。一些机构连基本的硬件设施如教室、机房、考试场、会议室都在共用,更谈不上休息室、食堂、住宿楼,没有固定师资和自建的课程资源,培训效果缺乏比较优势和特色个性,未能产生示范和榜样效应。

(六)主动作为意识不足

在调研中发现,河南省大多数企业评价机构和社会评价机构缺乏主动作为意识,各机构负责人员普遍希望上级部门加大政策扶持力度以此实现培训人数的持续增长。在此心理下,部分机构缺乏主动谋划和拓展业务的积极性,依赖思想严重,不注重提升自身培训能力和课程吸引力,没有大胆推广和开展业务的勇气,难以在激烈的市场竞争中占据优势地位、做出品牌,无

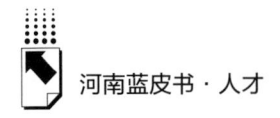

法实现可持续发展。部分机构在当初申报时高度重视、积极准备，然而一旦获批就算大功告成，建设上"虎头蛇尾"，使机构建设处于一种自在自为、自生自灭的状态。

四 "人人持证、技能河南"建设的对策建议

（一）健全体系

建立健全职业技能培训体系、技能人才培训成长体系、职业能力评价体系、政策支持保障体系、组织领导责任体系等，激励和带动更多劳动者走出一条技能就业、技能增收、技能成才之路。调动社会各类培训资源，形成培训机构由市场竞争选择、职业（工种）由市场需求决定、培训成果由市场检验评估的职业培训机制。紧扣河南省先进制造业、战略新兴产业、粮食生产深加工等重点产业，以及黄河流域生态保护和高质量发展对技能人才、乡村振兴对高素质农民的需求，组织开展急需紧缺职业（工种）定点、定向培训。发挥"互联网+"作用，鼓励支持具备条件的企业、职业院校（技工院校）、社会培训机构通过在线直播、视频录播、交流互动、考核测试等形式开展线上培训，融合发展线上线下技能培训，为各类劳动者学习理论知识和职业技能提供便捷化、多样化、个性化的培训服务。

（二）调整优化培训专业结构

省级有关部门应充分调研，及时更新公布"行业技能人才急需紧缺目录"，调整优化培训专业结构，并鼓励支持各类培训主体开展企业需求、行业紧缺、乡村急需的职业（工种）培训。既要注重简单易学实用型技能培训，又要加强高精难复合型技能培训，满足不同文化层次、不同素质能力劳动者的培训需求。针对第二、第三产业中就业人数多的行业，如电焊工、汽修、家政服务等，加强对培训机构和企业的管理，提升培训质量；加大对公共实训基地、高技能人才培训基地建设、企业院校和培训机构的投入，推动

培训资源共享,加大政策性补贴资金扶持力度,为社会输送高技能人才;对于培训就业率高的培训机构进行表彰、扶持,起到带动和示范作用。

(三)坚持需求导向

职业技能培训要服务经济社会发展,适应人民群众就业创业需要,大力推行终身职业技能培训制度,加强对涉农技能培训机构、专业、市场需求等的调研,掌握实现高质量农业发展对涉农专业的主要需求方向。鼓励各类培训主体开展涉农专业培训,加大师资力量的投入,提升培训专业课程的高科技含量,从补贴政策层面向培养农村生产经营人才、传统技艺人才、农村种植养殖等领域倾斜,激励和带动企业职工、就业重点群体等城乡各类劳动者,走出一条技能就业、技能增收、技能成才之路,加快建设知识型、技能型、创新型劳动者大军。

(四)用工需求摸底

实施16周岁至60周岁劳动力(贫困劳动力、毕业年度大学生、农村劳动力、城镇劳动力)分类分段建档立卡行动,在企业用工需求摸底调查数据资源的基础上,在加强技能提升培训精准施策上求突破,为劳动者提供精准培训、就业服务和实现劳动者终身职业技能培训夯实基础。

(五)终身培训评价

面向城乡全体劳动者,开展终身职业技能培训及等级评价体系构建行动,打破部门、行业壁垒,统筹职业培训规划,构建就业创业并贯穿学习和职业生涯全过程的终身职业技能培训和技能等级评价体系。建立全社会职业资格评价、职业技能等级认定、专项能力考核以及工程技术类职称相互衔接、贯通,结果相互认可制度,形成科学化、社会化、多元化有利于劳动者在全劳动周期内技能水平由初级到中级再到高级的技能人才评价体系和激励机制,为构建终身职业技能培训体系服务,企业或机构组织符合条件的劳动者免费参加职业技能等级评价取得证书(职业资格证书、职业技能等级证

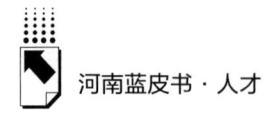

书、专项职业能力证书、特种作业操作证、特种设备作业人员证），建立职业技能培训市场化、社会化发展机制。提升职业技能培训基础能力建设，着力提升培训效果，促进劳动者技能不断升级和高质量就业，持续提高取证率和就业率。

（六）加快政府职能转变

调整培训补贴，加大对中高技能培训专业补贴力度，鼓励各类培训主体增加对中高技能人员培训专业的开班数，提高中高技能人才师资和培训设施投入；通过校企合作、专业工作室、培训基地等专业化培训形式，加大新技术、高科技、装备制造类等省重点发展行业的培训投入，整体提高河南人才队伍素质，扩大高级工、技师的覆盖面。加强对于职业培训补贴申请、审核管理，加强事前预防、事中监管、事后跟踪。结合业务需求，及时完善职业技能培训信息系统功能，结合社保、就业、人事人才等全口径人社数据，开展信息共享和比对校验，以及电子培训券实名认证的推广，逐步实现全流程监管，同步促进职业培训数据质量的提升。突破户籍、年龄、资历、身份和比例限制，开展职业技能等级评价机构认定行动，根据市场和就业需要认定一批符合条件的社会培训评价组织，完成社会化职业技能鉴定、企业技能人才评价、职业院校技能等级认证和专项职业能力考核制度改革。根据乡村振兴工作需要，开展专项职业能力考核工作，及时认定技能人才的技能水平，并取得相应的职业技能证书。

（七）优化培训主体

以"提升技能、鼓励持证"为目的，积极发挥企业培训的主体作用和职业院校、培训机构的辅助作用，通过校企合作、送训到村的形式，采取"新型学徒制""以工代训""项目制""工学一体化""互联网+"等灵活多样的现代培训模式，对三次产业技术岗位开展技能提升培训和初次取证培训，做到技能人员应培尽培、应认尽认，取得相应的职业资格证、技能等级证或专项能力证、特种作业操作证、特种设备作业人员证等五类证中的一种证书。

（八）创新培训模式

以"技能就业、技能增收、技能成才"为目的，通过"订单式""菜单式""工学一体化""职业培训包""劳动预备制""互联网+"等灵活多样的创新培训模式，根据产业体系、经济转型和传统产业振兴的用工需求以及省内外就业市场变化情况，围绕市场急需紧缺职业（工种），对重点就业群体（贫困家庭子女、贫困劳动力、离校未就业高校毕业生、毕业年度高校毕业生、"两后生"、农村转移就业劳动者、下岗失业人员、转岗转业职工、退役军人、就业困难人员）开展免费职业技能培训。发挥行业企业和经济组织生产、服务一线优秀高技能人才在带徒传技、技能攻关、技艺传承等方面的重要作用，建设一批技能大师（包括"土专家""田秀才""劳动模范"等）工作室，基本形成覆盖重点行业和特色行业的技能传递与推广网络。

（九）完善技能培训数据分析

加强与互联网招聘平台的沟通，推动整合全省人才招聘信息化资源，与建立职业技能培训系统对接，畅通人才供需与人才培养信息，加快人才培养对接和用工匹配。建立日常性的企业劳动力需求调查机制，以市场需求为导向，按企业劳动力需求培养人才，动态调整政策，引导课程设计。构建河南省技能人才库，做好技能培训人才的宣传和推广。面向企业，重点宣传各类企业兴办有关职业培训机构及可享受的政策支持；面向技工（职业）院校，重点宣传扩大培训规模及可享受的倾斜政策；面向劳动者，重点宣传培训补贴对象范围、培训机构和项目、参训和申领补贴等。

（十）推广技能竞赛

河南省应按照"以赛促培、以赛促训"的宗旨，开展职业技能大赛，营造"尊重劳动、崇尚技能"氛围，引导带动企业职工、院校学生积极参加岗位练兵和技能竞赛活动，不断提高技能水平，为更多优秀技能人才脱颖

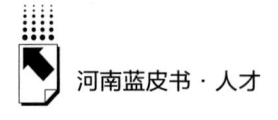

而出搭建平台。为适应广大农村转移劳动力对培训、就业的需求，进一步提高培训就业率，实施"一县一品"特色劳务品牌创建活动，打造劳务品牌经济核心竞争力。

参考文献

梅乐堂：《"人人持证、技能河南"建设的人才培养路径》，《人才资源开发》2022年第7期。

周俊、王贝：《河南省人社厅召开"人人持证、技能河南"建设工作推进"月月评"会议》，《人才资源开发》2022年第5期。

邵建伟：《商丘市全面快速启动"人人持证、技能河南"建设工作》，《人才资源开发》2022年第1期。

何莉：《河南省高技能人才培养模式研究》，《教育与职业》2017年第8期。

《锻造强国"金蓝领"——国家12项重大人才工程简介：〈国家高技能人才振兴计划〉》，《中国人才》2011年第23期。

赵为、孙琦英、付鹏辉、祁静：《赛出精彩人生 技能造就成功》，《中国劳动保障报》2022年6月29日。

何珺：《"十四五"末我国技能人才占比力争超过30%》，《机电商报》2022年10月31日。

杨志明：《加快技能人才发展是项重要而紧迫的任务》，《中国劳动保障报》2021年3月10日。

仲劳平：《锻造大国工匠 筑梦复兴之路——写在〈关于加强新时代高技能人才队伍建设的意见〉印发之际》，《中国劳动保障报》2022年10月11日。

王宝杰：《找准撬动产业发展的高技能人才支点》，《中国劳动保障报》2022年11月2日。

《打造新时代高技能人才大军》，《中国组织人事报》2022年10月10日。

邱玥：《高技能人才，为经济发展注入"原动力"》，《光明日报》2022年11月3日。

B.16
人才发展水平监测与评价指标体系研究

刘倩倩[*]

摘　要： 党的二十大提出实施科教兴国战略，强化现代化建设人才支撑。河南将创新驱动、科教兴省、人才强省战略摆在"十大战略"第一位，要打造全国重要人才中心。人才发展水平的监测与评价对河南实施人才强省战略有着重要意义。以其他国家和先进省份人才评价体系为参考，从人才环境、人才数量、人才质量、人才结构、人才效能五大方面选取指标，应用层次分析法为指标赋予权重，建立人才发展水平监测与评价指标体系。最后对河南提升人才竞争力水平提出相关对策建议：坚持人才体制机制改革，坚持提升高端人才吸引力，营造尊重人才的社会环境，坚持弘扬科学家精神，实现高端平台龙头带动效应。

关键词： 人才发展水平　人才体制机制　人才工作　人才强省

党的二十大报告指出："我们要坚持教育优先发展、科技自立自强、人才引领驱动，加快建设教育强国、科技强国、人才强国，坚持为党育人、为国育才，全面提高人才自主培养质量，着力造就拔尖创新人才，聚天下英才而用之。"人才发展已成为区域发展的关键，本研究在把握河南人才强省战略科学内涵的基础上，借鉴其他国家和先进省份指标体系设计，使用定性分析和定量分析相结合的方法，根据河南省情进行人才发展

---

[*] 刘倩倩，河南省社会科学院统计与管理科学研究所，主要研究方向为应用统计。

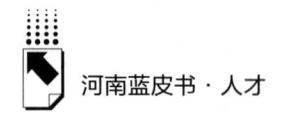

水平监测与评价指标体系设计,为河南人才数据统计与河南人才发展水平测算提供方向。

一 河南人才发展水平现状

以习近平同志为核心的党中央把人才工作摆在党和国家事业发展全局中更加重要的位置,提出了一系列关于人才工作的新理念新战略新举措。河南高质量发展需要人才的助力,全面认识人才强省科学内涵对建立人才发展指标体系具有指导性意义。

(一)全面认识创新驱动、科教兴省、人才强省科学内涵

2021年9月,习近平总书记在中央人才工作会议上指出,"党的十八大以来,党中央做出人才是实现民族振兴、赢得国际竞争主动的战略资源的重大判断,作出全方位培养、引进、使用人才的重大部署,推动新时代人才工作取得历史性成就、发生历史性变革"。习近平总书记在中央人才工作会议上的重要讲话,为全面认识人才发展内涵提供了根本遵循。

习近平总书记指出,到2025年,全社会研发经费投入大幅增长,科技创新主力军队伍建设取得重要进展,顶尖科学家集聚水平明显提高,人才自主培养能力不断增强,在关键核心技术领域拥有一大批战略科技人才、一流科技领军人才和创新团队;到2030年,适应高质量发展的人才制度体系基本形成,创新人才自主培养能力显著提升,对世界优秀人才的吸引力明显增强,在主要科技领域有一批领跑者,在新兴前沿交叉领域有一批开拓者;到2035年,形成我国在诸多领域人才竞争比较优势,国家战略科技力量和高水平人才队伍位居世界前列。从社会投入、人才队伍、顶尖科技人才、创新水平、人才吸引力等方面对我国建设世界重要人才中心和创新高地进行了战略谋划。

2022年4月在河南省教育科技创新大会暨人才工作会议上,河南省委书记、省人大常委会主任楼阳生对河南省实施创新驱动、科教兴省、人才强

省战略进行了全面部署，指出要坚定不移实施人才强省战略，强调要坚持人才引领发展，坚定走好创新驱动高质量发展"华山一条路"，加快建设全国重要人才中心。

2022年8月中共河南省委"中国这十年·河南"主题新闻发布会在郑州举行。楼阳生指出，河南把创新驱动、科教兴省、人才强省战略摆在"十大战略"第一位，目标是打造国家创新高地和全国重要人才中心。

省力竞争就是人才竞争，人才是衡量一个省份发展水平的重要标志，是一个省份发展的重要依靠。河南省高度重视人才发展，把实施创新驱动、科教兴省、人才强省战略列为"十大战略"之首，为河南人才发展提供坚强保障和强大动力支撑。

（二）河南人才发展水平建设成就

党的十八大以来，河南省认真贯彻落实习近平总书记关于人才发展工作的重要讲话和重要指示批示精神，积极推动人才强省战略，取得历史性成就，为谱写新时代中原更加出彩的绚丽篇章打下了坚实基础、提供了有力支撑。

人才强省建设取得新成效。人才队伍规模持续扩大。2021年，全省就业人员4840万人，其中城镇就业人员2627万人。就业人员结构趋向平稳。2021年全省就业人员中，第一产业就业人员占24.2%，第二产业就业人员占29.9%，第三产业就业人员占45.9%。高素质人才队伍建设持续加强。2021年全省共有全国杰出专业技术人才8人，百千万人才工程国家级人选107人，国家有突出贡献中青年专家136人，享受国务院政府特殊津贴专家2820人，省杰出专业技术人才89人，享受省政府特殊津贴专家600人，中原基础研究领军人才42人，省学术技术带头人2230人，省职业教育教学专家518人，省特聘研究员43人。人才发展环境逐渐优化。2021年招收博士后1020人，留学回国人员3618人。顶端人才规模持续扩大。人才吸引力逐年增强。截至2021年底，全省人才资源总量1201.23万人，较2012年增长

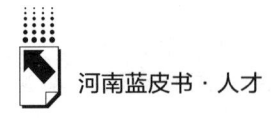

27.7%。河南加大招才引智力度，成功举办第四届中国·河南招才引智创新发展大会，延揽各类人才5.7万人，签约人才合作项目403个。

河南省人才发展水平要素多、维度多，各指标对河南人才竞争力水平的作用也不尽相同，想要综合各个指标，科学评价河南人才竞争力水平，构建河南人才发展指标势在必行。

二 人才竞争力评价指标综述

多要素、多维度建立人才发展指标体系，有助于比较人才发展水平的差异程度，贯彻落实人才强省战略，促进人才高质量发展。本节介绍世界范围内其他国家及先进省份人才评价指标体系。

（一）全球人才竞争力指数

全球经济论坛发布的《全球人才竞争力指数》从投入和产出两大维度对世界各国人才竞争力水平进行评价。其中，投入指标分为环境、吸引、培养、留住四个一级指标。环境一级指标下设监管、市场结构、商业人力三个二级指标。吸引一级指标下设外部开放度、内部开放度两个二级指标。培养一级指标下设正式教育、终身学习、获得成长机会三个二级指标。留住一级指标下设可持续性、生活方式两个二级指标。产出维度下设职业和技术技能、全局知识技能两个一级指标。职业和技术技能一级指标下设中级技能、就业能力两个二级指标，全局知识技能一级指标下设高级技能、人才影响两个二级指标。各二级指标下有政府作用、R&D支出、国际学生数、高等教育支出、创新产出能力等68个基础指标。

2022年全球人才竞争力指数（GTCI）显示，瑞士、新加坡和丹麦是最具人才竞争力的国家，排名前25位的国家和地区主要位于欧洲，中国位次持续攀升，居于第36位。报告指出新冠肺炎疫情对货物、服务和人员流动的限制可能会加强，以致劳动力市场遭重创，性别不平等问题越发严重，全球人才待遇不平等加剧。

（二）全球创新指数

全球创新指数（Global Innovation Index，GII）是世界知识产权组织、康奈尔大学、欧洲工商管理学院于 2007 年共同创立的年度排名，衡量全球 120 多个经济体在创新能力上的表现，以此推动经济增长和人类发展。2022 年我国排名上升至第 11 位，连续 10 年稳步提升。全球创新指数（GII）提供了有关全球 127 个国家和经济体的创新绩效详细指标，分为投入和产出 2 个一级指标。在投入一级指标下，分为制度、人力资本研究、基础设施度、市场成熟度和商业成熟度 5 个二级指标。在产出一级指标下，分为知识与技术产出以及创新产出 2 个二级指标。二级指标下共设研发支出在 GDP 中的占比、私营部门信贷在 GDP 中的占比、研究人才在企业中的占比、高技术出口净额在贸易总额中的占比等 80 个基础指标。

（三）其他先进省份人才竞争力评价方法

湖北省出台"16 条措施"激励科技创新人才。湖北省委办公厅、省政府办公厅印发《关于加强人才发展激励促进科技创新的若干措施》，围绕精准引才、系统育才、科学用才、用心留才，从人才引进、培育、评价、流动、激励和生态环境 6 个方面，提出措施，吸引人才。董长麒和李燕萍等构建湖北省高质量人才服务评价指标体系，根据高质量人才服务体系内涵，从人才服务供给、人才服务需求、人才服务投入、人才服务产出、人才服务环境 5 个方面设计评价体系。包含人力服务供给、人力需求规模、用人单位需求规模、人力投入、资金投入、科研成果、经济效益、经济环境、科研环境、生活环境 10 个二级指标，以及高层次人才数量、R&D 经费投入规模、地方财政一般预算支出、社会保障和就业支出、城镇路滑指数、居民消费指数等 34 个综合指标，分析湖北省人才服务竞争力，建立高质量人才服务体系。[①]

[①] 董长麒、李燕萍、张天保、王珊：《湖北构建高质量人才服务体系路径研究》，《中国人事科学》2022 年第 4 期。

陕西省作为人力资源大省，重点高校、科研院所林立。田军和刘阳等以科技人才评价作为切入点，改进陕西省科技人才指标体系与评价方法，以提高陕西省对人才的吸引力。归纳得出与人才评价相关的关键要素，构建包括创新知识、道德素质、创新动机、影响力、创新能力、产出绩效等6个维度的人才评价指标体系。并在权重获得方面，利用层次分析法与模糊评价法相结合的方式构建陕西省人才分类评价模型。[①]

三 构建河南人才发展监测与评价指标体系

基于当前研究成果，结合河南人才强省实际形势，全面系统地提出一套适合评价河南人才竞争力水平的河南省人才发展指标体系，直观反映河南人才竞争力的优势与不足，为河南建设人才强省提供理论支撑。

（一）指标选取基本原则

一是导向性。指标体系体现人才强省的科学内涵，围绕人才强省战略，体现以人为中心的发展思想，全方位衡量河南人才竞争力水平。二是系统性。构建河南人才发展指标体系是复杂的系统工程，应体现出河南人才竞争力的各个方面，各指标相互独立，形成一个评价体系。三是可操作性。数据概念明确、定义清楚，数据具有可得性，指标计算方法具有可复制性。四是可比性。选择指标时统一口径，确保数据连贯可比。

（二）确定人才发展指标体系结构

围绕人才强省战略，根据其他国家及先进省份人才水平评价体系构建，本研究从人才环境、人才数量、人才质量、人才结构、人才效能五大方面全方位对河南人才增长水平进行监测评价。

[①] 田军、刘阳、周琨、祝文青、曹怡静、艾艳芳：《陕西省科技人才评价指标体系与评价方法构建》，《科技管理研究》2022年第4期。

1. 人才环境

人才环境决定了一个地区能否造就人才、吸纳人才以及充分发挥人才作用。人才环境有软环境和硬环境之分，软环境即人才政策环境，硬环境包括经济环境、生活环境和工作环境等。选取以下 6 个指标衡量河南人才环境。

（1）教育经费总投入：即教育经费，包括中央和地方财政部门财政预算中实际用于教育的费用。教育经费投入的高低体现了一个地区对人才培养的重视程度，教育经费总投入越高，人才政策环境越好。

（2）每万人卫生技术人员数：每万人卫生技术人员数代表地区卫生健康事业发展情况，数量越高，地区医疗水平越发达。

$$计算公式：每万人卫生技术人员数 = \frac{卫生技术人员数}{人口数} \times 10000$$

（3）科研机构总数：即区域内研究开发机构数，作为河南省人才工作环境评价指标。

（4）研究与试验发展（R&D）经费投入强度：是指 R&D 经费投入总量与地区生产总值之比，是国际上通用的反映地区科技投入水平及科技创新投入水平的核心指标。

（5）研发经费投入年均增长率：是指研发经费的年均增速，体现地区科技投入水平的发展速度。

（6）居民人均可支配收入：常被用来衡量一个国家生活水平的变化情况，一般来说，人均可支配收入与生活水平成正比。

2. 人才数量

人才数量代表着河南省的人才资源是否充足，充足的人才数量是推进人才强省战略的必备条件。选取以下 3 个指标衡量河南人才数量水平。

（1）人力资源率：表示潜在人力资源相对量，即人力资源总量与人口总数之比，人力资源率越高，表示地区可以投入经济活动的人口越多。

（2）R&D 人员折合全时当量：是指全年从事 R&D 活动累计工作时间占

全部工作时间的90%以上人员工作量与非全时人员按实际工作时间折算的工作量之和。

（3）两院院士人数：即中国科学院院士和中国工程院院士人数，代表着区域高端人才数量。

3. 人才质量

人才发展不仅要数量多，也要质量高。人才发展的高质量对河南高质量发展至关重要。选取以下3个指标衡量河南人才质量水平。

（1）平均受教育年限：是指对一定时期、一定区域某一人口群体接受学历教育的年数总和的平均数。按照现行学制为受教育年数计算人均受教育年限，即大专以上文化程度按16年计算，高中为12年，初中为9年，小学为6年，文盲为0年。

（2）科技人才密度：是指每万名就业人员的科学研究与试验发展（R&D）人员全时当量。

（3）劳动年龄人口受过高等教育的比例：是指16～59岁人口中受教育程度为大专及以上人口的百分比。该指标反映了人口的受教育水平情况，比例越高，地区人力资源水平越高。

4. 人才结构

战略性新兴产业发展迅猛，产业结构调整与升级换代加速，需要人才结构优化与之相匹配，从而加快经济发展方式转变，实现创新驱动、科学发展。选取以下3个指标衡量河南人才结构现状。

（1）专业技术人才高级职称比例：是指高级职称人数与专业技术人数之比，反映了专业技术人才结构。

（2）高技能人才占技能人才比例：是指高技能人才占技能劳动者的比例，反映了技能人才结构水平。

（3）第三产业从业人员所占比例：是指第三产业从业人员与全部从业人员之比，反映了产业人才结构。

5. 人才效能

人才效能即人才对区域经济社会的贡献程度，体现了人才的价值贡献，可分为经济效能和科技效能。人才效能是评价区域人才发展水平的关键所在。选取以下7个指标衡量河南人才效能水平。

（1）人才贡献率：是指人才资本对经济增长的贡献份额。计算方法是基于Maddison系数的受教育年限法测算人力资本存量，并将人力资本存量分解为基础人力资本和人才资本两部分，而后运用C-D生产函数的人力资本分类模型进行测算。

（2）劳动生产率：是衡量劳动力要素的投入产出效率的指标，为地区生产总值与年平均从业人数之比。

（3）高新技术产业产值占规模以上工业增加值比重：高新技术产业是知识、技术密集型产业，包括信息技术、生物技术、新材料技术。高新技术产业占规模以上工业增加值的比重能够反映地区科技创新水平。

（4）技术市场成交额：反映了区域技术交易市场规模，代表了科技成果向生产力转化的水平，是人才经济效能的体现。

（5）每万人口高价值发明专利拥有量：是指每万人口本国居民拥有的经国家知识产权局授权的符合下列任一条件的有效发明专利数量：战略性新兴产业的发明专利，在海外有同族专利权的发明专利，维持年限超过10年的发明专利，实现较高质押融资金额的发明专利，获得国家科学技术奖、中国专利奖的发明专利。

（6）每万人口科技论文发表数：即科技论文发表数与人口数之比。

（7）获国家科技奖数：即区域内成果获国家科技奖励数，反映了地区的自主创新和科技创新能力，体现人才科技效能。

四　人才发展指标监测与评价体系权重确定

人才发展是一个复杂的多目标决策问题，上文设置的指标体系将人才发展目标分解为五大方面，每个方面分解为多个基础指标，形成多层次的分析结构模型，本节研究基础指标的权重确定问题。

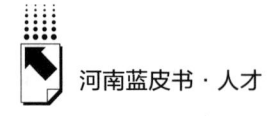

（一）层次分析法

层次分析法是一种定性分析与定量分析相结合的方法，通过分析系统中的层次关系及所包含的指标，构建多层次的指标体系，并根据其他国家及先进省份研究结果，将指标两两比较判断，构造判断矩阵。通过计算判断矩阵的最大特征值以及特征向量，得到要素的重要性次序，建立向量权重。因指标阶数较高，本文采用和积法近似计算特征值和特征向量。层次分析法将决策目标分解为多极因子，通过定性指标模糊量化方法确定每个因素间的相对重要性并计算权重。

1. 步骤

（1）根据人才发展水平内涵，建立指标结构。

（2）构造判断矩阵。将同一层面的指标 A_1，A_2，…，A_n 进行比较，从而得到判断矩阵 $A = (a_{ij})_{n \times n}$。$a_{ij}$ 表示两指标间的相对重要性。

（3）计算判断矩阵的最大特征值与特征向量。

（4）进行一致性检验。

$$CI = \frac{\lambda_{max} - n}{n - 1}$$

$$CR = \frac{CI}{RI}$$

λ_{max} 为最大特征值，RI 为随机一致性值。$CR \leq 0.1$，表示权重通过一致性检验。

2. 计算结果

使用层次分析法对一级指标的从属指标进行权重计算，分析得到人才环境、人才数量、人才质量、人才结构、人才效能五个指标的权重值为 9.22%、11.15%、16.87%、12.66%、50.11%，结合特征向量可计算出最大特征根 $\lambda_{max} = 5.042$，并得到 CI 值 0.011。进行一致性检验得到 CR 值为 0.009，通过检验，得出的一级指标下的二级指标权重结果具有一致性（见表1）。同样，对三级指标进行层次分析法计算权重，得出结果（见表2）。

表1 二级指标层次分析结果

二级指标	特征向量	权重值	CI值	RI值	CR值	一致性检验结果
人才环境	0.461	9.22%				
人才数量	0.557	11.15%				
人才质量	0.843	16.87%	0.011	1.120	0.009	通过
人才结构	0.633	12.66%				
人才效能	2.506	50.11%				

表2 三级指标层次分析结果

人才环境

指标	特征向量	权重值	CI值	RI值	CR值	一致性检验结果
教育经费总投入	0.814	13.57%				
每万人卫生技术人员数	0.808	13.47%				
科研机构总数	0.943	15.71%	0.002	1.26	0.001	通过
R&D经费投入强度	1.134	18.90%				
研发经费投入年均增长率	1.013	16.89%				
居民人均可支配收入	1.287	21.45%				

人才数量

指标	特征向量	权重值	CI值	RI值	CR值	一致性检验结果
人力资源率	1.111	37.04%				
R&D人员折合全时当量	0.996	33.20%	0.000	0.520	0.000	通过
两院院士人数	0.893	29.76%				

人才质量

指标	特征向量	权重值	CI值	RI值	CR值	一致性检验结果
平均受教育年限	0.936	31.20%				
科技人才密度	0.832	27.73%	0.000	0.520	0.000	通过
劳动年龄人口受过高等教育的比例	1.232	41.07%				

人才结构

指标	特征向量	权重值	CI值	RI值	CR值	一致性检验结果
专业技术人才高级职称比例	1.155	38.49%				
高技能人才占技能人才比例	1.029	34.32%	0.000	0.520	0.000	通过
第三产业从业人员所占比例	0.816	27.20%				

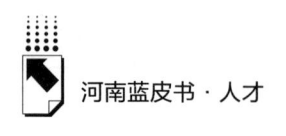

续表

指标	特征向量	权重值	CI值	RI值	CR值	一致性检验结果
人才效能						
人才贡献率	0.924	13.20%				
劳动生产率	0.700	10.00%				
高新技术产业占规模以上工业增加值比重	1.075	15.36%				
市场技术成交额	1.106	15.81%	0.038	1.360	0.028	通过
每万人口高价值发明专利拥有量	1.406	20.09%				
每万人科技论文发表数	0.846	12.08%				
获国家科技奖数	0.944	13.48%				

根据表2可得，每一个二级指标下的CR值均小于0.1，三级指标权重具有一致性，将三级指标权重与对应二级指标权重相乘，可得人才发展水平指标体系最终权重。使用层次分析法进行人才发展指标监测评价体系权重计算，将定性分析和定量分析相结合，模拟人脑决策逻辑，保证了监测评价体系的系统性与一致性。

（二）人才发展水平指标监测与评价指标体系

根据上文计算方法，确定人才发展指标监测与评价体系各指标权重，结果如表3所示。

表3 河南人才发展监测与评价指标体系

一级指标	二级指标	三级指标	单位	权重
人才发展水平	人才环境	教育经费总投入	亿元	1.2512
		每万人卫生技术人员数	人	1.2419
		科研机构总数	家	1.4485
		研究与试验发展（R&D）经费投入强度	%	1.7426
		研发经费投入年均增长率	%	1.5573
		居民人均可支配收入	元	1.9777

续表

一级指标	二级指标	三级指标	单位	权重
人才发展水平	人才数量	人力资源率	%	4.1300
		R&D人员折合全时当量	人年	3.7018
		两院院士人数	人	3.3182
	人才质量	平均受教育年限	年	5.2634
		科技人才密度	人/万人	4.6781
		劳动年龄人口受过高等教育的比例	%	6.9285
	人才结构	专业技术人才高级职称比例	%	4.8690
		高技能人才占技能人才比例	%	4.3415
		第三产业从业人员所占比例	%	3.4408
	人才效能	人才贡献率	%	6.6145
		劳动生产率	元/人	5.0060
		高新技术产业产值占规模以上工业增加值比重	%	7.6969
		技术市场成交额	亿元	7.9224
		每万人口高价值发明专利拥有量	件	10.0671
		每万人科技论文发表数	篇	6.0533
		获国家科技奖数	项	6.7548

根据河南人才发展监测与评价指标体系，五大方面权重从大到小依次是人才效能（50.11）、人才质量（16.87）、人才结构（12.66）、人才数量（11.15）、人才环境（9.22），人才效能是评价人才发展水平的重要指标。三级指标中，排名前5的权重依次为每万人口高价值发明专利拥有量（10.0671）、市场技术成交额（7.9224）、高新技术产业产值占规模以上工业增加值比重（7.6969）、劳动年龄人口受过高等教育的比例（6.9285）和获国家科技奖数（6.7548）。每万人口高价值发明专利拥有量是衡量省份人才发展水平的重要指标，应给予重点关注，人才效能是影响河南人才发展水平的重要一环。

五 推动河南全面实施人才强省战略的建议

省力竞争就是人才竞争，根据河南人才发展监测与评价指标体系，人才环境、人才效能、人才质量、人才结构与人才数量不同程度地影响着河南人才发展水平。据此，对河南全面推进人才强省战略实施，提高人才竞争力水平，提出以下建议。

一是坚持人才体制机制改革。完善人力资源开发的管理体制和创新体制，开发人才资源，建设人才强省，需要建设适应时代发展的人才体制。优化体制机制有助于人才集聚，激发人才活力，促进河南高质量发展。应坚持以人为本为核心，以长远眼光，有意识地发现和培养更多具有战略科学家潜质的高层次复合型人才；给予专业人才更高的技术路线决定、经费支配和资源调度权力；完善人才评价体系，创建多角度、多层次的人才评价体系，让科研人员把精力投入科研之中。

二是坚持提升高端人才吸引力。树立强烈的人才意识，加大人才引进力度，贯彻落实人才引进"八大行动"。给人才创造良好环境，建立人才大数据平台，深度挖掘各领域高端人才，为河南高端人才引进提供数据支持；回流人才，优化豫籍人才与引进人才的同等待遇体制机制，吸引豫籍人才回流河南创业立业；全方位培养人才，实施重大人才项目，加快科技成果转化速度，加强与知名高校、科研机构联系合作，引进顶尖院校，加快科技成果转化为生产力；提升高层次人才待遇，提供住房保障政策、配套生活条件以及人才补贴。

三是营造尊重人才的社会环境。尊重人才才能广聚人才，崇尚人才才会人才辈出。良好的人才环境才能够吸引人才、发展人才、留住人才。事业留人，以公平择优的制度机制为保障，制定激励机制，对取得成果的人才进行奖励；待遇留人，保障人才的物质待遇，确保人才能够在河南安身立业；情感留人，积极宣传典型先进人才，加大表彰力度，在全省推动形成尊重人才的良好风尚。

四是坚持弘扬科学家精神。做好人才工作必须坚持正确的政治方向，鼓励人才主动担负起时代赋予的使命责任。科学家精神是科技工作者经久不衰的宝贵精神财富。高质量的人才发展离不开精神支撑，应坚持弘扬科学家精神，鼓舞广大人才开拓创新，不懈奋进。

五是实现高端平台龙头带动效应。发挥龙头带动作用，加快创新升级，打造人才集聚高地。建设高端平台，重构重塑省实验室体系。优化营商环境，完善扶持政策，强化配套服务，打造人才集聚高地。

把握构建新发展格局战略机遇、新时代推动中部地区高质量发展政策机遇、黄河流域生态保护和高质量发展历史机遇，以推动高质量发展为主题，以改革创新为根本动力，以满足人民日益增长的美好生活需要为根本目的，全方位培养、引进、用好人才，为确保高质量建设现代化河南、确保高水平实现现代化河南提供重要保障。

参考文献

德科集团与欧洲工商管理学院：《全球人才竞争力指数报告》，2022。

董长麒、李燕萍、张天保、王珊：《湖北构建高质量人才服务体系路径研究》，《中国人事科学》2022年第4期。

田军、刘阳、周琨、祝文青、曹怡静、艾艳芳：《陕西省科技人才评价指标体系与评价方法构建》，《科技管理研究》2022年第4期。

李浙芳：《城市青年人才吸引力评价指标体系的构建与测度研究——基于新一线城市的测度》，硕士学位论文，浙江大学，2022。

B.17
弘扬优秀企业家精神 打造企业家队伍研究

河南省社会科学院数字经济与工业经济研究所课题组[*]

摘　要： 企业家在河南经济社会发展中起着重要作用，河南历来重视企业家人才队伍建设，打造了具有鲜明时代特征、中原本土特色、引领区域发展的豫企矩阵，优秀企业家引领发展，新生代企业家蓬勃生长，国有企业家转型重塑，民营企业家群体涌现，带动了产业升级和经济转型。面向未来，河南应围绕营造企业家成长氛围、推进豫商接力创新、更新企业家理念、引导豫商合作发展、打造一流营商环境、弘扬优秀豫商精神，弘扬企业家精神，打造企业家队伍。

关键词： 企业家　企业家精神　营商环境

习近平总书记在党的二十大报告中指出，"弘扬企业家精神，加快建设世界一流企业"。当前，河南开启现代化建设新征程，到了由大到强、实现更大发展的重要关口，到了可以大有作为、为全国大局作出更大贡献的重要时期，迫切需要一大批优秀企业家投身河南、深耕河南、建设河南。面向未来，河南应去除束缚、厚培土壤，壮大企业家群体，弘扬企业家精神，为推进中国式现代化的河南实践提供强劲动力。

---

[*] 课题组成员：赵西三，河南省社会科学院数字经济与工业经济研究所副所长、副研究员；林风霞，河南省社会科学院数字经济与工业经济研究所副研究员；刘晓萍，河南省社会科学院数字经济与工业经济研究所副研究员。

一 河南企业家队伍建设现状

企业家是生产要素的组织者、创新创业的引领者、转型升级的推动者、社会财富的创造者，是推动经济社会发展的重要力量。多年来，河南一直高度重视企业家队伍建设，一大批有胆识、勇创新的企业家茁壮成长，形成了具有鲜明时代特征、中原本土特色、全国一流水准的豫企矩阵，为创造就业岗位、促进经济社会发展、增强河南区域竞争力作出了重要贡献。

（一）优秀企业家引领发展

河南历来有重视企业家的传统，涌现出了一批全国知名的企业家，在中央统战部和全国工商联共同推荐的"改革开放40年百名杰出民营企业家"名单上，双汇集团万隆、郑州三全集团陈泽民等5位河南企业家榜上有名，成为引领河南区域高质量发展的优秀企业家代表。2022年12月20日，全省民营经济高质量发展大会召开，10名企业家被授予"河南省杰出民营企业家"称号，87名企业家被授予"河南省优秀企业家"称号，与2018年表彰的名单相比，时隔5年的变化可以看出河南省产业结构的优化升级，尤其是新材料、新能源、生物医药、电子信息、节能环保等新兴产业领域的企业明显增加，也出现了新经济、新消费领域的代表性企业，如榜单中的致欧家居、卫龙商贸等企业已经入围独角兽企业。在优秀企业家群体带领下，河南省优秀企业群体规模不断壮大。截至目前，河南11家企业入选《2022中国企业500强》，国家级制造业单项冠军示范企业达到16家，国家级专精特新"小巨人"企业达到374家，2家企业入围胡润研究院发布的《2022年中全球独角兽榜》，全省国家级高新技术企业总数达到8387家，培育河南省制造业头雁企业两批共172家。这些优秀企业背后是一批优秀企业家在带领着企业转型创新发展，为区域经济转型、创新突破、产业升级、稳定就业等作出了巨大贡献。2017~2021年河南省高新技术企业数量如图1所示。

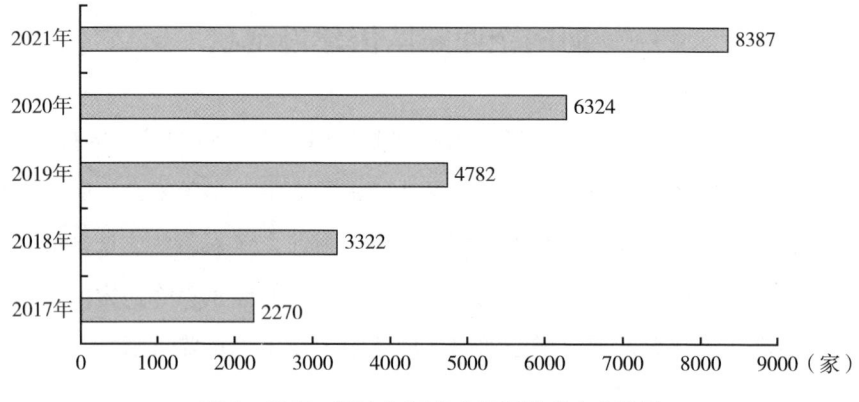

年份	数量
2021年	8387
2020年	6324
2019年	4782
2018年	3322
2017年	2270

图1 2017~2021年河南省高新技术企业数量

资料来源：河南省统计局。

（二）新生代企业家蓬勃生长

新生代企业家因其具备的时代基因，体现出更丰富多元的认知结构、更强烈的个性表达诉求、更强烈的时代危机感，以及对规则意识和社会进步的认同，对生命价值体现的探索和追求。伴随着新技术革命、新经济崛起、新消费升级，一批与互联网同生共长的新生代创客开始进入创业大潮，开创同城即时派送新模式的UU跑腿创始人乔松涛，茶饮界顶流蜜雪冰城的张红超、张红甫兄弟，辣条第一股卫龙辣条的刘卫平，火锅搅局者锅圈食汇的杨明超等一批带有河南基因、具有新业态新模式特征的新生代企业家崭露头角，展示了河南省民营企业家勇于开辟新领域、制胜新赛道的创新活力。同老一代创业家相比，这些新生代企业家，不仅更加专注其所处的细分行业，并且在垂直的领域内不断创新，依托互联网等数字技术支撑，创造了一个个新的经济增长点，成为引领河南传统产业升级和新经济发展的引领者。

（三）国有企业家转型重塑

国有企业大都有几十年的悠久历史，资产规模庞大、人员盘根错节、问题复杂突出，能否推动河南省国有企业改革成功，关键是企业一把手想不想改、敢不敢改、会不会改。2021年以来，河南省把深化国资国企改革作为全面深化改革战略的首项任务，国企改革首次进入全国第一方阵，国资布局首次实现战略性重构，国资监管首次实现集中统一，郑煤机、河南资产管理公司、河南能源集团、河南物产集团等一批企业已经率先作出积极探索，省管企业与2017年相比资产、利润、净利润实现了"三个翻番"。以上成就的取得关键得力于国有企业改革中涌现的企业家精神，正是一大批国企领航人敢于直面矛盾，具有前瞻性的创新判断与风险担当力，始终保持正确的战略方向，推动河南省国资国企转型重塑，筑牢河南经济社会发展的"压舱石"。

（四）民营企业家群体涌现

民营企业是河南省经济发展的核心支撑，据统计，民营企业贡献了河南省近五成的外贸、六成以上的GDP、七成左右的税收、八成以上的就业、九成以上的市场主体，河南要扛稳"经济大省要勇挑大梁"的政治责任，民营企业无疑是关键力量。多年来，河南始终注重民营企业家队伍培育，一批批民营企业家通过商业模式创新、技术进步、产品颠覆，引领企业转型与行业变革。在全国工商联发布的《2022中国民营企业500强》榜单中，栾川钼业、牧原集团、双汇等14家河南民营企业上榜，塑造了中国民企的河南方阵。近年来，河南省民营企业100强入围门槛、企业体量、营业收入、研发投入、盈利水平、税收贡献等持续提升，如入围门槛从2013年的不到10亿元提高到2021年的超过30亿元，展现出民营企业家超强的经营能力和管理水平（见图2）。与此同时，河南省全力支持民营企业家实现新老交接和有序传承，通过集聚全社会要素资源对年轻一代民营企业家进行重点培育，打造优秀企业家后备梯队，2020年工信厅与共青团河南省委联合发布了河南年轻一代民营企业家入围名单，按照选拔标准全省共有91名年轻一代企业家入选。

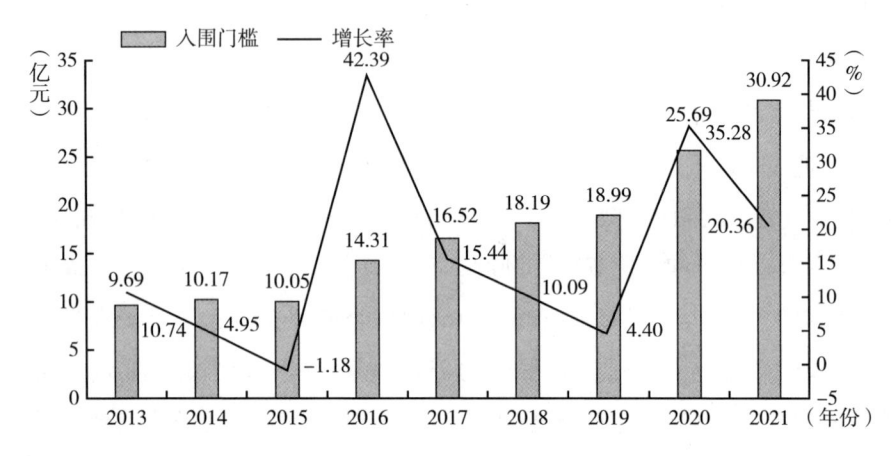

图 2 2013~2021 年河南民营企业 100 强入围门槛及其增速

资料来源：河南省工商联。

二 河南弘扬优秀企业家精神打造企业家队伍的做法与经验

党的十八大以来，河南大力弘扬企业家精神，2018 年 9 月，中共河南省委、河南省人民政府发布《关于营造企业家健康成长环境弘扬企业家精神更好发挥企业家作用的实施意见》，全面加强企业家人才队伍建设，积极实施企业家素质提升工程、企业家队伍壮大工程、服务提升工程等，逐步完善了企业家人才相关政策措施，大力激发和保护优秀企业家精神，树立优秀企业家典型，着力突破企业家培养、选用、激励、评价等难题，相关工作已经取得明显成效，极大地激发和释放了企业家创新创业活力。

（一）强化激励引导，激发企业家创新活力

通过政策激励、政治待遇、舆论引导、社会保障等，提升企业家的获得感，推动全社会形成尊重企业家、支持企业家、关爱企业家、理解企业家的社会氛围，激发企业家创新创业活力。

一是做好企业家人才规划，完善企业家人才政策体系，强化激励措施。以优秀企业家精神作为基本的参评标准，河南每年积极评选"经济年度人物""优秀企业家""卓越贡献企业家""社会责任突出贡献企业家""中原企业家领军人才""优秀民营企业家"等，并对获得各类荣誉称号的优秀企业家进行表彰奖励，以期打造更多具有家国情怀、世界眼光、战略思维、创新精神的高素质企业家队伍。实施年轻一代民营企业家成长计划，打造优秀企业家后备梯队，推动民营企业实现新老交接和有序传承。

二是创新涉企政策制定机制，提升参政议政能力。2020年9月，河南实施《河南省企业家参与涉企政策制定暂行办法》，不仅表明企业家在区域发展、重大战略、重大规划、重大政策等制定中的话语权进一步提高，也让涉企政策更精准地切中企业发展的难点、痛点，确保各项政策直接惠及企业。

三是加强舆论引导，树立良好形象。开展优秀企业家精神进企业、进校园等巡回宣讲活动，树立企业家良好形象。

四是提高社会保障，加强权益保护。例如，郑州市为优秀企业家派送制度保障、待遇提升、权益保护等"大礼包"，每年从优秀企业家领航计划培养名录中，择优安排优秀企业家疗养休养，优秀企业家享受卫健部门提供的健康体检服务、市属医院就医的绿色通道等，子女教育可享受教育优待，在财税扶持、金融服务、产业政策扶持、知识产权保护、项目建设等方面，加大对企业家和企业的扶持力度。

（二）加强教育培训，提升企业家素质能力

河南以弘扬企业家精神为核心，以增强企业家本领为要务，分层分级分类强化企业家培训，着力培育打造高素质的企业家人才队伍，实现政府买单为企业家充电，提升企业家素质能力。积极实施中原民营企业家"百千万"培训计划，坚持高端培训、专题培训、普惠培训相结合，线上线下培训相结合，通过课程定制、网上点单、公益课堂等多种方式，建成了三级贯通的民营企业家培训体系，帮助民营企业家树牢创新发展理念、开阔发展视野、更

新知识储备、提升经营管理能力等，努力实现应训尽训、愿训尽训，助力民营企业走稳走好高质量发展之路。省工业和信息化厅制定了《河南省民营企业家素质提升工程2021年行动计划》，分别联合北京大学、上海交通大学、中山大学、厦门大学等知名高校举办了"专精特新"中小企业高质量发展、中原领军型企业家、民营企业对标提升、中小企业创新发展4个专题培训，累计培训企业家500余人次。省国资委每年选派10名左右省管企业负责人赴国内外知名高校、世界一流企业集中培训或考察调研，每年推荐一批省管企业优秀年轻领导人员赴央企挂职锻炼，择优选派45岁以下优秀中层正职以上经营管理人才参加"省管企业经营管理人员进修班"等各类培训。各地还探索具有地方特色的企业家培训模式，例如，南阳成立了企业家学院，每年组织企业家队伍到发达地区学习观察；许昌积极实施企业家队伍建设工程，筹建了16家民营企业网络学院，举办民营企业家素质提升培训班、新生代企业家人才红色传承培训班等特色培训班，为区域产业高质量发展打造高素质企业家队伍。

（三）搭建交流平台，增强企业家共赢意识

企业家之间的经济交流、思想交流、文化交流对提高企业家经营管理水平发挥着重要作用。目前，河南已经形成了多层级、多模式的企业家合作交流平台。例如，省工商联设立了河南省非公有制青年企业家联合会，漯河、商丘、濮阳等地成立了年轻一代非公经济人士联谊会；巩义市搭建了巩义大讲坛、企业家论坛等平台；南阳市开办了宛商大讲堂，成立了宛商企业家俱乐部等。目前，这些平台已经成为企业家之间交流合作、联心联力、互助互学的重要载体，在推动产业链上下游合作、加强区域内外经济合作交流、促进企业家队伍成长等方面发挥了积极作用。

（四）塑造豫商精神，树立企业家良好形象

近年来，河南积极塑造豫商精神，树立河南企业家的良好形象。2008年河南省豫商联合会成立，突出弘扬豫商精神，提升豫商的社会形象，举办年

度豫商大会，已经连续举办17届，促进豫商之间的交流与合作，弘扬新时代豫商精神，塑造河南企业家坚韧顽强、诚信担当、爱国奉献、勇于创新等良好形象。围绕不同地域的企业家群体，挖掘不同区域企业家精神，如南阳在塑造"宛商"精神时积极传承商圣文化商业基因，巩义积极挖掘、传承具有康家特色的豫商文化。引导民营企业履行社会责任，2022年7月，开展了"2021河南社会责任企业及社会责任突出贡献企业家"推选活动，选出了88家热心公益事业、勇于责任担当的社会责任企业，以及33位坚韧不拔、勇于担当的社会责任突出贡献企业家，向社会展示河南企业家勇担社会责任的精神风貌。2022年12月，河南省工商联公布了2022河南民营企业社会责任100强。

（五）优化营商环境，营造企业家发展生态

企业发展和企业家成长离不开优质的营商环境。近年来，河南切实把持续优化营商环境作为建设现代化河南的基石来抓，2020年11月出台了《河南省优化营商环境条例》，2022年6月印发了《河南省优化营商环境创新示范实施方案》，在深化"放管服效"改革、优化市场环境、营造便捷高效的政务环境、维护平等有序的法治环境、优化宜居宜业环境、构建亲清新型政商关系等方面持续发力，以期打造审批最少、流程最优、体制最顺、机制最活、效率最高、服务最好的"六最"营商环境，更大激发市场活力，营造有利于企业发展和企业家成长的良好生态。截至2022年12月，全省市场主体达1024.5万户，成为继广东、山东、江苏之后第4个市场主体总量突破1000万户的省份，表明随着营商环境的改善，河南对企业的吸引力进一步增强。

三 河南弘扬优秀企业家精神打造企业家队伍的对策建议

企业家是推进经济高质量发展、建设现代化产业体系的核心引擎，区域经济竞争主要依靠企业家创新创业，"乌卡时代"是企业发展的分水岭，一个区域只有不断孕育优秀企业家，才能赢得新一轮发展机遇。

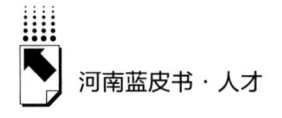

（一）创新企业政策与人才政策，营造企业家成长氛围

加强涉企政策与人才政策创新，营造支持鼓励企业家发展的良好氛围。整合企业支持政策，重点向鼓励创新、创业、专精特新发展倾斜，支持小企业做精做专，畅通涉企政策和信息公开发布渠道，建议搭建"豫i企"平台，加大政府信息数据开放力度，形成线上线下联动，建立涉企政策信息集中公开制度和推送制度，简化政策申请流程，扩大"免申即享"政策范围，实现"政策找人""政策找企业"，提高企业和企业家获得感。定期召开民营企业发展大会和优秀企业家论坛，每年评选一批优秀企业家，形成示范效应，建立本土企业家人才库，利用大数据和信息化平台，分行业、分类别建立河南省企业家人才资源信息库，储备企业家人才，进行动态管理，重点培养，增强企业家的存在感、获得感和归属感。支持各地政策结合实际出台企业家支持政策，培育本地优秀企业家。

（二）开展新生代企业家培育计划，推进豫商接力创新

年轻一代企业家正在快速成长，并且逐渐成为新经济发展、高质量发展的新生力量，也是区域经济竞争的新支撑。河南在新经济、新业态、新模式等方面发展滞后，已经成为经济结构转型升级的关键制约，因此必须加快培育新生代企业家群体。建议制订新生代企业家培育计划，围绕"企二代"和新创业者两大群体，优化发展空间与载体，打造适应新生代企业家的创新创业生态。实施新经济企业家培育计划，聚合"新生代"人才资源，壮大瞪羚、哪吒、专精特新、独角兽等企业家群体。优化"众创空间"，加大政府对创业园、科技园、孵化器的政策支持力度，加大众创空间配套服务设施建设，吸引省外知名双创空间和创投基金在河南设立分支机构，为创新创业型企业家提供成长载体。引导建立孵化器行业协会，协同举办交流、论坛等，搭建新生代企业家合作平台。支持建设青年友好型城市，提升文化、消费、创意等城市品位，吸引更多年轻人在河南创新创业。

（三）实施企业家能力提升工程，更新企业家理念

建议实施企业家能力提升工程，探索设立企业家培养专项资金，深入开展精准化的理论培训、政策培训、科技培训、管理培训、法规培训，全面增强企业家的创新发展、决策管理、资本运作、市场开拓和国际竞争能力。加强对老一代企业家的文化知识和现代管理技能的培训，强化对新生代企业家的理想信念教育和社会主义核心价值观教育。强化企业家培训资源整合，对各级各部门企业家培训资源、资金进行梳理重组，形成省级牵头、部门协同、三级联动的培训体系，提升培训层次。引进清华大学、北京大学及国际知名培训机构，加大对企业家 MBA、EMBA 的培训力度。精心办好"中原企业家大讲堂"，定期邀请知名企业家来豫开办讲座，传授经验，示范引导。依托省内高校筹建河南省高级经理管理学院，力邀湖畔大学、长江商学院来豫开办分院，打造一批企业家专业化培训基地。定期组织企业家到高校学习培训、到知名企业实践锻炼、到国外考察学习。

（四）搭建企业家交流平台，引导豫商合作发展

畅通企业家与政府的沟通渠道，各级党政机关干部要坦荡真诚同企业家交往，树立服务意识，同企业家建立"亲""清"政商关系，建立政府重大经济决策主动向企业家问计求策的渠道，设立企业家决策咨询委员会，政府部门研究制定涉企政策、规划、规章前先听取企业家的意见建议。发挥商会协会学会平台作用，充分发挥工商联、企业家协会、行业协会、商会等作用，建立健全帮扶企业家的工作联动机制，定期组织企业家座谈、走访和沙龙，帮助企业家排忧解难、出谋划策，实现相知相识、联合联手、资源共享。引导搭建企业家合作平台，畅通企业家合作交流渠道，促进上中下游企业之间、研发机构与企业之间等无缝对接，使企业家成为各类创新资源的整合者、创新决策的推动者、成果转化应用的受益者和行业标准的制定者；支持成立"企业家（总裁）俱乐部""高级经理学院"等平台，通过创新合作与产业融合，寻找最适合的合作伙伴，对接最匹配的优质资源，共享最有

效的需求信息；支持企业家积极参加国内外重要的行业博览会、研讨会、技术交流会以及发展论坛等，引导企业家借力借智借势发展。组织企业家群体到沿海地区、"一带一路"沿线国家和地区考察学习，寻求更广阔的合作空间。

（五）优化企业家服务机制，打造一流营商环境

持续开展"万人助万企"活动，支持各地扩大企业首席服务官设立范围和规模，切实为企业和企业家解决实际问题，打造审批最少、流程最优、体制最顺、机制最活、效率最高、服务最好"六最"营商环境。畅通企业家参与涉企政策制订机制，健全各级党政主要领导联系优秀企业家人才常态化机制，定期召开专题座谈会，听取企业家的意见建议。实施豫籍企业家回归工程，充分发挥"豫籍在外企业家人才众多"的优势，打好"亲情牌"，设法"请回来"，把豫籍在外企业家人才的恋乡思乡情结化为回归创业之举，充分利用黄帝故里拜祖大典、豫商大会、姓氏根亲文化节等活动，邀请豫籍在外企业家人才回乡省亲考察、寻根谒祖、创新创业。吸引豫籍在外企业家人才回乡创新创业，到国际知名高校、研究院所、跨国公司，国内环渤海、长三角、珠三角等沿海发达地区，开展产业领军人才、企业家人才"中原行""名校英才入豫"等活动。建设一批海归创业港、回乡创业园，搭建企业家回豫创新创业平台，使家乡情结越系越紧、亲情纽带越系越牢。

（六）深化河南企业家案例研究，弘扬优秀豫商精神

加强企业家精神理论研究和企业家成长规律研究，支持高校和科研院所组建企业家精神研究平台，发布企业和企业家案例研究成果，出版相关著作，举办专题研讨会，弘扬豫商精神。支持优秀企业与国外知名商学院合作开展企业发展案例与模式研究，对被纳入国际商学院、国内知名商学院案例的，给予政策扶持和奖励支持。省社会科学规划、软科学规划课题，增加企业和企业家案例研究课题比重，形成系列研究成果。引导各类企业家组织探索创建新型智库，吸引优秀企业家、专家学者等加入，对细分领域的企业家

开展系列访谈,挖掘案例价值,总结成熟模式与经验,为本地企业转型创新发展提供智力支撑。

参考文献

徐善长:《加快建设世界一流企业》,《学习时报》2022年11月28日。

彭泗清等:《中国企业家成长20年:能力、责任与精神——2013·中国企业家队伍成长20年调查综合报告》,《管理世界》2014年第6期。

姜绍华:《赋能新生代民营企业家健康成长》,《大众日报》2022年9月28日。

文婧:《新生代企业家眼中的可持续家族企业》,《家族企业》2022年第5期。

区域报告

Regional Reports

B.18
郑州市人才发展报告

张侃[*]

摘　要： 人才是一个国家和地区发展最为重要的资源，在科技创新和经济社会高质量发展中起着关键性作用。郑州市历来高度重视人才发展，尤其是近年来，通过全力锚定人才发展目标、走好聚才用才新路径、大力培育青年人才生力军、打造人才创新创业好生态等，全市人才工作发展取得了丰硕成果，人才规模持续壮大，人才质量稳步提升，人才结构不断优化，人才资本投入力度不断加大，人才贡献十分突出。新时代新征程，郑州需要进一步主动作为、优化服务，以更有力举措大力实施郑州人才计划和青年创新创业行动，不断优化人才生态环境，在更深层次、更广领域集聚海内外优秀人才来郑创新创业，为将郑州建设成为国内一流、国际知名的创新高地、先进制造业高地、开放高地、人才高地提供坚强的人才支撑和智力保障。

---

[*] 张侃，河南省社会科学院人口与社会发展研究所副研究员。

关键词： 人才发展　国家人才高地　郑州

人才是推动区域发展、赢得竞争主动的第一资源。近年来，河南省把创新驱动、科教兴省、人才强省战略摆在"十大战略"首位，致力于打造国家创新高地和全国重要人才中心。这是省委立足河南实际、贯彻落实习近平总书记重要讲话精神，加快推动人力资源向人才资源转变的重大战略部署。郑州市深刻理解把握省委这一战略决策，站位全局、勇担使命，把人才引育、科技创新作为国家中心城市建设的战略突破口，坚持"工作有标杆、落实有标准、突破有标志"，着力在国家人才高地建设上跑出"加速度"。

一　郑州人才发展的现状分析

近年来，郑州大力推进建设国家创新高地和重要人才中心，提高人才对经济社会发展的融合度和贡献率，坚持以人才高质量发展推进全省经济社会高质量发展，主要取得以下进展。

（一）人才规模持续壮大

到2020年底，郑州从业人员总量为669.95万人，比上年增加了5.5%，较2012年增加了31.6%。[1] 从2012年到2020年，郑州市从业人员规模呈现持续上升态势（见图1）。据测算，郑州市2018年人才资源总量达到147万人，其中专业技术人才74万余人（具有高级职称的3万余人），技能人才65万余人，经营管理人才3万余人，人才门类较为齐全。[2] 2020年，郑州全市人才总量超过200万人，占全省人才总量的16.7%，占常住人口的

---

[1] 根据历年《河南统计年鉴》数据计算得出。
[2] 米方杰、宋迎迎：《郑州将打造人才梦之队　市长向全球英才发出真挚邀请》，《东方今报》2018年10月29日。

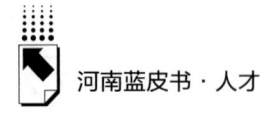

15.8%，其中，高技能人才55万人，先后引进培养科技领军人才566名，支持创新创业团队项目450个，培育首批3万名数字人才。①

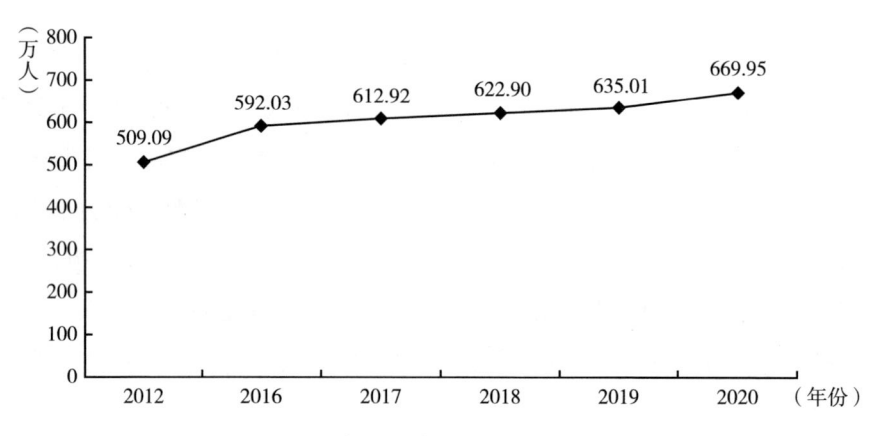

图1　2012~2020年郑州市从业人员规模总量变化趋势

资料来源：根据历年《河南统计年鉴》数据整理。

（二）人才质量稳步提升

近年来，郑州在教育投入和人才引进等方面持续发力，一方面着力于本土化人才的培养，另一方面着力于优秀人才的大力引进，全市人才质量得到了稳步提升。"七普"数据显示，截至2020年，郑州拥有大学文化程度的人口为3653200人，拥有高中（含中专）文化程度的人口为2323072人；全市每10万人中拥有大学（指大专及以上学历）文化程度的为28992人，比2010年增加10047人，10年间增长53.03%。②河南人口的学历结构不断优化，特别是大学学历的人口比例在进入21世纪后开始发力，出现了一个明显的持续提升，也标志着河南人力资源整体素质的不断提高（见图2）。2021

---

① 温金海、陈晓伟、韩婕：《人才撑起中部制造业崛起的脊梁——"制造强国的人才动力"调研分析之一》，《中国人才》2022年第8期。
② 郑州市统计局、郑州市第七次全国人口普查领导小组办公室：《郑州市第七次全国人口普查公报（第四号）——全市常住人口受教育情况》，郑州市统计局官网，https://tjj.zhengzhou.gov.cn/tjgb/5012723.jhtml。

年，全市15岁及以上常住人口的人均受教育年限达到11.83年，比2020年第七次全国人口普查和2010年第六次全国人口普查时分别提高0.07年、0.96年。[1] 2021年，郑州全市高等院校的普通本（专）科生、中等职业技术学校学生、研究生毕业生人数约为44.07万人，这些毕业生是补充郑州人才资源的主要来源。其中，研究生占2.9%，普通高校本（专）科生占73.3%，中等职业技术教育学生占23.8%。[2] 与2020年相比，毕业生总数上升了9.9%，其中，研究生毕业人数增加了46.1%。高层次人才方面，郑州的高层次人才队伍不断壮大，目前全职在郑两院院士29人，国家重点人才计划人选135人。[3]

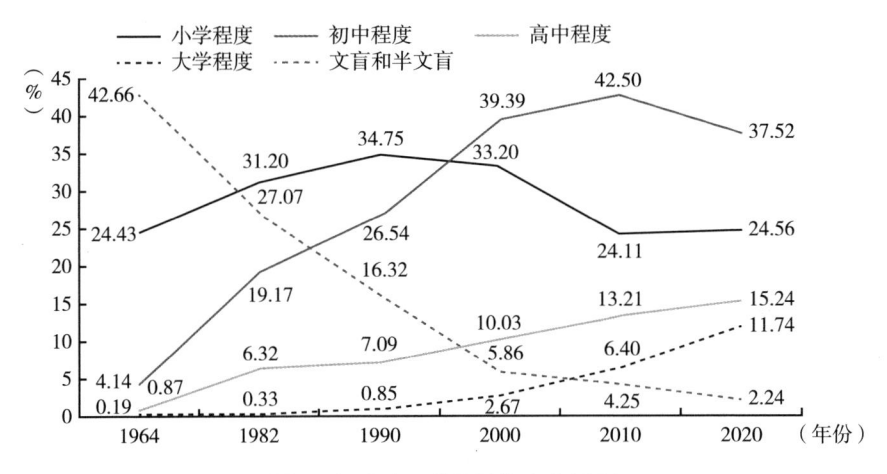

图2 河南人口学历结构变化示意

资料来源：根据历次全国人口普查资料和历年《河南统计年鉴》数据整理。

（三）人才结构不断优化

从业人员三次产业分布结构更趋合理。2021年，郑州市地区生产总值

---

[1] 《2021年郑州市人口发展报告》，郑州市统计局官网，https://tjj.zhengzhou.gov.cn/tjgb/6490689.jhtml。

[2] 郑州市统计局、国家统计局郑州调查队：《2021年郑州市国民经济和社会发展统计公报》，郑州市统计局官网，https://tjj.zhengzhou.gov.cn/tjgb/6317136.jhtml。

[3] 郑州市委人才办：《打造国家人才高地 集聚创新澎湃力量》（内部资料），2022。

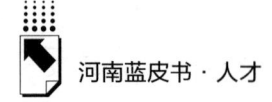

达到12691亿元，按不变价格计算，比上年增长4.7%。其中，第一产业增加值181.7亿元，增长2.5%；第二产业增加值5039.3亿元，增长3.4%；第三产业增加值7470亿元，增长5.6%；三次产业结构比为1.4∶39.7∶58.9。[①] 2012年，郑州市三大产业从业人员规模为215.55万人，三大产业从业人员结构比为19.6∶38.1∶42.3；2020年，郑州市第三产业从业人员规模为413.93万人，三大产业从业人员结构比为14.3∶27.0∶58.6（见图3）。可见当前郑州市大部分人才资源集聚在第三产业，人才结构与产业结构匹配度较高，且集聚效应较为明显，特别是第三产业人才集聚能力得到持续提升。

（四）人才资本投入力度不断加大

教育投入力度不断加大。"十三五"期间，郑州市教育经费总投入为1415.14亿元；2020年全市教育经费总投入达到344.16亿元，较2016年增加151.08亿元，增幅78.24%，以政府投入为主的多元化教育经费筹集制度得到进一步健全，教育投入总量大幅提升；各学段生均经费不断提高，各级政府投入责任得到有效落实，实现了两个"只增不减"。[②]

科技经费投入连攀新高。"十三五"期间，郑州市的研发投入强度与全国差距持续缩小。"十三五"期间，郑州市研发经费支出保持快速增长，2020年达到276.7亿元，是2015年的2.4倍，年均增长18.8%，超过同期GDP年均增速；2020年全国研发经费支出2.44万亿元，研发投入强度为2.40%。[③] 郑州市的研发投入强度低于全国0.09个百分点，差距较2015年缩小0.38个百分点。随着郑州创新驱动发展战略的深入实施，2021年郑州研发投入再创新高，全市共投入研究与试验发展（R&D）经费310.44亿

[①] 郑州市统计局、国家统计局郑州调查队：《2021年郑州市国民经济和社会发展统计公报》，郑州市统计局官网，https://tjj.zhengzhou.gov.cn/tjgb/6317136.jhtml。

[②] 《郑州市教育局　郑州市发展和改革委员会关于印发郑州市教育事业发展"十四五"规划的通知》，郑州市教育局网站，https://zzjy.zhengzhou.gov.cn/wjtz/6312880.jhtml。

[③] 《郑州市研发投入再创新高　年均增长18.8%》，河南省人民政府网，https://www.henan.gov.cn/2021/09-24/2318511.html。

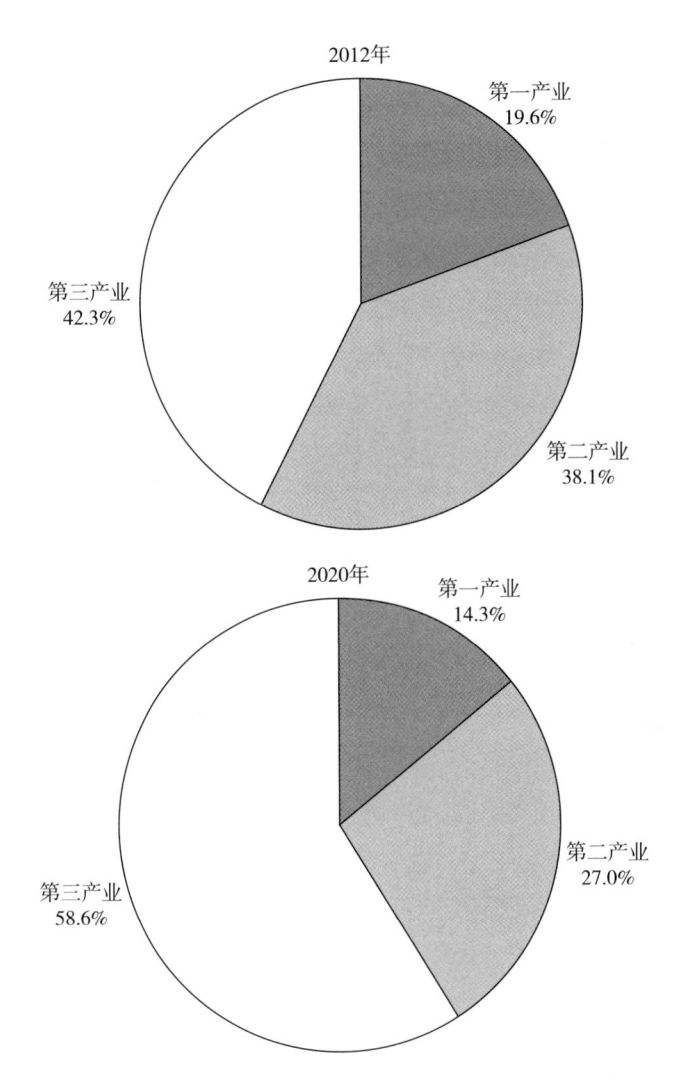

图 3　2012 年与 2020 年郑州市三次产业人员分布对比情况

资料来源：2013 年和 2021 年《河南统计年鉴》。

元，同比增长 12.19%，研发经费投入强度达 2.45%，较上年提高 0.14 个百分点，遥遥领先于全省平均水平，是排名第 2 的洛阳 R&D 经费的 2 倍（见表 1）。

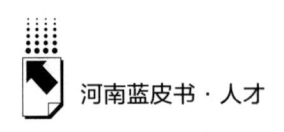

表1　2021年河南各地研究与试验发展（R&D）经费情况

单位：亿元，%

地　区	R&D经费	R&D经费投入强度
全　省	1018.84	1.73
郑州市	310.44	2.45
开封市	26.10	1.02
洛阳市	153.91	2.83
平顶山市	48.37	1.80
安阳市	36.93	1.52
鹤壁市	11.68	1.10
新乡市	79.17	2.45
焦作市	34.01	1.59
濮阳市	19.57	1.10
许昌市	59.80	1.64
漯河市	22.21	1.29
三门峡市	31.36	1.98
南阳市	67.83	1.56
商丘市	31.59	1.02
信阳市	23.47	0.77
周口市	14.85	0.42
驻马店市	32.09	1.04
济源示范区	15.47	2.03

资料来源：《2021年河南省研究与试验发展（R&D）经费投入统计公报》。

（五）人才贡献十分突出

郑州人才工作成效显著，推进科技创新成果丰硕，为河南的经济社会高质量发展、产业优化转型升级提供了强大的支撑，奠定了坚实的物质基础。近年来，引育各类高层次人才1802名，汇聚两院院士、长江学者等顶尖人才103名，建立院士工作站113家；研发人员数量实现倍增，2021年拥有各类科研人员10.9万人，是2012年的2.3倍。科技创新能力持续增强，信息安全、智能传感器、超硬材料等领域关键核心技术不断突破，2021年专利授权量6.3万件,是2012年的6.9倍,技术合同成交额306.5亿元,是2012年的15.6倍。信息工程大学邬江兴院士主持攻关网络空间内生安全拟态防御颠覆式技术创新,达到国际领先水平;中科院过程所郑州分所自主研制的"张力环航天燃料"和联合研发的绿色高能张力环燃料,推动我国新一代火箭运载能力大幅提升。[1]

二 郑州推进人才发展的主要举措

近年来,郑州市大力贯彻落实中央和省委关于深化人才发展体制机制改革要求,坚持把人才作为战略性工程来抓,持续实施重大人才工程,厚植人才竞争政策优势,为城市创新发展不断注入新活力。2015年,为积极响应国家创新驱动发展战略,加快结构调整、动能转换、产业升级,更好引领"新常态"发展,推出"智汇郑州·1125聚才计划"。2017年,在推进人才发展体制机制改革的大背景下,为适应国家中心城市建设战略需求和重点产业发展需要,推出"智汇郑州"人才工程,初步形成具有全国竞争力的人才制度优势。2020年,为抢抓中部地区崛起、黄河流域生态保护和高质量发展等重大战略机遇,推出"郑州人才计划",设立河南省(中原科技城)人才创新创业试验区,提出一系列具有突破性、开创性的举措。2022年,着眼激发城市活力,塑造"活力郑州、青春郑州"城市形象,锚定"5年新吸引100万青年人才"目标,启动实施青年创新创业行动,推出10条青年人才新政。郑州具体推进人才发展的举措如下。

(一)高点谋划,高位推动,全力锚定人才发展目标

郑州坚持将人才高地建设作为"一把手"工程,市委书记担任组长,市长担任常务副组长,组织部部长担任副组长兼办公室主任,完善"一把

---

[1]《"河南这十年"主题系列第二十一场新闻发布会(郑州专场)》,河南省人民政府网, https://www.henan.gov.cn/2022/10-10/2619583.html。

手"抓"第一资源"领导推进机制。建立每季度例会制度，研究人才工作，统筹各方资源，形成推动合力。用好绩效考核指挥棒，将人才工作纳入全市综合考评体系，让区县（市）和成员单位由"配角"变"主角"，构建"市县联动、条块结合"的人才工作格局。成立高层次规划团队，对标国内外先进城市，按照前瞻30年、立足近5年，制定人才中长期发展规划和五年行动计划，锚定"实现人才总量翻一番、高新技术企业突破1万家，科技创新能力在国家中心城市中提质进位"的五年发展目标，从功能布局、平台打造、人才成长、体制创新、要素保障等全方位布局、系统化推进，高标准推进人才高地建设。

（二）创新思路，创新载体，走好聚才用才新路径

郑州大力转变"就人才抓人才"的传统观念，开拓出"以平台、机构、产业集聚人才，以事业成就人才、留住人才"的新路子。坚持远近结合，用好现有创新资源，大力推动中电科27所等在郑科研院所拓展研发项目、郑州大学等在郑高校"双一流"建设、规上企业研发活动全覆盖，建成新型研发机构50家，培育高新技术企业4289家、独角兽企业2家，2021年以来，已引进各类人才39986人落地郑州。坚持大小平台结合，一手抓中原科技城规划建设、功能提升，设立河南省（中原科技城）人才创新创业试验区，抢抓省科学院重建重振机遇，实施以收入为参照的人才激励政策，集聚高端人才、优质项目，成功吸引华为、海康威视等234个重大项目入驻，落地高层次人才2100余名；一手抓200个小微产业园建设，提升完善智慧岛2.0"双创"模式并在全市复制推广，打造人才密集型中小企业承接平台、成长"苗圃"。坚持引育结合，结合"人人持证、技能河南"建设，规划建设职教园区，创新校企合作、产教融合新模式，每年培养技能人才40万人左右。深入实施数字人才培养计划，培养储备应用型大数据人才3.2万人，坚持政府主导与市场化推动相结合，以创新价值、能力、贡献为导向，推进人才评价机制、选聘制度、薪酬制度改革，让人才的价值充分体现。

（三）聚焦青年，定向发力，大力培育青年人才生力军

郑州以更多信任、更广空间、更大支持，为青年人才在国家中心城市现代化建设中挑大梁、当主角提供成长舞台。郑州围绕建设全国青年发展型试点城市，健全完善人才引育、投入、流动、激励、评价机制，吸引100多万青年人才来郑创新创业；将政策重心向青年人才倾斜，全面实施青年创新创业行动，推出10项硬核举措，厚植人才竞争政策优势。构建以创新能力、贡献为导向的人才评价机制，实行人才举荐制度，让更多千里马脱颖而出，近年来，一大批青年人才活跃在全市科技创新的主战场，高层次人才占比接近30%，重点产业骨干人才占比超96%，担纲领衔的创新创业团队项目450个，青年人才创新创造活力充分激发。[1] 全面实施青年创新创业行动，设立100亿元青年创新创业基金，高标准规划建设2个10平方公里青年创业园区，大力推进人才安居工程，盘活存量房源用于人才公寓14.98万套（间），筹建青年人才驿站45个，高品质建设青年友好社区，营造适应青年人才生活居住、互动交流、创新创业的良好场景，着力塑造和展示"活力郑州、青春郑州"的形象，不断提高大学生的留郑率、回郑率。[2]

（四）优化政策，做优服务，打造人才创新创业好生态

郑州坚持以人才需求为导向、以人才满意为标准，持续推动人才政策迭代升级，制定推出在国内城市中具有竞争力的"郑州人才政策3.0版"，为人才提供全方位、全链条、全周期服务；创新科技型研发机构、人才团队服务保障机制，探索形成重资产入驻"签约即拿地、拿地即开工"、轻资产入驻"拎包入住、拎包办公"的服务模式，完善"科创基金+创投风投+科技金融"的金融服务体系；建立人才服务线上平台，实现30个人才事项"不见面、网上办"，打通人才服务"最后一公里"，切实解决好人才创新创业、

---

[1] 《"河南这十年"主题系列第二十一场新闻发布会（郑州专场）》，河南省人民政府网，https://www.henan.gov.cn/2022/10-10/2619583.html。
[2] 侯爱敏、曹婷：《郑州这十年 拼搏求索见彩虹》，《郑州日报》2022年10月11日。

教育医疗、车驾管等关键需求，上线郑州人才数字化服务管理平台，开办"郑州人才工作"微信公众号，优化"96567"人才热线功能，不断提高人才服务保障水平。加强对人才的团结引领服务，把加强人才政治引领吸纳作为党管人才的重要举措，统筹抓好增"人数"与得"人心"，举办高层次人才创新能力提升培训班，强化党史国情教育，激励人才创新创造。用好办好全国"双创"周、河南招才引智创新发展大会、"郑创汇"国际"双创"大赛、清华校友"三创"大赛等重大活动，积极营造尊重人才、支持人才的浓厚氛围，大力弘扬"包容、多元、融通、开放"的创新创业文化，不断增强人才在郑州的获得感、成就感、幸福感。

三　郑州大力推进国家人才高地建设的突破方向与优化路径

在综合分析全市人才发展形势的基础之上，郑州需要进一步主动作为、拉高标杆，搭建平台、优化服务，以更大力度、更有力举措推动人才工作再上新台阶，深入推进创新驱动、科教兴省、人才强省战略行动，大力实施郑州人才计划和青年创新创业行动，不断优化人才生态环境，在更深层次、更广领域集聚海内外优秀人才来郑创新创业，为将郑州建设成为国内一流、国际知名的创新高地、先进制造业高地、开放高地、人才高地提供坚强的人才支撑和智力保障。

（一）做好顶层设计，全方位吸引、培养优秀人才

一是要全面加强人才工作调查研究。立足郑州人才发展实际，主动学习国内先进城市经验做法，通过扎实的调查研究，明确"建设国家人才高地"的总体目标、具体指标和实施路径，提出科学、有效的建议和对策，为"建设国家人才高地"提供有价值的决策参考。

二是要持续办好招才引智活动。以集聚一流科技创新人才和青年人才为主线，以引平台、引高校、引科研机构为主攻方向，以"人才+资本+场景"

为主要模式,持续开展包括郑州专场、论坛峰会、人才招聘、对接洽谈等在内的招才引智系列活动,建立完善郑州招才引智网络平台,着力引进高科技头部企业、省内外科技型企业研发机构、大院名所和高校科研机构、人才团队项目,带动集聚一批高层次领军人才、急需紧缺人才和高技能人才。

三是要深入实施郑州人才计划。首先,要做好高层次人才分类认定、奖励、评估和服务保障工作。研究修订《郑州市高层次人才分类认定实施细则》,优化改进高层次人才认定办法,探索人才认定举荐制,健全以创新价值、能力、贡献为导向的人才评价体系。其次,要支持企业引进重点产业骨干人才。围绕产业链、供应链、创新链、要素链、制度链"五链耦合"的要求,编制急需紧缺人才需求指导目录,依据能力素质、紧缺指数、薪酬水平等指标以积分评价方式择优认定,给予一定的薪酬补贴,每年新认定支持急需紧缺人才700名以上。最后,要实施好名师名医名家支持专项。建立名师名医名家梯级培养体系,3年遴选100名具有较强成长潜力、引领专业学科发展的中青年专业技术人才进行个性化培养,依托100个培育项目培育2000名业务骨干人才。

四是要扎实推进青年创新创业行动。把吸引留住青年人才作为工作重点,实行更加积极的就业创业政策,打造青年创新创业全周期服务链。采取机关事业单位招考(聘)、国有企业聘用、服务基层项目就业、中小微企业吸纳、灵活就业、见习留用等形式,为青年人才提供更多更好的机会。扩大在郑大学生见习规模,抓好校园招聘工作,策划开展青年专题活动,依托组织人事部门、人力资源服务机构、千名领航计划企业家等,在春秋两季集中到重点高校开展政策宣讲、招聘等活动,打造"活力郑州、青春郑州"的良好形象,持续提升青年大学生留郑率、回郑率。

(二)完善制度,夯实各领域人才队伍建设

一是要做好专业技术人才管理工作。推进职称分类评价改革,淡化唯论文、唯学历、唯奖项、唯成果倾向,"突出实践"和"重业绩、重能力"的职称评价导向;继续开展享受政府特殊津贴、中原基础领军人才遴选等高层

次专业技术人才选拔推荐工作；实施好专业技术人才知识更新工程，组织实施高级研修项目；发挥博士后制度在培养高层次创新型人才工作中的重要作用，审核发放博士后在站生活补贴和安家补贴，组织申报博士后科研工作站和创新实践基地；完善留学回国人员相关支持政策，开展留学人才服务基层专项活动。

二是要做好技能人才培养工作。高质量推动"人人持证、技能河南"建设，大力发展职业教育，支持龙头企业建立实训实践基地，加快培养更多高素质技术技能人才，年新增技能人才40万人左右。深入实施数字人才培养计划，深化产教融合，促进校企合作，年新培养不少于3万名青年数字人才。

三是要统筹做好事业单位人才人事管理工作。深化事业单位人事制度改革，畅通人才人事管理渠道；规范全市事业单位公开招聘，完善岗位、职称、工资福利、考核奖励管理模式。

四是要扎实推进"郑州招才引智·市场化引才"行动。加大国内外优秀猎头公司引进力度，鼓励引导郑州市各有关猎头公司等人力资源服务机构开展市场化引才，对其市场化引才情况实施综合评定和奖励补贴。

（三）转变职能，大力提升人才服务保障水平

一是要深化人才工作"一件事"改革，围绕人才关注的"高频"事项，推动郑好办App、政务服务网、自助服务机、政务服务大厅"四端协同"，打造集人才政策、业务办理、服务事项于一体的线上线下人才服务平台。

二是要完善人才专窗、绿色通道、服务专员制度，提升"96567"人才热线服务功能，落实高层次人才配偶就业、职称评聘、事业单位引进绿色通道等政策，提高人才服务质效。

三是要完善部门间人才服务协同机制。发挥政府人才工作综合部门作用，加强与公安、房管、教育、卫生等人才工作部门的沟通协调，完善人才住房、子女入学、医疗保障等配套服务保障，鼓励各区县（市）实施"一地一策"的差别化政策措施，形成上下联动、梯次递进的人才服务体系。

加强与市委组织部（市人才办）的沟通对接，齐心协力抓好工作落地落实。

四是要加大人才工作宣传力度。利用微博、微信、客户端等新媒体和广播、电视、报纸杂志等传统媒体，开展多场次多角度持续性精准宣传，推介人才政策、讲好人才故事，扩大政策知晓率和覆盖面，在国内国外、省内省外树立郑州市重抓重推招才引智和爱才重才敬才的良好形象。

B.19
洛阳市人才发展报告

潘艳艳*

摘　要： 近年来，洛阳市在推进人才发展方面采取了一系列重要举措，着力打造全链条全周期人才政策体系，完善科学高效的人才体制机制，聚力建设青年友好城市，构建近悦远来的人才发展环境。经过努力，洛阳市的人才工作取得了显著成效，人才队伍规模持续扩大，人才质量快速提升，人才载体平台不断完善，人才效能作用日益凸显。当前，洛阳市须进一步强化做好新时代人才工作的思想认识，筑牢人才对现代化洛阳建设的长板支撑，加快构建形成区域人才新高地。

关键词： 人才政策　人才队伍建设　人才发展环境　洛阳

洛阳市是河南省第二大城市，也是中原城市群副中心城市，在河南省经济大盘中占据着举足轻重的位置。人才作为第一资源，做好人才工作关系着洛阳市现代化建设全局，也关系着河南全省人才的高质量发展。近年来，洛阳市委市政府高度重视人才工作，深入贯彻落实习近平总书记关于新时代人才工作新理念新战略新举措，按照河南省委创新驱动、科教兴省、人才强省战略，以及洛阳市委关于创新引领、人才强市的工作部署，以人才引领创新、以创新引领发展，在完善人才政策体系、扩展人才引育渠道、优化提升人才服务方面持续发力、见行见效，为洛阳市加快建强副中心、形成新的增长极提供强有力的人才支撑。

---

* 潘艳艳，河南省社会科学院人口与社会发展研究所助理研究员。

一 洛阳市开展人才工作的主要举措

近年来,洛阳市深入实施"人才强市"战略,持续深化人才发展体制机制创新改革,在聚人才、引人才、育人才、留人才方面采取了强有力的举措,以人才的高质量发展助推社会经济的高质量发展。

(一)围绕发展所需,打造全链条全周期人才政策体系

2022年以来,洛阳市围绕平台型创新城市、青年友好型城市、"风口"产业发展等人才需求,出台《汇聚创新人才集聚青年人才加快建设人才强市若干举措》,全力打造了以《关于加快建设区域重要人才中心的实施方案》为引领的"1+22"人才政策体系,覆盖人才引育激励、创新创业扶持、公共服务等多方面,形成了全方位引才、多维度育才、宽领域用才的人才工作新局面。

一是引才方面。坚持以产育才、以才促产,出台《产业发展与创新人才奖实施办法》《重点企业引进人才工作细则》《重点创新平台引进人才计划实施办法》等,为重点产业集群发展人才需求提供政策支撑。出台《洛阳市柔性引才实施办法》,突破人才地域、户籍等限制,柔性引进各类高层次人才,视业绩贡献享受相应政策待遇。

二是育才方面。对接"中原英才计划(育才系列)",对"河洛英才计划"人才项目进行重塑重造,出台《河洛领军人才、青年拔尖人才培育实施方案》,每年在科技、教育、卫生、宣传文化等多个领域遴选一定数量的"河洛领军人才""青年拔尖人才",形成上下衔接的人才开发体系。聚焦高层次人才及青年人才引进,出台《河洛高层次创新创业人才(团队)引育计划实施办法》《河洛青年创新创业人才(团队)引育计划实施办法》《河洛青年人才托举工程管理办法》等,2022年评选首届"河洛青年创新创业人才"支持对象50名,评选河洛青年人才托举工程项目20个。

三是用才方面。出台《洛阳市市直事业单位引进高层次人才和急需短

缺人才"绿色通道"操作办法》，下放用人自主权，设立高层次人才周转编制专用库。出台《"百名科技人才入企计划"实施办法》，鼓励和支持企业采取项目合作、技术入股、智力服务等方式引导各领域人才向重点产业集聚。

四是留才方面。出台《"一站式"人才服务体系建设实施方案》《"河洛英才卡"管理暂行办法》《高层次人才子女入学服务实施办法》《高层次人才医疗保健实施细则》等人才服务政策，形成全过程、专业化、多层次的人才服务政策体系，为人才提供住房、医疗、子女教育等政策优惠，为人才解决后顾之忧。

（二）突出关键环节，完善科学高效的人才体制机制

一是完善协同运行工作机制。洛阳市按照河南省委统一要求，及时调整市委人才工作领导小组成员及成员单位，修订《中共洛阳市委人才工作领导小组工作规则》《中共洛阳市委人才工作领导小组办公室工作细则》，制订《洛阳市人才工作目标责任制考核办法》，积极发挥组织部门牵头抓总作用，充分调动成员单位完善人才政策、营造一流人才生态的工作积极性，压实党管人才政治责任，推动形成齐抓共管、协调联动的人才工作局面。

二是优化人才评价体系。为了加强人才工作中"唯帽子"问题治理，洛阳市积极开展人才项目评选排查和整治。修改《洛阳市高层次人才认定和支持办法》，引入"专家举荐""企业自评"等人才评价方式，突出业绩、贡献、目标和市场导向，积极推进高校、科研院所等单位开展职称自主评审，推行"直通车"制度，不唯学历、不唯职称、不唯资历、不唯身份，加快建立以创新价值、能力、贡献为导向的人才评价体系。

三是探索人才服务的市场化路径。出台《洛阳市促进人力资源服务业高质量发展意见》，加快形成人才自主择业、单位自主用人、中介提供服务的人才资源配置模式。探索市场化人才引进机制，协调市国资委、市国宏集团整合资源筹建洛阳人才集团，重点开展人才引进培育、人才创新创业、人才综合服务等业务。

四是健全资金多元化投入机制。突出金融赋能，设立制造业高质量发展基金等7支创投基金，总规模500多亿元，设立全省政府投资规模最大的人才项目基金——"河洛英才创新创业投资基金"，总规模5亿元，重点对符合洛阳市产业发展方向的创新创业人才（团队）项目进行扶持，为人才创新创业赋能添力。

五是改革科研成果转化机制。实施"企业出题、政府立题、院校解题、市场验题"协同攻关，支持驻洛高校院所开展职务科技成果权属改革，赋予科研人员不低于80%的科技成果所有权和成果转化收益权，给予科技成果优先本地转化最高奖励100万元。

（三）注重氛围营造，聚力建设青年友好城市

2021年，洛阳市委提出建设青年友好型城市，出台《洛阳市建设青年友好型城市行动方案》《洛阳市支持青年人才就业创业若干举措》，实施产业平台聚才、青年就业创业、青年安居保障、社交消费赋能、城市活力提升五大工程，不断提升城市对青年的承载力、亲和力、感召力。

一是推动产业平台汇聚青年人才。聚焦重点产业集群和公共服务领域，开展多层次人才招引，建立"青年人才储备池"，每年为青年人才稳定提供岗位3万个左右，各级机关事业单位、国有企业、基层服务项目、就业见习岗位等招聘1万人以上。

二是加强青年就业创业的政策支持。打造各类孵化场所120个，提供最高3年租金减免，为青年人才提供低成本、高聚合、强黏性的创新创业空间。洛阳在全省率先推广"科技贷""成长贷""知识产权质押贷"，在洛创业青年可享受100万元到300万元不等的创业担保贷款。来洛青年人才首次创办小微企业，最高可获15万元资金扶持。

三是为青年人才提供公共服务保障。对青年人才生活补贴、住房补贴政策扩面提标，将相应的专业技术和技能人才纳入政策保障范围，为在洛就业创业青年人才提供最高7.2万元的生活补贴和最高10万元的购房补贴；完善公共医疗服务体系，统筹优化教育高质量发展，满足外地来洛就业创业青

年及随迁子女的医疗、教育等服务需求。

四是优化提升城市品质和生活环境。深化文旅融合，精心打造集休闲娱乐购物、非遗老字号餐饮、沉浸式演艺、酷炫灯光秀、青年文创等于一体的国潮商业步行街、青年友好街区，形成青年集聚新地标；促进青年互动交流，大力加强"青年之家"建设，2022年全市各级"青年之家"开展活动1498场次，组织青年参与3.8万人次。在互联网新媒体平台、市青年驿站、隋唐大运河文化博物馆、洛阳广播电视台青年会客厅成功举办4期青年论坛；提升城市品质，全市建成投用161个社区体育公园（健身中心）、200余座城市书房、300余处城市游园、1000公里健康步道，为青年人才提供优美宜居的舒适环境。

（四）着眼拴心留人，构建"近悦远来"的人才发展环境

一是强化政治引领。洛阳市持续开展"弘扬爱国奋斗精神、建功立业新时代"活动，加强对人才工作的政治引领和政治吸纳，做到政治上充分信任、思想上主动引导、工作上创造条件、生活上关心照顾。扎实做好领导干部主动联系专家人才工作，建立联系专家名单和信息库，常态化结对联系，加强感情沟通。

二是实施安居工程。围绕青年人才所需所盼，洛阳市建成青年驿站21处，设置床位数量1500余张，为来洛回洛青年人才提供免费住宿、就业指导等服务。多渠道开展保障性租赁住房筹建工作，目前已通过市级认定23个保障性租赁住房项目，"十四五"期间计划筹建人才公寓10万套，建立全链条人才住房保障机制，解决人才后顾之忧。

三是优化服务保障。积极整合人才服务资源，在市民之家开通运行人才综合服务窗口，推进人才服务"一站式"办理。落实高层次人才配偶就业、子女入学、医疗保障等政策，市卫健委、市教育局分别为高层次人才发放"医疗保健证"和"子女教育服务证"。2022年共协调高层次人才子女入学事宜10余人次，提供医疗保障绿色通道80余次，高层次人才荣誉感和获得感显著增强。

二 洛阳市人才工作的主要成效

几年来，通过高位谋划、重点布局、强力推进，洛阳市人才工作取得了突出成效，人才总量稳步增长，人才质量快速提升，人才创新活力迸发，人才发展环境不断优化，洛阳市对人才的吸引力、向心力显著增强。

（一）人才队伍规模持续扩大

近年来，洛阳市人才总量呈现逐年递增的态势，2012年，洛阳市人才总量仅为53万人，占全市常住人口总数的7.9%。到2021年底，洛阳市人才总量增长到109万人，占全市常住人口总数的比例达到15.4%。十年之间，洛阳市人才总量的年均增长率约为6.7%，目前已经初步建成了一支数量庞大、结构合理、素质优良的人才队伍，为洛阳市社会经济的可持续发展提供了重要的基础支撑。

（二）人才质量快速提升

洛阳市坚持引育并重，通过引进省内外高层次人才、培育本土优秀人才等举措来提高人才队伍整体质量。一方面，通过飞地引才、平台引才、项目引才等方式，不断加大高层次人才引进力度，2022年全市引育高端人才186人，其中国家级领军人才23人，引育人数位居全省前列。通过"河洛英才计划"培育科技人才团队，用项目引才、以才引才的方式，累计引育创新创业人才（团队）35个，引进各类人才984人。另一方面，深化"技能洛阳"提升行动，推进产教融合、校企合作，构建企业、院校、社会"三位一体"培训教育体系，2022年完成职业技能培训34.1万人次，新增技能人才25.6万人，均超额完成省定目标。

（三）人才载体平台建设不断完善

洛阳市聚焦十大重点产业发展，全力打造全要素、多层次的创新创业平台，促进各类载体平台建优建强，为人才集聚、人才培养、人才成长提供了广阔的空间。依托一拖股份、中钢洛耐、普莱柯、洛阳LYC轴承等行业龙头企业，在农机装备、耐火材料、动物疫苗、轴承等领域已获批组建4家省级产业研究院，首批10家市级产业研究院已挂牌建设，发布首批科研项目70余个。伊滨科技城、洛阳高新区"两大基地"重点推进，智慧岛、龙门实验室等创新平台加快建设，截至2022年，全市高新技术企业数量达903家，创新平台总数达2696个，位居全省前列。建成国家级创业孵化示范基地3家、省级10家、市级15家，新增认定企业技术中心78个（其中，国家级1个、省级24个）。

（四）人才作用效能日益凸显

近年来，洛阳市依托各类科技成果应用推广平台，加快推进科技成果推广与转化，洛阳市人才引领高质量发展作用加速显现，人才对经济社会发展的贡献度全面提升，人才创新内生动力显著增强。通过引进各类人才，洛阳市人才企业募集社会资本7.53亿元，实现产值近40亿元，多家人才企业在技术上实现创新突破，实现了人才集聚、科技创新与产业发展的"同频共振"。从实现原地差速转向技术在国产农机领域首例应用，推动国产农机正式迈入"转弯零半径"时代，到为"神箭神舟"组合配套专用轴承产品，为我国"筑梦天宫"奠定坚实基础等，①洛阳市在新材料、航空航天、电子信息等高科技领域已经处于全国领先水平。截至2021年底，洛阳市有效发明专利拥有量10919件，平均每亿元研发经费产生境内发明专利申请20.5件，专利产出效益得到明显提高。技术合同成交额大幅增长，2021年共签订技术合同1559项，技术合同成交金额84.5亿元。②

---

① 《洛阳：激活高质量发展新动能》，《经济日报》2021年10月30日。
② 《创新驱动成效显著 科技发展加力提速——党的十八大以来洛阳科技发展成就》，洛阳市统计局官网，http：//lytjj.ly.gov.cn/sitesources/lystjj/page_pc/tjsj/zxfb/articlece2be03f108f45b196795a5d0bf96d85.html。

三 加强洛阳市人才队伍建设的思路建议

习近平总书记在党的二十大报告中明确指出,"教育、科技、人才是全面建设社会主义现代化国家的基础性、战略性支撑"[①]。当前,洛阳市的人才工作正处于战略叠加的机遇期、提质增效的攻坚期、风险挑战的凸显期,必须进一步强化做好新时代人才工作的思想认识,以更积极的作为、更有力的举措,不断筑牢人才对现代化洛阳建设的长板支撑,加快构建形成区域人才新高地。

(一)进一步完善人才工作的顶层设计

近年来,随着全面深化改革的深入推进,经济发展从高速增长向高质量增长转变,城市发展从追求规模速度向品质功能双提升转变,产业发展从模式创新向技术创新转变,人才发展面临的外部环境发生了巨大变化。洛阳市人才工作应主动适应新发展形势,深入贯彻落实习近平新时代人才新理念新战略新举措,以全方位引进人才、高标准培养人才、人尽其能用好人才为主线,驱动形成高质量发展新格局。

一是突出人才工作的政治引领。坚持党对人才工作的全面领导,充分发挥组织部门牵头抓总、统筹协调作用;督促教育、科技、工信、人社、金融、外事等责任单位增强抓好人才工作、落实人才政策、提供人才保障的主动性;广泛调动各方社会力量共同参与,在联系人才、集聚人才方面发挥纽带作用,凝聚形成人才工作的最大合力。

二是强化人才工作的科学谋划。在人才工作中牢固树立"全局观""大人才观",聚焦洛阳市国家自主创新示范区和青年友好型城市建设,锚定社会经济发展和产业发展需求,制定完善人才发展、人力资源开发、就业促进

[①] 习近平:《高举中国特色社会主义伟大旗帜 为全面建设社会主义现代化国家而团结奋斗——在中国共产党第二十次全国代表大会上的报告》,中国政府网,http://www.gov.cn/xinwen/2022-10/25/content_ 5721685.htm。

的中长期规划,将人才工作重心从重视"人才规模"向重视"人才结构"和"人才质量"转变,全力构建助力洛阳长期、可持续发展的人力资源体系。

三是推动人才政策落地见效。坚持以改革促转型、以开放促发展,以关键领域重大改革为突破口,构建形成更加积极开放、科学务实、系统全面、操作性强的人才政策,在政策设计中强调前瞻性、持续性、精准性,并全力促进人才政策落地落实,不断增强洛阳市人才竞争比较优势。

(二)深化人才工作体制机制创新改革

习近平总书记指出,"要积极为人才松绑,完善人才管理制度,做到人才为本、信任人才、尊重人才、善待人才、包容人才"[1],为新时期人才工作明确了要求、指明了方向。洛阳市要实现"聚天下英才为己所用",务必要突破人才发展成长面临的体制机制障碍,积极构建科学规范、开放包容、运行高效的人才资源管理体系,促进人才链与产业链、创新链深度融合,打造具有洛阳特色的人才"雁阵"。

一是构建更具吸引力的人才集聚机制。以洛阳市重点产业、重大科研项目、关键行业发展为导向,持续更新发布洛阳市紧缺人才需求目录,在省内外有计划地引进急需紧缺的高端创新人才及团队,加大政策惠及和服务保障。持续实施"河洛英才"计划、产业平台聚人才工程、重点行业招聘系列活动等,加大对产业人才、技术技能人才、青年人才、乡村振兴人才等领域人才的引才力度,以更积极开放的姿态招贤纳才。

二是创新人才培养机制。支持在洛高等院校如河南科技大学、洛阳理工学院与重点企业、科研机构合作成立产业研究院、技术研发中心、交叉学科实验室等,建立特色完善的培养标准和课程体系,加强高级管理人才、科技研发人才的培养。深入推进"人人持证,技能洛阳"建设,做好企业技能培训的咨询、服务工作,引导更多群众通过培训持证实现技能成才和技能

---

[1] 《深化制度改革开创党的人才工作新局面》,《光明日报》2021年10月21日。

增收。

三是完善人尽其才的用才机制。坚持以创新价值、能力、贡献为人才评价的根本标准，根据不同行业、不同类型人才特点建立分类人才评价制度，在应用型研究人才、技术研发人才评价方面更突出多主体协同评议和市场导向。健全"以人为本"的人才激励机制，对人才充分信任、充分放权、严管厚爱，坚持"是不是人才，企业说了算"的理念，探索更加自主、灵活的人才考核评价机制，注重经济激励、社会荣誉激励的双重作用，营造有利于激发科技人才创新的生态环境。

（三）提升人才工作市场化水平

推进人才工作市场化国际化，是聚天下英才而用之的时代要求，也是深化人才发展体制机制改革的重要方向，更是各地实施人才强省、强市、强县战略，推动经济社会发展的迫切需要。[1] 当前，洛阳市人力资源市场化配置乏力，人才流动还处于一种"无序"状态，要推进人才工作市场化，就要突破长期以来形成的人才工作的体制化樊篱，充分发挥市场在人才资源配置中的决定作用，用市场的标准来对接人才、引进人才、评价人才，以此来提高人才与用人需求的适配度。建议洛阳市积极借鉴省内外其他先进地区人才集团建设经验，加快促成洛阳人才集团正式成立，围绕洛阳市产业发展、城市提质、乡村振兴等全局性重点工作，为广大用人主体提供人才引进、人才测评、人才培训等市场化、专业化、全链条的人才服务。要加快推进洛阳人力资源服务产业园先行区（核心园）建设，积极引育高端人力资源服务机构，支持各类人力资源服务机构通过合作、合资等方式扩大规模、完善功能、提高影响力，鼓励用人企业通过人力资源服务机构或高端猎头公司挖掘引进优质人才，实现人才的合理化流动和人力资源的优化配置。

（四）持续优化人才发展环境

如今是知识经济时代，城市与城市之间综合实力的竞争关键在于人才的

---

[1] 李向光：《探索人才服务的市场化路径》，《中国人才》2021年第3期。

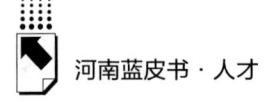

竞争，而人才的竞争归根结底在于对人才成长发展环境的考量。建立一个重视人才、鼓励创新、公平宽容的发展环境才是能够引聚人才、留住人才的长久之计。建议洛阳市要立足城市发展实际以及用人需求特点，持续改善人才发展的制度环境、工作环境、社会环境，不断增强城市对人才的长久吸引力。

一是优化创新创业环境。加大对创新创业人才的扶持力度，对于在重点行业、新兴行业或关键领域创新创业的人才给予政策、资金、资源支持，尤其要更加重视对青年创新性人才的扶持，充分激发青年人才干事创业的积极性、主动性。探索建立容错纠错机制，对敢于创新的人才给予合理范围内的试错机会，营造宽容失误的环境，让人才创新创业更有勇气和底气。

二是完善人才服务体系。建立和完善专家人才智库，建立专家人才联系服务制度，积极搭建"智库+"交流合作平台，组织专家人才围绕洛阳市社会经济发展重点、难点问题建言献策，充分发挥智库专家的"智囊团"作用。推进人力资源服务信息化建设，统筹整合税务、人社、教育、卫生、工信、科技、户籍等职能部门的人才服务资源，打造"一站式"、线上线下融合的人才综合服务平台，为人才提供便捷、高效、规范化的人力资源服务。发放"河洛英才卡"，在现有旅游年票、城市通勤、医疗保健等功能基础上，促进"一卡通"功能拓展升级，满足人才娱乐、消费、交通、医疗等多样化生活需求。

三是加强人才工作的舆论宣传。采用传统媒体和新媒体相结合的方式，大力宣传"1+22"一揽子人才引育政策，积极宣传人才工作的新举措新成效，深入挖掘、广泛表彰各行各业优秀人才典型案例，倡树尊重知识、尊重人才、尊重创造的良好风尚，营造识才爱才敬才用才的社会氛围。

B.20 南阳市人才发展报告

李钰靖*

摘　要： 本报告介绍了南阳市人才工作的显著成效，总结了南阳在人才汇聚、工作布局、平台建设、政策迭代、生态优化等方面积累的丰富经验。通过深入分析新时代南阳人才工作的现实基础，对未来发展趋势进行展望，即发展理念聚焦高质量和全生命周期，战略设计突出"三位一体"，体制机制改革聚焦"开放性"和"统合性"，政策创新强调"连续性""前瞻性""集约性"，以期为推动新时代南阳人才工作高质量发展提供有意义的借鉴。

关键词： 人才工作　人才政策　人才生态　南阳市

人才工作是一个发展的概念，一个城市因发展阶段不同、发展重点不同，对人才工作的内涵和目标任务也有不同诠释。南阳是全省人口大市、经济大市、教育大市。截至2021年底，全市常住人口接近1000万人，仅次于省会城市郑州，稳居全省第2位；全市GDP总量突破4000亿元，稳居全省第3位；全市教育人口283万人，约占全市人口的1/4，占全省教育人口的近1/10。如此庞大的城市规模和经济体量，需要强大的教育、科技和人才支撑。"十四五"时期，全市人才工作将围绕打造区域人才中心和创新高地、建设新兴区域经济中心以及河南省副中心城市全面展开。深入分析南阳

---

* 李钰靖，河南省社会科学院人口与社会发展研究所七级职员，主要研究方向为教育社会学。

人才工作的做法经验和现实基础，展望未来发展趋势，对推动新时代南阳人才工作高质量发展具有重要的理论价值和现实意义。

一 南阳人才工作取得显著成就

"十三五"时期是南阳经济社会各领域迈入高质量发展的五年，也是人才工作稳中求进、改革创新、攻坚克难的五年。围绕国家关于全方位培养、引进、用好、服务人才的重大部署，全市积极实施创新驱动、科教兴宛、人才强市战略，不断推动人才工作取得显著成就，发生重大变革。

一是人才总量持续增长。截至2021年底，全市人才资源总量[①]119.7万人，比上年增加5.1万人，同比增长4.45%，较2017年增加17.8万人，年均增长率为4.11%，初步建成规模宏大、结构合理、素质优良的人才队伍。其中，企业经营管理人才22.23万人、专业技术人才31.59万人、高技能人才23.98万人、农村实用人才28.19万人、社会工作人才4.1万人，各类人才在全市人才资源总量中的占比分别为18.57%、26.39%、20.04%、23.55%和3.43%。社会工作人才增速最快，同比增长7.89%，较2017年增加0.9万人，年均增长率为6.39%；企业经营管理人才、专业技术人才、高技能人才和农村实用人才较2017年分别增加3.23万人、4.59万人、3.48万人和4.09万人，年均增长率均保持在4%左右。

二是高层次人才创新发展。积极对接国内外高层次人才智力引进项目，创新举办招才引智活动，大力推动职称制度改革和科学化分类评审，为海内外高层次人才畅通职称评聘绿色通道。目前，全市博士、副高级职称及以上各类人才总量为3.16万人。其中，享受国务院政府特殊津贴专家53人、国家有突出贡献中青年专家4人、省"中原英才计划"专家22人、省优秀专家36人、享受河南省政府特殊津贴专家33人、省学术技术带头人81人、

---

① 按照南阳市人才工作统计口径，人才资源总量包括党政人才、企业经营管理人才、专业技术人才、高技能人才、农村实用人才、社会工作人才和宣传思想文化人才等七类人才数量。

省职教专家26人。

三是人才载体建优提升。持续实施创新平台建优提升工程，以"补短板、建优势、强能力"为重点，通过创新政策引导、科技项目支持、科研条件建设等措施，加快推进重点实验室、技术创新中心、新型研发机构等高能级创新平台建设。目前，全市共有省级工程技术研究中心151个，省级重点实验室6个；国家级企业技术中心10个，省级企业技术中心63个。[1] 全市拥有国家级创新创业平台34个，省级创新创业平台356个；高新技术企业达到353家，高新技术产业增加值占规模以上工业增加值的比重为52%。[2]

四是人才效能作用凸显。截至2021年底，电子信息、装备制造、汽车及零部件、食品、现代家居、服装服饰等高成长性制造业增加值同比增长15.5%，占全市规模以上工业增加值的41.8%；战略新兴产业增加值增长15.3%；高新技术产业增加值增长9.6%，占规模以上工业增加值的比重为50.1%。[3] 全市启动实施16项重大科技专项；全年获得省级科技进步奖13项；专利申请11010件，授权专利7497件；签订技术合同537份，技术合同成交金额13.05亿元。[4]

二 南阳人才工作的主要做法与经验

近年来，南阳将人才工作纳入人力资源和社会保障事业进行统筹规划，持续加大推进力度，多措并举推动人才工作高质量发展，在人才汇聚、工作布局、平台建设、政策迭代、生态优化等方面积累了丰富的实践经验。

---

[1] 《南阳统计年鉴2021》，http://tj.nanyang.gov.cn/wcm.files/upload/CMSabc/202201/202201100953047.pdf。
[2] 南阳市委组织部：《海纳百川 让人才与城市双向奔赴——南阳市人才工作高质量发展纪实》。
[3] 《2021年南阳市国民经济和社会发展统计公报》，南阳统计信息网，http://tj.nanyang.gov.cn/tjbw/tjgb/498579.htm。
[4] 《南阳统计年鉴2021》，http://tj.nanyang.gov.cn/wcm.files/upload/CMSabc/202201/202201100953047.pdf。

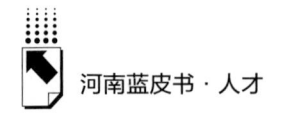

（一）依托重点产业吸引汇聚人才

一是突出靶向引才。围绕"5+N"重点产业集群需要，南阳全方位开展人才需求调查和信息采集工作，编制急需紧缺人才需求目录，对用人单位的人才（项目）岗位需求信息定期更新、动态调整，借助云直播等平台精准组织线上招聘活动。

二是坚持柔性汇才。创新举办"南阳市建设省域副中心城市院士专家恳谈会""南阳籍院士专家故乡行""京宛对口协作北京院士专家南阳行""南阳人才发展论坛"等引才活动，组织高层次专家与企事业单位开展项目论证、技术攻关、成果转化等合作，与院士（团队）签订合作项目、共建工作站，不断深化柔性合作方式。

三是深化乡情聚才。在全市范围内开展南阳籍在外高层次人才信息统计工作，更新完善在外人才信息库，为盘活用好人才资源夯实基础；在全国重点区域布局建设市县两级人才工作站，选聘南阳籍知名专家担任招才引智大使，开展数百场"迎老乡、回故乡、建家乡"乡情联谊活动，扩大乡情引才磁吸半径。

（二）"六位一体"构建人才工作新格局

成立全省首家人才发展集团，成立人才发展促进会，形成由南阳市委人才工作领导小组及其办公室、市人才服务中心、驻外人才机构、人才发展集团、人才发展促进会、人力资源服务产业园共同构建的"六位一体"人才工作新格局。

一方面，始终坚持党管人才，恰当借用党委、政府这双"有形的手"，更好发挥宏观管理、公共服务、监督保障等职能作用。南阳市委人才工作领导小组及办公室肩负"指挥部"职责，由市委市政府主要领导担任组长和副组长，强化统筹协调、抓好第一资源；市人才服务中心承担"政治部"职责，着重做好政治引领、政治吸纳，代表市委直接联系和服务一批优秀专家；作为"联络部"，驻外务工创业招商引智服务联络组和人才工作站负与在外人才、高校、科研院所对接联络，收集"高精尖"人才信息，跟踪优质项目。

另一方面，重点突出市场导向，围绕企业发展、产业升级等关键环节，强化人才供需双侧支撑。作为实现市场化人才资源配置的国有抓手，人才发展集团从供给端着手创建"一站式"服务平台，集信息发布、项目申报、创业孵化、政策兑现等功能于一体；人才发展促进会从需求端着手，为学校、企业、人力资源服务机构等主体搭建信息桥梁，疏通信息赌点、打破信息壁垒；人力资源服务产业园以科技成果转化、创新项目落地、创业企业孵化为重点，积极探索产学研结合新模式，为供需双方提供高效便捷的市场化服务。

（三）创新谋划人才载体平台建设

一是着力提升"大院大所"数量。推动张仲景国医大学复建和中国中医科学院南阳分院建设，筹备建设张衡实验室、张仲景实验室。投资建设南阳院士小镇，成立南阳东方光微研究院，依托院士及院士团队，打造国家绿色双碳光电产业创新基地，形成集学术交流、科技研发、加工量产于一体的高层次人才创新创业综合体。

二是向外延展创新空间。在创新创业要素集聚的地区部署建设"人才飞地"，打破引才空间限制，推动中光学集团与上海交大、霖鼎光学合作建立微纳光学研发中心，推动淅减公司与清华大学合作建立车辆悬架技术创新中心，引进意大利菲亚特汽车研发中心底盘技术研究团队。

三是深化校企交流合作。在南阳理工学院挂牌成立南阳企业家学院，重点开展"宛商大讲堂""产业链沙龙""宛商考察团"等活动，为企业家提供优质的培训交流平台；深化校地校企合作，引导市内高校围绕产业、企业需求办学，促进供需两端无缝对接，举办"冠名班""定向班"，为企业定向输送人才。

四是强化人才市场化支持。成立全省第一家人才发展集团，与比亚迪、博瑞智等知名企业达成业务合作，着力打造人才市场化供给"总服务商"；

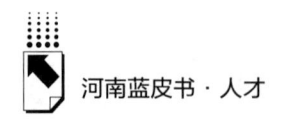

成立人才发展促进会，建立"主新特"产业等7个行业分会，吸纳主导产业龙头企业和创新型企业、南阳市域内高等院校、科研院所、特色培训机构作为会员单位，形成集汇聚、服务、团结人才于一体的有效载体。

（四）高位推动"人才政策"迭代升级

坚持"育才措施得力、用才大有作为、选才后继有人、引才渠道通畅"的基本原则，高位推动人才政策制定和迭代升级。2015年出台的"南阳人才新政40条"首次建立"5+1"人才分类机制，确立了刚性和柔性两种引进方式，优惠待遇涵盖创新创业支持、工作生活待遇、人才激励培养、服务保障四个方面。2018年出台的"诸葛英才计划"，提出实施产业领军人才支持、科技创新人才倍增、现代金融人才集聚、优秀青年人才储备、在外人才回归、柔性引进人才汇智等更具区域竞争力的人才引进行动，以及高端人才支撑、"宛商"素质提升、"南阳工匠"培育、社会事业人才荟萃等更具针对性的人才培育工程。2021年以来，研究制定了以《关于深入实施新时代人才强市战略助力河南省副中心城市建设的意见》《关于深入实施"诸葛英才计划"加快新时代人才强市建设的若干措施》等为核心的"1+1+N"人才政策新体系。新体系既强调从战略层面谋篇布局、系统部署，明确未来五年人才工作的重点任务，又从战术层面突出重点，加强对重点人才队伍和重点人才工作的政策支撑，实现了体制机制改革、平台载体建设、引才聚才工程、优化服务保障等全方位的政策支持。

（五）坚持以用户思维优化人才生态

坚持以用户思维优化服务、化解难题，同步推进软环境和硬环境改造升级，持续营造近悦远来人才生态。

一是开展多元化人才金融服务。设立南阳市科技创新发展基金和南阳市人才发展基金，通过政府引导、社会募集、市场化运作、专业化管理等方式，对关键核心技术研发、科技型中小微企业、人才创新创业等项目给予重点支持，并给予人才担保贷款和贴息；积极开展"人才贷""人才险"等人才技术支持型贷款和保险类业务，设立人才增信风险补偿资金池，通过银行放大贷款规模，为人才企业提供纯信用贷款，对人才企业购买的"人才险"给予补贴。

二是建立线上线下一站式服务平台。系统梳理人才政策、人才服务"两个清单"，优化服务流程，建立市、县两级人才服务中心；建成"诸葛英才线上智慧服务平台"，开展"人才政策网上看、人才事项网上办、人才项目网上找"的智能化服务；依托市人才服务中心建设线下一站式服务平台，推行"诸葛小管家"人才专员服务，确保人才服务事项"最多跑一次"。

三是完善人才综合服务。开展高层次人才分类认定，分类享受户籍、教育、旅游、出行等优惠政策；加大人才公寓供给力度，筹划建设专家公寓和青年人才公寓，配建学校、医院、"诸葛书屋"等，打造一批"人才社区"；部署建设"青年人才驿站"，为青年人才来宛就业创业提供免费周转住宿。

三 新时代南阳人才工作的现实基础

当前，南阳在国家和全省发展大局中的战略地位愈发凸显，经济社会发展实力显著增强，人才工作迈向高质量发展新阶段，社会重点领域改革不断深化，为南阳未来持续吸引人才、集聚人才、留住人才提供了全面支撑，为新时代南阳人才工作发展奠定了坚实基础。

（一）在发展大局中的战略地位更加突出

南阳在国家和全省大局中的战略地位愈发凸显，发展空间和发展势能大幅提升。南阳深度融入中部地区高质量发展、汉江生态经济带、淮河生态经济带、大别山革命老区振兴发展等国家战略。多重国家战略交汇于南阳，形成叠加效应和聚合效应，吸引政策、资金、要素、人才等资源加速集聚南阳，形成前所未有的利好空间和发展势能，营造了优渥的政策支持机遇、改革创新机遇和项目带动机遇。

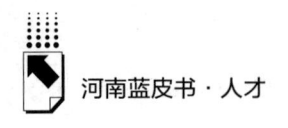

（二）经济社会发展综合实力显著增强

南阳经济社会发展综合实力显著增强，为人才工作奠定了坚实的经济基础、产业基础、环境基础和开放基础。

一是经济总量持续攀升。全市生产总值从2012年的2233亿元，连续跨过3000亿元、4000亿元两个台阶，到2021年达4342亿元，翻了近一番，总量稳居全省第3位，排在全国城市第61位。① 居民人均可支配收入从2017年的1.91万元增长到2021年的2.55万元，年均增长率为7.49%。②

二是产业布局逐步完善。南阳坚持"产业立市、兴工强市"，强力实施"5+N"重点产业集群培育计划，坚持围绕产业链布局创新链，正加快推动传统产业迭代升级、新兴产业抢滩占先、未来产业破冰布局。

三是城区环境进一步优化。加速建设新城区、更新老城区，中心城区建成区面积160平方公里、人口160万，全市常住人口城镇化率达51.61%。③

四是对外开放进一步扩大。郑万高铁开通、唐白河复航、方红（洛阳）国际陆港开行、卧龙综合保税区设立，让南阳由内陆城市转变为全国综合性交通枢纽城市，极大拓宽了南阳对外开放的通道。

（三）人才工作迈向高质量发展新阶段

南阳将实施创新驱动、科教兴宛、人才强市战略作为主要战略指引，重点突出人才工作在现代化建设全局中的基础地位，以及在构建新兴区域经济中心、建设河南省副中心城市中的支撑作用，全市人才工作迈向增规模、优品质、求效益的高质量发展新阶段。围绕各类人才队伍建设的现实需要，持续优化人才培育、储备、引进、使用等政策设计，整体朝着科学

---

① 《南阳这十年》，百度网，https：//baijiahao.baidu.com/s？id=1744745991440843125&wfr=spider&for=pc。
② 2017年、2021年《南阳市国民经济和社会发展统计公报》，南阳统计信息网，http：//tj.nanyang.gov.cn/info/iList.jsp？cat_id=49200。
③ 《南阳这十年》，百度网，https：//baijiahao.baidu.com/s？id=1744745991440843125&wfr=spider&for=pc。

化、制度化和规范化的路径发展。积极融入经济社会发展的全过程和全领域，前瞻社会职业发展方向、行业产业用人趋势以及科技发展前沿，对标国际一流、全国一流科技水平和行业标准。大力实施科技创新人才"领航"行动、企业经营管理人才"攀峰"行动、青年大学生"躬耕"行动、技能人才"强基"行动、农村实用人才"雨露"行动、社会事业人才"荟萃"行动和党政人才"锻造"行动，积极推进人才资源配置市场化改革、人才发展体制机制结构化改革、人才平台载体效能化改革和人才治理方式系统化改革。

（四）社会重点领域改革持续深化

南阳持续深化社会重点领域改革，为人才工作释放蓬勃活力、实现高质量发展提供了坚实的配套保障。

一是稳定就业与扩大就业保持齐头并进。实施就业优先战略，统筹推进农民工、高校毕业生、就业困难人员等重点群体就业，就业规模持续扩大，就业结构更加合理，就业局势保持稳定；积极推进创业服务体系建设，创业带动就业倍增效应更加明显；持续优化公共就业服务，健全城乡一体的人力资源公共服务体系，人力资源服务标准化、信息化、精细化水平全面提升。

二是基本建成覆盖城乡居民的社会保障体系。机关事业单位养老保险与企业职工养老保险制度实现并轨，城乡居民基本养老保险制度合并实施，社会保险覆盖面持续扩大，基本实现法定人群全覆盖。

三是科学高效的人事管理制度更加健全。事业单位全面推行公开招聘制度，下放事业单位高层次及紧缺人才招聘权；完善岗位管理、竞聘上岗制度体系，健全事业单位岗位动态调控机制；改进人才流动服务机制，人才流动更加顺畅。

四是劳动关系保持和谐稳定。进一步完善劳动关系三方机制，全面实施劳动合同和集体合同制度；不断健全企业工资决定和正常调整机制，有序推进国有企业负责人薪酬制度改革，促进劳动者收入与地区生产总值同步增长。

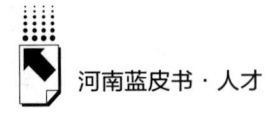

五是基本公共服务效能和均等化水平明显提升。持续深化基层基础管理"放管服"改革，基本建成覆盖市、县（市、区）、乡镇（街道）、行政村（社区）的人力资源和社会保障公共服务体系，全省统一的"互联网+就业创业"信息系统、社会保障信息系统全面上线运行，系统公共服务规范化、标准化、信息化程度不断提高。

四 新时代南阳人才工作的发展趋势与展望

党的二十大以来，站在全面建设社会主义现代化国家、向第二个百年奋斗目标进军的新征程上，南阳人才工作也随之进入全面攻坚克难、破冰破局的关键时期。这既是南阳全力打造区域人才中心和创新高地的内在要求，也是建设新兴区域经济中心和河南省副中心城市的重要支撑。立足新阶段新征程，南阳人才工作将会呈现新的发展特点和趋势。

（一）发展理念聚焦高质量和全生命周期

高质量发展是中国式现代化的本质要求，当前经济发展和产业转型中所面临的"卡脖子"问题本质上还是人才问题。围绕产业链进行"补链""强链"，最根本的支撑点是人才工作高质量和全生命周期发展。高质量发展意味着突破传统粗放型的发展模式，专注于精准施策和深耕细作。各类人才队伍建设要精准对接市场需求，聚焦全面提高人才的知识水平、技能水平、适应能力、竞争能力；人才结构优化要收紧低端、扩大中端，加快由"金字塔形"结构向"橄榄形"结构转变；人才效能提升要准确识别人才潜能，力争做到低投入、低风险、高适配、高效能。全生命周期发展意味着人才培养不再局限于某个年龄阶段或某种教育类型。要正确树立"大人才观"理念，把人才培养贯穿教育、生活、工作、学习等全生命过程；推动普通教育、职业教育、继续教育等不同教育类型通力合作，相互衔接，补足短板。这对于稳就业、稳发展、稳教育具有非常深远的意义，对于缓解老龄化、人口红利消失等问题也具有十分重要的价值。

（二）战略设计突出"三位一体"

党的二十大报告提出，"教育、科技、人才是全面建设社会主义现代化国家的基础性、战略性支撑"，既揭示了教育培养人才、人才驱动科技、科技反哺教育和人才的内在联系，也蕴含着"以用为本"的深刻思想。以此为逻辑起点，人才工作的战略设计要充分考虑三者的结合统一。各级各类教育要落实好立德树人的根本任务，尤其是普通高等教育和职业教育肩负着为党育才、为国育才的重要使命，在学科设置、教学内容、产教结合、社会实践等方面的设计，要充分考虑经济发展、产业转型的现实需求，充分权衡社会职业发展趋势和方向，充分前瞻个体全生命周期生活、工作、学习的内在需要。各类人才队伍建设要以人才发展体制机制改革为主线，以带动产业转型、企业发展、科技创新为目标，着重考虑学校供给与市场需求之间的适配问题，着重考量各类人才在培养、使用、评价、激励等方面存在的差异性和特殊性，着重考察人才的全面性、专业性以及发展潜能。科技创新、科研成果要在资源、模式、路径、方法等方面对教育工作和人才工作给予全面支撑，促进教育和人才站位更高、效能更强。

（三）体制机制改革聚焦"开放性"和"统合性"

人才发展体制机制不是一个封闭的、独立的系统，它既包括人才的培养引进、评价使用、激励保障等内部机制，也与劳动就业、社会保障、薪酬待遇、职称制度、劳资关系、公共服务等外部机制发生密切联系。从内部结构来看，人才体制机制改革逐渐呈现"开放性"特征。作为高质量发展的一项重要内容，人才高质量发展势必融入国内大循环、国内国际双循环的新发展格局之中。这种发展态势对区域人才体制机制改革提出更高要求，即人才管理、人才评价、人才流动、人才激励等重要领域和关键环节要体现出更高程度的"开放性"，在政策规划、方案设计、标准设置等方面要有国际视野，加快与国家标准乃至世界标准互联互通、有效对接。从外部结构来看，与人才工作相关领域的体制机制改革日益呈现"统合性"特征。人才是经

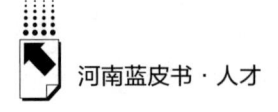

济社会发展的第一动力，是社会各项事业发展的基础支撑。这种基础性作用决定了人才工作要与经济、政治、文化、社会和生态文明等各领域发展深度融合、同频共振。其中，体制机制的"统合性"是推动融合共振的重要支点。要统合聚焦中部地区高质量发展、汉江生态经济带等多重国家战略，统合支撑新兴区域经济中心和河南省副中心城市建设，统合化解南阳经济社会发展中所面临的人才结构性矛盾。

（四）政策创新强调"连续性""前瞻性""集约性"

政策创新是人才工作改革的主要内容，也是突出党委领导、政府主导、政策支持作用的重要途径。人才政策创新发展主要呈现出以下趋势。

一是强化连续性。随着市场和人才供需关系的变化，人才政策也要变化，但保民生、保就业、保市场主体这条基本主线不能动摇。政策调整要合理适度，避免预支未来；政策迭代升级要循序渐进，实现效益累加；政策加持要突出重点，把肥施在根上。

二是突出前瞻性。人才政策要兼顾中长期和短近期两个维度，抓好储备性人才和适用性人才的开发培养；要统筹全面发展与重点培养的关系，抓好人才队伍统筹建设与重点领域、关键行业紧缺人才队伍建设；要协调好低中高端人才建设，重点扶持扩大中端人才、缩小低端人才规模，有选择性、有针对性、高标准地圈存高端人才。

三是强调集约性。政策制定要从重复叠加向集约化、定制化转变，有效培育企业和社会力量的核心驱动力。在确保人才规模、结构和质量规范发展的基础上，坚持抓大放小、精准施策，充分发挥企业和市场在引育、使用、管理等方面的主体作用，充分调动社会力量广泛参与人才开发与培养。

B.21 郑州都市圈人才协同发展研究

王建国 赵执*

摘　要： 人才协同发展是促进城市人才优势互补和抱团发展，打造区域人才发展共同体，提升区域人才竞争优势的重要抓手。现阶段，郑州都市圈在优化城市人才政策体系、促进优质高等教育等资源共建共享、推动公共服务一体化发展等方面取得了积极进展，还需从加强顶层设计、促进政策互融、强化机制创新、优化平台建设、营造良好生态等方面着手，加快人才协同发展进程。

关键词： 人才　协同发展　郑州都市圈

党的二十大报告强调，要"加快建设世界重要人才中心和创新高地，促进人才区域合理布局和协调发展"。河南省委十一届四次全会提出，要"坚持教育优先发展、科技自立自强、人才引领驱动，加快建设国家创新高地、全国重要人才中心"。人才协同发展是促进人才资源畅通有序流动和智力共享，打造区域人才发展共同体，提升区域人才竞争力的重要途径。推动郑州都市圈人才协同发展，是增强都市圈人才竞争优势，引领国家创新高地和全国重要人才中心建设的内在要求。当前，郑州都市圈在优化城市人才政策体系、促进优质高等教育等资源共建共享、推动公共服务一体化发展等方面取得了积极进展，还需从加强顶层设计、促进政策互融、强化机制创新、优化平台建设、营造良好生态等方面着手，加快人才协同发展进程。

---

* 王建国，河南省社会科学院城市与生态文明研究所所长、研究员；赵执，河南省社会科学院城市与生态文明研究所副研究员。

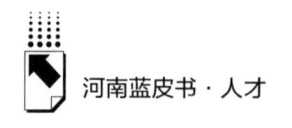

一 郑州都市圈人才协同发展的现状

郑州都市圈高度重视人才协同发展，目前在优化城市人才政策体系、促进优质高等教育等资源共建共享、推动公共服务一体化发展等方面取得了积极进展。

（一）积极推进人才协同发展，核心区域引领作用凸显

推动都市圈人才协同发展，有助于促进城市间"以邻为壑"的人才竞争关系转化为"以邻为伴""优势互补""合作共赢"的关系，提升区域人才资源的整体实力，增强都市圈高质量发展的智力支撑。

一是省级层面积极推进都市圈人才协同发展。河南高度重视郑州都市圈人才协同发展，省级层面出台的与人力资源事业发展相关的系列规划中，均提出要推动郑州都市圈人才一体化发展，强化相关的服务保障。如《河南省"十四五"人力资源和社会保障事业发展规划》《河南省"十四五"人才发展人力资源开发和就业促进规划》明确提出要"建立区域人才交流合作机制""推进郑州都市圈人才一体化进程"，《河南省"十四五"公共服务和社会保障规划》提出要"推动郑州都市圈等区域性公共服务一体化建设""率先推动郑州都市圈城市部分民生服务待遇互认、标准互通、准入互许、成本共担和资源共享"。目前，郑州都市圈已经实现了公积金的互认互贷，推动了优质高等教育和医疗资源的协作互动，试行了户口通迁和居住证互认，不断地优化都市圈人才协同发展的外部环境。

二是强化了核心区域的引领作用。一方面，郑州市作为郑州都市圈的核心城市，着力打造人才高地创新策源地，主动发挥在建设都市圈人才强磁场中的引领作用。根据《郑州市"十四五"人力资源和社会保障事业发展规划》，郑州将"完善人才流动政策""建立郑州都市圈人社服务合作机制""有序推进郑州都市圈人才一体化进程"。另一方面，郑洛新国家自主创新示范区集聚了全省六成左右的高新技术企业和七成以上的国家级创新平台，是郑州都市圈以及河南省科技创新高端人才集聚的核心载体。郑洛新国家自主创新示范区探索制定了创新人才的双向流动管理办法,打破束缚人才流动的樊篱,促进人才顺畅有序流动,为区域人才交流与合作奠定基础。

(二)省市两级政策共同发力,圈内引才聚才规模提升

河南省及都市圈各城市不断优化人才政策体系,为都市圈人才规模扩大、人才质量提升、人才交流协作提供了良好的政策环境,有利于加快推进郑州都市圈人才一体化进程。

一是人才强省建设有助于推进都市圈人才高质量发展。政策行动方面,河南将"实施创新驱动、科教兴省、人才强省战略"作为"十大战略"之首,聚焦国家创新高地、全国重要人才中心建设,实施顶尖人才突破、领军人才集聚、青年人才倍增、潜力人才筑基等"八项行动"及一揽子人才政策,全面推动了全省人才工作的系统升级和高质量发展,必将推动郑州都市圈各城市人才规模提升、结构优化和质量提升;平台建设方面,河南组建的中部六省首个省级人才集团——河南人才集团,为加速一流创新人才集聚郑州都市圈、集聚河南提供高水平市场化服务。连续举办五年的中国·河南招才引智创新发展大会,作为河南实施大规模常态化招才引智专项行动的重要平台,累计为包括郑州都市圈9市在内的各地市签约了超过20万的人才,落地了超过2000个的人才合作项目。

二是成员城市人才发展夯实都市圈人才协同的基础。郑州都市圈各成员城市积极落实人才强省战略,优化人才政策服务供给,促进各类所需人才集聚。如郑州市积极推动中原科技城、河南省科学院重建重振、国家技术转移郑州中心等融合发展,打造人才集聚的强磁场;出台"1125聚才计划"、"智汇郑州"人才工程、郑州人才计划、青年创新创业行动等系列措施,构建完善"一站式"人才服务平台,全力营造一流人才环境和发展生态,引领高端人才和创新资源加速集聚。洛阳、新乡、开封等城市不断优化人才政策体系,实施河洛英才计划、牧野英才计划、东京英才计划、怀川英才计划、许昌英才计划、鹰城英才计划、漯河"百千万"人才计划和"智汇济

源"计划等特色化人才行动计划。省市两级人才政策共同发力，营造都市圈良好的人才发展环境，为都市圈壮大人才规模、提升引才质量、促进人才协同发展奠定了坚实的基础。

（三）加强高教资源共建共享，提升高端人才培养水平

党的二十大报告指出"教育、科技、人才是全面建设社会主义现代化国家的基础性、战略性支撑"，凸显了教育在科技及人才事业发展中的基础性作用。高等教育对推动郑州都市圈高层次人才培育，促进国家创新高地、全国重要人才中心建设方面具有重要意义和关键作用。

一是都市圈高等教育资源领跑全省。截至2020年底，郑州都市圈共拥有普通高等学校111所，占全省普通高等学校总量的73.51%（见图1）。其中，数量排名第1的郑州市拥有普通高等学校65所，分别占郑州都市圈普通高等学校总量的58.56%、河南省普通高等学校总量的43.05%；数量排名第2的新乡市拥有普通高等学校11所，分别占郑州都市圈普通高等学校总量的9.91%、河南省普通高等学校总量的7.28%；郑州市的高等教育资源在郑州都市圈占据了绝对的规模优势（见图2）。

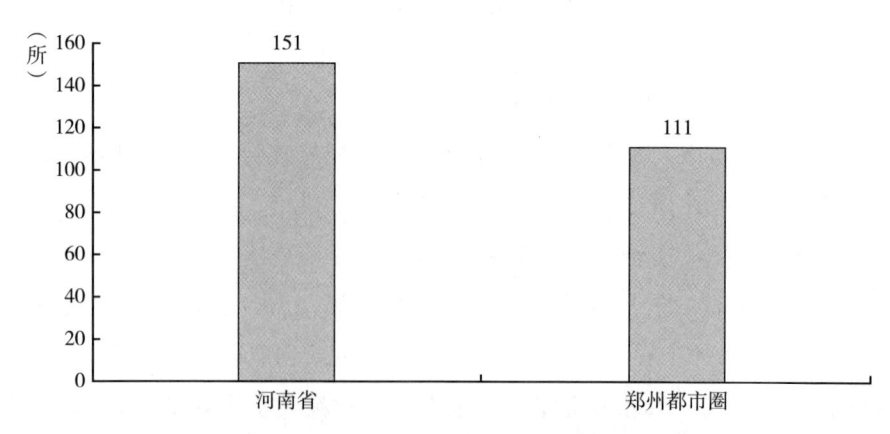

图1 河南省与郑州都市圈普通高等学校数量对比

资料来源：《河南统计年鉴2021》。

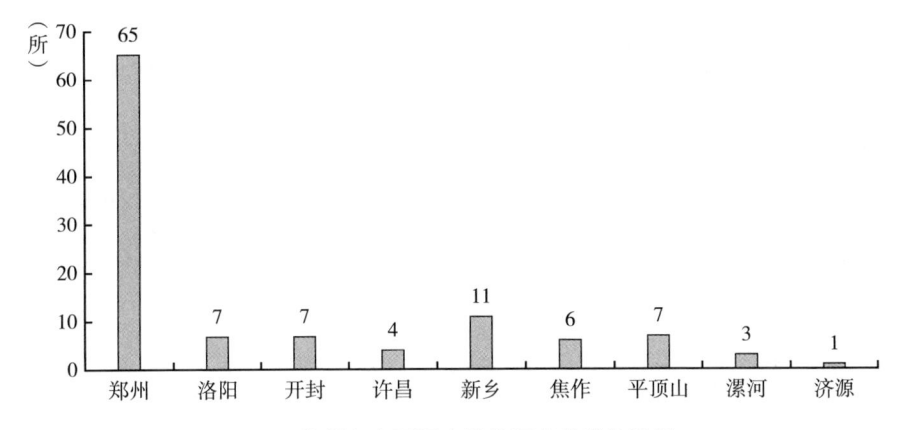

图2 郑州都市圈拥有的普通高等学校数量

资料来源：《河南统计年鉴2021》。

二是核心城市高层次人才储备领跑都市圈。充足的高校毕业生能够为当地用人单位吸纳和储备优秀人才提供更多、更便利的机会。根据《河南统计年鉴2021》，2020年，郑州市的本科、专科毕业生达到295703人，占郑州都市圈当年本科、专科毕业生总量的60.81%，都市圈其余城市的本科、专科毕业生总和不足郑州市的65%。此外，根据河南省统计局公布的有关数据，郑州都市圈各个城市中，郑州、济源、洛阳、焦作每10万人中拥有大学文化程度人口高于河南省平均水平，其中郑州以每10万人中拥有大学文化程度近2.9万人远高于其他城市。都市圈内部城市拥有高校毕业生规模的不均衡性，加上郑州、洛阳等核心城市的虹吸作用，加剧了都市圈内部人才吸纳和储备的不均衡性，反之也催生了人才协同发展的需求。

三是加强都市圈高等教育资源共建共享。郑州都市圈仅有郑州大学、河南大学两所"双一流"高校，与同样位于中西部地区的武汉都市圈、西安都市圈等相比明显不足，与郑州都市圈的人口规模和经济体量也不相匹配。为优化提升高等教育发展质量，郑州都市圈支持郑州大学、河南大学等高等学校课程互选、学分互认，推动圈内高校加强图书资源、科学仪器等共享共用，在推进优质高等教育资源共建共享方面迈出了实质性步伐。

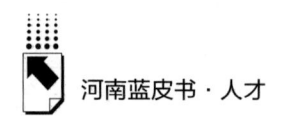

二 郑州都市圈促进人才协同发展的着力点

郑州都市圈人才协同发展具备一定的基础，取得了积极的进展和成效，要将相关工作推向更深更实，还应把握好推动人才资源合理有序流动、促进人才分布与城市定位相匹配、提升人才公共服务一体化水平三个着力点。

（一）以人才合理流动促区域发展平衡

人才合理有序的流动和高效配置是郑州都市圈高质量发展的重要支撑。河南是人口外流问题相对突出的省份，郑州作为都市圈乃至全省唯一的人口净流入的省辖市，人才黏性与其他8个城市相比偏高，人才跨市的流动性减弱，都市圈人才分布呈现出由核心城市郑州向外递减的差序格局。促进都市圈人才合理有序地流动，推动城市间人才优势的共享和互补，有助于提升都市圈整体的人才实力。

一要促进人才区域分布均衡。郑州都市圈拥有河南省近80%的高校、科研机构、科创产业和新毕业大学生就业总数，但人才资源主要集中在郑州、洛阳等经济相对发达的城市，人才分布的区域均衡性有待进一步提升。

二要促进人才行业分布均衡。受地理区位、产业基础、城市品质等因素影响，高层次人才在都市圈分布不均衡。如依托郑洛新国家自主创新示范区、中国（河南）自由贸易试验区等国家战略的实施，高层次、创新型、外向型人才在郑州、洛阳、新乡等城市分布相对集中，都市圈内其他城市则相对较弱。

三要促进城乡人才分布均衡。由于高技术产业、高等学校、科研院所，以及各类创新创业平台载体等高端人才用人单位主要坐落在市区，郑州都市圈引育的人才资源集中分布在中心城区。而乡村由于产业基础相对薄弱，基础设施和公共服务设施供给还存在短板，人居环境与城市相比仍有差距，引人难、留人难的问题仍然比较突出。要积极打破阻碍人才跨区域流动的不合理壁垒，促进都市圈内部人才合理流动和集聚，推动人才资源在城乡、区域、行业的分布日趋均衡，为都市圈高质量发展提供强有力的人才支撑。

（二）以人才城市匹配促区域发展协调

促进人才资源分布与城市功能定位、产业分工相匹配，是都市圈优化人才发展布局，实现人才协同发展的内在要求。都市圈各个城市在地理区位、资源禀赋、产业基础、功能定位等方面各有特色、存有差异，面临着差别化、个性化的人才需求。如郑州虽然是都市圈内部人才资源最丰富的城市，但国际国内顶尖科学家、产业领军型人才等资源相对稀缺，与打造国家创新高地和人才高地、推进国家中心城市建设，引领都市圈高质量发展的要求相比还有差距；洛阳市面临高等学校和科研机构引育不足、人才承载平台能级不高等问题，与支撑副中心城市及都市圈建设的需求不相适应；新乡、焦作等城市高层次、创新型人才相对稀缺；许昌、平顶山、济源等城市人才规模偏小，产业领军人才和高技能人才相对不足；部分城市还面临本土人才流失等问题。推动郑州都市圈人才协同发展，要充分考虑各个城市的特色优势和内在需求，突出不同城市和地区的功能定位，加快构建郑州都市圈人才发展雁阵格局，推动都市圈人才合理布局和协调发展。

（三）以人才服务一体化促区域发展协同

推进人才公共服务一体化能够为都市圈人才协同发展提供坚实的保障。截至目前，郑州都市圈构建多层次轨道交通、构筑高品质城际高快路网，打造一小时通勤圈，缩小了城市间的时空距离，推动人口流动频次增加和人口流动范围扩大。加强郑州大学、河南大学、河南理工大学等优质高等教育资源的共建共享和医疗资源协作联动，实现都市圈住房公积金的互认互贷，努力营造有利于都市圈人才流动与协作的环境。今后，郑州都市圈还应在推动成员城市人才评价标准互认、职业资格和职称等级互认，加强户籍、养老、医疗、社保政策衔接等方面着手提升人才公共服务一体化水平，破除都市圈内部人才流动的障碍，增强都市圈对优质人才的整体吸引力和凝聚力。

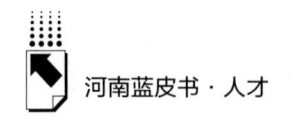

三 促进郑州都市圈人才协同发展的对策建议

深刻把握人才成长规律，打好都市圈人才协同发展"组合拳"，促进人才资源在都市圈的合理布局和协调发展，有助于发挥郑州都市圈在国家创新高地、全国重要人才中心建设中的示范作用，以及在现代化河南建设全局中的引领作用。郑州都市圈要从加强顶层设计、促进政策互融、强化机制创新、优化平台建设、营造良好生态等方面着手，加快推进人才协同发展进程。

（一）加强郑州都市圈人才协同发展顶层设计

坚持党对人才工作的全面领导，是做好都市圈人才工作的根本保证。要自觉贯彻党总揽全局、协调各方的根本要求，发挥好各级党组织对都市圈人才工作的领导核心作用。

一是提高对都市圈人才工作的重视。省委省政府要加强对郑州都市圈人才协同发展的领导，亲自部署重要工作、过问重大问题。省级层面牵头成立郑州都市圈人才工作联席会，定期研究、听取都市圈人才协同发展的重要工作进展，加大协调和督促力度。联席会下常设办公室，帮助组织联络都市圈人才协同发展重大事项的研究处理，协调相关城市、相关部门做好人才协同发展的相关工作。

二是发挥规划对都市圈人才工作的引领作用。要加强对郑州都市圈人才工作的战略谋划和顶层设计，建议核心城市郑州在省级层面的支持下，牵头摸清都市圈人才引育用服、交流与合作等现状，找准人才协同发展的关键问题和薄弱环节，立足比较优势，强化问题导向，牵头编制郑州都市圈人才一体化发展规划，明确都市圈人才协同发展的总体思路、主要目标、重大任务和政策举措，探索人才协同发展促进都市圈高质量发展的新路径，加强成员城市间的人才协作、优势互补，推动人口和人才等发展要素在都市圈内自由流动、高效集聚，提升人才结构、规模、质量与都市圈城市功能定位和产业分工的"适配度"，推动都市圈人口优势转变为人才优势、创新优势。

(二)促进郑州都市圈内部人才政策互融互通

人才政策互融互通是推动郑州都市圈人才协同发展的重要保障。一是科学制定都市圈人才协同发展指导政策。树立郑州都市圈"一盘棋"思想,坚持教育、科技、人才工作协同推进,科学制定郑州都市圈人才协同发展指导政策。推动郑州都市圈落实落细人才强省建设"八大行动",支持郑州都市圈以建设人才创新创业试验区为引领,探索建立科教资源共建共享机制、引才育才用才协同机制,构建完善都市圈整体协调、各有侧重的人才协同发展指导政策,建设都市圈高层次人才信息库,营造都市圈一流的人才政策环境。二是加强各地人才政策的衔接融合。加快推动都市圈人才规划、政策、目标一体化,着力缩小都市圈内部人才政策落差,加快构建都市圈制度衔接、政策互惠、资政互认、信息互通、优势互补、共建共享的人才工作格局,破解都市圈内外人才流动的壁垒,营造有利于郑州、洛阳、新乡、焦作、开封、许昌、漯河、平顶山、济源等城市人才智力成果互惠共享的政策体系。三是加强对都市圈人才政策的评估。健全郑州都市圈重大政策事前评估和事后评价制度,加强对现行人才政策实施效果的及时评价和适时调整,主动对标发达都市圈、城市群的先进做法和经验模式,结合本地特色、本土实际进行有针对性的改进和完善,不断提升都市圈人才政策的前瞻性、精准性和时效性。

(三)强化郑州都市圈人才协同发展机制创新

郑州都市圈要打破"一亩三分地"式的人才工作旧思维,积极探索贯通引才、育才、用才、留才"四位一体"的人才协同发展新机制,推动都市圈人才要素的自由流动和高效配置。一是发挥各级人才平台叠加优势。将平台建设作为推进都市圈人才协同发展的重要突破口,积极搭建郑州都市圈协同引才育才平台,利用好河南人才集团、中国·河南招才引智创新发展大会等省级平台优势,发挥好中原科技城等特色化平台的作用,汇聚和释放多级平台叠加的势能,做好都市圈人才政策推介、项目洽谈、高层次人才对接等工作,推动更多符合都市圈高质量发展需求的高层次、高技能人才加速集聚。二是推动高等学校协同培育人才。加快推动郑州大学、河南大学"双一流"建设提质晋位,发挥好对郑州都市圈高等教育优质均衡发展的引领带动作用。提升职业教育对郑州都市圈优势特色产业和前瞻性产业发展需求的适应性,加强都市圈高技能人才队伍的培育,争取培养更多"中原大工匠"和高素质技术技能人才。建立郑州都市圈高校联盟,完善都市圈高等学校协同育人机制,深化校校合作、校院合作、校企合作、校地合作、中外合作等模式,提升科教资源对都市圈高层次、高技能人才培育的支撑力。三是鼓励都市圈人才共享共用。实施更加开放的人才政策,加快推动都市圈职业资格和职称等级等互认,支持都市圈各个城市打破户籍、劳动关系等限制,采取兼职、挂职、项目合作等形式,推行"飞行博士""星期天工程师""假日专家"等做法引用人才,加速科技创新、产业发展所需人才在都市圈内的流动和共享。四是完善都市圈人才一体化服务。加快都市圈基础设施和公共服务一体化发展,构建都市圈一体化人才服务平台,探索顶尖人才、急需高层次人才的"定制化""个性化"服务,促进都市圈内部人才落户、居住、子女教育、医疗、社会保障等政策和措施的融合衔接,推动人才在都市圈内自由有序流动,营造郑州都市圈良好的人才"引育留"生态圈。

(四)优化郑州都市圈高端人才集聚的平台建设

积极发挥创新平台对高端人才的吸引和集聚作用。一是加速高端创新人才集聚。优化郑州都市圈创新资源布局,发挥郑洛新国家自主创新示范区龙头带动作用,加快建设沿黄科创带,不断完善科创载体。支持都市圈内部城市依托比较优势,在信息技术、黄河生态保护、高端装备、新材料等领域谋划争创国家实验室、国家级研发中心等重大创新平台和科技基础设施,共同争取全球知名科技企业等入驻。依托河南省重组实验室体系的良好契机,加快黄河实验室、嵩山实验室、神农种业实验室等建设,发挥好高端创新平台对高层次人才的集聚作用,打造一支进入国家战略科技力量体系的人才梯队。二是促进创新人才协同引育。聚焦黄河流域生态保护和高质量发展、粮食生产核心区等重大战略需求，围绕郑州都市圈主导产业转型升级和战略性新兴产业培育，深挖"双一流"高校、科研院所及中铁装备、中信重工、中航光电和宇通客车等大院大所大企业的科技资源和人才资源"富矿"，支持各类创新主体以"院所+政府""院所+企业""企业自建共建"等多种形式建立产业技术研究院等科技创新平台，推动所需各类专业人才的协同引育，围绕都市圈重点行业原始创新和关键共性技术开展联合攻关，促进创新链人才链产业链供应链协同发展。

（五）营造郑州都市圈优良的创新创业生态环境

营造都市圈良好的创新创业生态，健全创新创业人才协同培养机制，充分激发郑州都市圈人才创新创造的活力。一是加强创新创业示范基地建设，发挥好中原科技城等重要载体作用，不断完善都市圈"人才+项目+平台"等模式，优化人才"引、育、留、用"全链条服务体系。二是健全人才引进、培养、使用、评价、流动、激励等机制，落实赋予科研人员职务科技成果所有权或长期使用权等改革措施，探索以质押融资、作价入股、构建专利池等方式拓宽知识产权价值实现渠道，构建更具竞争力的人才政策。三是加快培育一流的创新链条、创新平台、创新制度和文化生态，推动各类创新主体融合联动，加速人才、知识产权、专利等高端资源要素在都市圈内的流通集聚。瞄准前沿尖端领域，加大对领军人才、高端人才、潜力人才等各类人才的引育力度，夯实郑州都市圈支撑国家创新高地、全国重要人才中心的人才基础。

参考文献

姚凯：《以区域合理布局和协调发展着力打造人才竞争优势》，《中国人才》2022年第12期。

司深深、李静、秦玉春：《纵向干预、横向竞争与区域人才配置》，《软科学》2022年第7期。

B.22 国内外先进地区人才发展比较与借鉴研究

闫 慈*

摘 要： 科创之基，是强国之本，是世界各国开展国力竞争的决定性因素。当今世界正处于百年未有之大变局，随着新一轮科技革命席卷全球，世界各国、各地区都在经历经济格局的翻转与重构。从农业文明到工业文明再到后工业文明，人才资源彰显出愈发重要且不可替代的优势能量，并全面超越能源、资本等要素，成为社会驱动中最为强势的战略资源。河南作为人口大省，如何实现向人才大省的转变，理应是现阶段社会高质量发展亟须解决的实际问题。探索国内外先进地区人才发展的脉络走向及成功经验，对于河南省推动人才强省战略的深入实施及人才发展体系的现代化建设大有裨益。

关键词： 人才发展 人才资源 人才环境 河南省

国以才立，政以才治，业以才兴。人才发展始终是影响经济社会变革最为重要的因素之一。"人才问题"已经成为国家复兴、区域崛起、产业兴盛的重要附加值，特别是在近两年新冠肺炎疫情影响之下，全球经济产业链逐步分化解体，国际形势波诡云谲加之经济环境日趋严峻复杂，如何通过人才支撑冲出现实困境，优化人才发展政策提升人力资本素质，以"人才"所展现出的活跃力量引领未来、抢占先机成为社会各界共同关注的重要命题。

---

* 闫慈，河南省社会科学院人口与社会发展研究所助理研究员，研究方向为社会治理。

一 国内外先进地区人才发展比较的重大意义

正所谓"知己知彼、百战不殆",通过梳理和研究国内外先进地区在人才发展政策、措施等方面的具体做法和经验教训,能够为河南省现代化建设、"十四五"人才发展和人才资源开发提供思考。同时,借助"他山之玉"调整当前人才发展战略,为河南建立起更具竞争力的人才发展制度提供借鉴。

(一)人才发展是资源禀赋的强势动能

舒尔茨在《人力资本投资》中指出,人力资本在经济增长中所表现出的作用越来越明显,人力作为经济要素,能够解释诸多传统经济理论所困惑的问题,成为推动国民经济增长最强势的动能。这也表明,任何时期社会经济发展都存在对"人"的依赖性,无论是宏观层面的国际经济环境、中观层面的国家经济布局,还是微观层面的产业经济定位,都将生产要素中的"人力"作为开展一切经济生产活动的第一驱动力。可以说,"人力"已经是被公认的资源禀赋中最具挖掘价值和塑造价值的要素,能够通过追加人力资本投资,实现人力资本的扩展和内生驱动,为经济增长和国家发展提供永续动力。因此,人力资本的开发和管理逐步成为各国关注的焦点,人力资本如何转化为"人才",这里既需要政策的导向、制度的监管,还需要培养体系的建构。可见,人才发展置于经济、社会、历史、文化、观念、思想视域下,承载着人力开发、人才环境、人才激励、人才政策等多维内涵。有效推动人才发展,不仅是占有资源禀赋中最为重要的要素本位,更是实现"人尽其才"的关键途径。

(二)人才发展是创新驱动的核心力量

伴随着世界竞争愈演愈烈,对人才的竞争已经从单纯的人力占有转化为人才创造力的博弈。任何一个国家或地区的发展,都在全球共同体作用下,主动或被动卷入竞争，而竞争力的强弱之分主要就集中在人才保有量之上的创新能力比较。久而久之，人才发展推动了整个社会的创新驱动发展。其中，创新驱动中的知识、技术、方法要素的进步又同时投射到"人"，这也推导出为何将人才的创新输出值和技术溢出率作为判断经济增长的核心要义。同时，打破了"劳动人数"与"劳动价值"正比增项的传统价值判断。正如马克思所强调的："随着大工业的发展，现实财富的创造较少地取决于劳动时间和已消耗的劳动，较多地取决于一般的科学水平和技术进步。"[①]可见，创新能力已经成为现阶段推动经济发展和持续增长的源泉，而创新驱动又是依靠"人才"所附带的知识、技术、能力等附加值得以显现。因此，在要素驱动转向创新驱动的发展进程中，人才发展的重要性已然超越劳动力的数量渴望，正在形成以人才培养为基础、以人才竞争为指向，不断减少经济活动对生产要素的过分依赖，以创新作为推动发展的新型战略眼光，让知识与能力成为国家永续发展的助推器。

（三）人才发展是国富民强的重要引擎

治国兴邦，人才为上。在世界各国纷纷把人才发展作为国家战略之际，我国也提出要将人才作为发展的第一资源。在之前颁布实施的《国家中长期人才发展规划纲要（2010~2020年）》明确提出："人才是人力资源中能力和素质较高的劳动者，是我国经济社会发展的第一资源。"党的二十大报告也强调："必须坚持科技是第一生产力、人才是第一资源、创新是第一动力，深入实施科教兴国战略、人才强国战略、创新驱动发展战略，开辟发展新领域新赛道，不断塑造发展新动能新优势。"可见，人才发展作为衡量国家综合实力的重要指数，已经成为全球人才竞争战中最为关注的热点。对于我国而言，实现中华民族伟大复兴的中国梦，离不开人才的支撑，国富民强的内生动力同样来自人才所释放出的高附加值。同时，推动人才发展已经成

[①] 《马克思恩格斯全集》（第46卷下），中共中央马克思恩格斯列宁斯大林著作编译局译，人民出版社，1980，第217页。

为世界各国备战国际竞争的重要举措,通过梳理美国、英国、日本等发达国家的人才政策,可以发现其共同点都在于将人才发展作为国家改革进步的重要战略,以人才强国助推国家战略地位的提升和国际影响力的扩大,以期实现在未来长期的国际竞争中赢得主动、抢占先机。

二 国内外先进地区人才发展实践探究

(一)美国

1.政策走向

美国作为一个建国时间只有200多年历史的国家,能够实现经济、军事、文化等领域的全面崛起,主要取决于"对外扩张"的国家战略。在人才发展的过程中,同样依靠的是外援力量,即"人才引进"。从早期移民阶段的"来的人都是才",再到现如今对STEM领域人才的储备与培养,都是以国家战略部署为基准的人才发展策略。尤其在20世纪末,通过制定《STEM教育战略规划(2013~2018年)》以及《美国创新战略》等文件,开始加大"人才引进"的力度,不断优化出台移民、留学生、访问学者等政策,以完善的福利制度、高质量的教育水平和科研平台,吸引了来自世界各地的人才资源为美国提升国际竞争力而服务。可以说,在美国的发展史中,政府随时依照国家战略和利益需求调整人才引进政策,为实现国家永续发展提供了坚实的人才基础。

2.特点简析

(1)以市场需求为导向,决定人才发展导向

美国的人才发展战略是典型的以国家利益为中心的实用主义,完全以市场需求为导向,以人才引进为依托。美国受到本土人口数量的影响,劳动力市场一直处于供给不足的局面,然而国内社会经济的快速发展和市场需求的激增,要求劳动力迅速增员。因此,在劳动力市场的强烈需求下,美国开始加快调整移民政策,以获得更多外力。从1952年的《移民法》到1965年和

1990年两次对此的修订就可窥见一斑："向受过高等教育和有突出才能的急需人才倾斜，规定50%移民限额要用于引进这类人才"[①] "为吸引有突出才能的外籍劳工设立H类临时签证"[②] "划定移民优先等级"[③] 等措施都是针对市场需求及时调整人才引进政策从而确定人才发展的方向。

（2）自由企业制度促进人才多向性发展

美国的市场经济制度相对于西方国家仍有不同，阿兰·G.格鲁奇把法国、北欧等国称为"有计划的资本主义"，而把美国、英国等国称为"有调节的资本主义"[④]。这种经济制度又称为"自由企业制度"，其特点在于企业能够独立自主地作出经济判断，带有明显的私人首创精神，从选拔人才到协调职能再到经济运行和价格制定，都完全从企业的自身出发，一定程度上避免了政府在人才发展政策上的控制和干预，为人才多向性发展奠定了坚实的社会基础。

3. 成功经验

（1）职业移民政策虹吸人才

美国是当今世界最大的移民国家，长期通过大量的移民政策和优惠的福利政策广揽人才，服务美国本土的经济社会发展。从联合国发布的《2022年世界移民报告》可以看出，截至2020年，国际移民总数达到2.81亿人，其中近6000万移民的目的地都是美国。之所以出现这样的结果，离不开美国移民政策的助推。特别是为了吸引高层次的技能人才，美国还制定了专门且行之有效的"职业移民政策"，例如，为具有特殊专长的外国人签发入境证件，发放"杰出人才绿卡"授予非美国国籍专业工作人士在美永久居留，[⑤] 以此扩

---

① 戴超武：《美国1952年移民法对亚洲移民和亚裔集团的影响》，《东北师大学报》1997年第2期。
② 田金坤：《英国、美国和新加坡人才发展战略比较分析及经验借鉴》，硕士学位论文，厦门大学，2017。
③ 梁茂信：《1940~1990年美国移民政策的变化与影响》，《美国研究》1997年第1期。
④ 〔美〕阿兰·G.格鲁奇：《比较经济制度》，徐节文、王连生、刘泽曾译，中国社会科学出版社，1985，第57页。
⑤ 曹欢、郭朝晖：《美国引进高层次创新型科技人才的政策及启示》，《湖北教育·领导科学论坛》2011年第2期。

大人才储备量。

(2) 留学生政策扩充人才

当今美国拥有全世界一半以上的博士学历拥有者,世界顶级的科学家数量也占据1/2,是中国的200倍,可见美国之所以能成为世界头号强国,人才力量的贡献功不可没。自1946年《富布莱特计划》开始实施至今,美国每年提供高额的奖学金吸引世界各地的留学生赴美学习,不断充实国家高级人才的占有量。这也促使美国成为全球拥有留学生数量最多的国家,其原因也在于"由政府、非政府以及院系提供的不同类别的奖学金,从专业上、地区上都进行了较为全面的涵盖的奖学金种类"[1]。据统计,有将近70%的留学生选择学成之后留美工作,这也为美国整体高层次科学技术人才的扩充起到了非常重要的作用。

(3) 访问学者政策引进人才

美国在搭建学术交流平台、促进学者沟通互信方面始终走在世界前列,这其中既有对科学技术的推崇,更多的是基于国家对于人才发展的需要。通过为访问学者发放"J1签证"简化赴美手续实现世界人才对美国科技进步的助力。在美国750多个联邦研发实验室中大多都招聘与引进了外国高层次的科学家。在美国重要大学和科研机构中,60%以上的学术带头人是外国出生的专家。[2] 可见,访问学者已经成为美国科技人力资源的重要组成部分,为美国科技腾飞立下了大功。

(二) 英国

1. 政策走向

英国作为老牌帝国主义国家,在人才发展中一直处于优势地位。其原因一方面在于本土文化教育的成功输出吸引着众多人才趋之若鹜,另一方面也

---

[1] 田金坤:《英国、美国和新加坡人才发展战略比较分析及经验借鉴》,硕士学位论文,厦门大学,2017。

[2] 曹欢、郭朝晖:《美国引进高层次创新型科技人才的政策及启示》,《湖北教育·领导科学论坛》2011年第2期。

在于英国相对稳健的经济体系为人才发展提供了土壤。然而随着全球化竞争的愈演愈烈,失业问题、经济萎靡、人才流失等情况严重冲击英国社会。20世纪90年代,英国开始调整人才战略,并将其上升为国家战略。通过出台《实现我们的潜能——科学、工程与技术战略》和《政府资助的科学、工程与技术展望》两个文件,正式将"科技投入"作为国家政策运用于人才发展之中。随后又相继出台《高等教育的未来》《把学生置于体系中心》《作为开放事业的科学》等文件,旨在通过优化教育体系、提升学校质量、强化人才培养以及加快科研效率等政策措施,进一步完善教育、科技创新与人才培养之间的体制机制,进而达到人才发展战略的有效实施。可见,英国政府把教育作为人才发展过程中的第一战略目标,以成人教育和高等教育为切口,加快提升国民素质与技能,以应对国际人才竞争。

2. 特点简析

(1) 技能立国,重视青少年技能培训

英国在教育经费投入方面一直处于全球领先地位,据OECD发布的 *Education at a Glance 2018* 来看,英国教育支出占GDP比重不断增加,从2005年的6%上升到2015年的6.7%,位列世界第3。并且,英国平均每年为每个孩子的教育支出超过1万美元。[①] 可见,无论是在GDP占比还是学生人均投入,英国都展现出对教育事业的极大重视,这其中,资金投入更多地被用于青少年的技能与职业培训。20世纪末,英国青少年技能掌握率低下,普遍不能适应雇佣企业的需求,对经济的负面影响越来越严重。对此,英国政府开始建立"新兴工作室学校"为青少年提供技能与职业培训,以满足企业用工和国内人才的巨大需求,一定程度上也促进了全社会的人才发展。

(2) 建立以学校与企业共同教学的学徒制

学徒制是为帮助年轻人从学校过渡到工作岗位所提供的一种学习手段,同时对于服务国家经济发展也有着重要作用。英国作为最早推行学徒制的国

---

① "Education at a Glance 2018", https://www.oecd-ilibrary.org/education/education-at-a-glance-2018_eag-2018-en.

家之一,已经形成较为完善的体系,早在《1563年工匠法》中就对学徒制进行了严格规定,并在长期的历史考验中不断改革完善,形成了当今系统性、功能性兼具的现代化学徒制度,为英国企业不断培养出技能过硬的人才资源。同时,学徒制也展现出英国教育体系的完善,希望通过营造全球一流的职业教育环境来提升人力资本进而推进经济发展。这种既有教育机构参与,又能满足企业及用工单位需求的双向性教育模式对英国人才培养起到了重要的作用。

3. 成功经验

(1) 精英化教育推动高层次人才培养

英国的"绅士文化"在世界享有盛名,这也是其"精英教育"在社会文化中的具体显现,其背后原因必然离不开"制度"的作用。英国是老牌资本主义国家,君主立宪制的成功与工业革命的发展,促使其文化特质饱含"贵族精神"。折射到教育体系,就促使贵族式的精英教育在英国颇受欢迎。长此以往,精英化教育吸引了大批优秀生源,一定程度上推动了高层次人才的培养,为英国储备了丰富的高质量人才资源。

(2) 系统的职业教育助力技术人才培养

英国职业教育起源于工业革命,随着社会变革,已经由学徒制转型为完备的以职业资格为导向的职业教育体系。在英国,职业教育的主导方往往是企业而非学校和政府,这也使得教育的目的就是人才储备,通过强化教育与职业的关联提升职业教育的接受度和应用度,真正实现"产教结合",对人才的培养和技能的传承起到积极作用。

(3) 提升高等教育质量吸引海外人才

英国高等教育是世界上最早建立起来的,其质量始终处于全球领先行列,并与学前教育、基础教育、中等教育以及继续教育形成了系统完备的教育体系。就高等教育而言,又分为大学和学院,分别以综合性和专门化为施教方针,培养精英人群和技能人群。《英国高等教育大数据》显示,英国当前高等院校超过180所,在校生人数突破300万人,其中留学生超过55万人。可见,英国的高等教育不断吸引着全球人才,不仅持续保持旺盛的国内

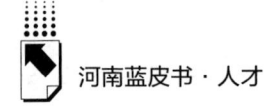

需求，也在"抢夺"他国人才资源，教育已然是英国最有影响力的新兴产业，势必在未来发展中发挥关键作用。

（三）上海

1. 政策走向

上海作为我国最大的经济中心和贸易中心城市，占据着国内经济发展最为重要的地位，并为世界经济发展作出了巨大贡献。为顺应经济全球化的发展浪潮，把握经济发展大势，上海积极推进建设科技创新的前进步伐，以打造科技创新人才高地为契机，在全球范围内招贤引智。为此，上海持续贯彻人才发展理念，以面向世界科技前沿为目标，以实现国家重要需求为导向，全方位培养好、引进好人才。实行更加开放的人才政策，创建更加浓厚的科创环境，努力让上海成为天下英才干事创业的理想之城。

2. 特点简析

（1）引得来、留得住

人才发展过程中，引得来、留得住同等重要。一些地区在制定人才发展政策时，只注重引进，对人才长期的规划运用没有系统的思考，导致人才流失情况严重。上海为避免此类问题，作出"梯度化人才引进"+"营造发展环境"实现人才既能引进来，也可留得住。一方面，在重点领域和人才急缺产业方向形成"一般人才积分实现落户、高端人才和急缺人才直接办理落户"的梯度化人才引进政策，特事特办促进人才集聚。2021年，上海居转户37684人，人才引进35444人，总数是2020年的两倍之多。另一方面，从医疗、安居、子女就学、配偶安置等方面也出台相应配套措施，营造优质的人才发展环境，让人才安心留沪。

（2）建立国际通行的遴选机制选拔高峰人才

近年来，上海出台一系列人才发展政策，2015年的《关于深化人才工作体制机制改革促进人才创新创业的实施意见》引起社会广泛关注，这被称为"人才20条"的意见出台，意味着上海为建设科创人才高地，将困扰人才发展的户籍与保障体制机制的阻碍一举打破。随后2016年的"人才30

条"和2018年的《上海加快实施人才高峰工程行动方案》相继出台,细化了"20条"在人才选拔的界定,由普适性人才政策过渡到更加适应上海经济社会发展的"高峰人才"选拔政策。以更加完善的人才分类评价、激励奖励机制聚焦"脑科学与人工智能、量子科学"等重点领域,建立国际通行的遴选机制,选拔高层次、高水平的世界级高峰人才,助力上海加快建设全球科技创新中心。

3. 成功经验

(1) 国外引才计划引领人才队伍建设

上海市近年来的人才工作取得了诸多亮眼成绩,但其中也存在一定的结构性矛盾。例如,创新型人才占比相较于科教文卫人才还相差较远,高技术人才仅相当于日本东京的1/3。为了进一步优化人才结构,上海市启动国外引才计划,把海外人才引进放在重要位置,以高层次人才的对外开放优势转化为上海未来的发展优势。并联合推进"浦江人才计划""归谷工程""东方学者计划"等人才引进计划,持续为上海的人才队伍建设添砖加瓦、蓄势积能。

(2) 发挥特殊区域先行先试的政策优势

在上海推进人才发展的过程中,难免受到体制机制的限制,而"先行先试"就是破解问题的大胆探索。为此,上海充分发挥张江国家自主创新示范区、浦东国际人才创新试验区等特殊区域,开展人才发展制度的改革,以"大张江"的股权激励制度改革、浦东新区的"人才发展联盟"等政策和机制的先行先试,创新人才发展办法,采取与国际接轨的模式,为进驻人才提供更为广阔的发展空间和平台,快速汇聚起了一批高层次人才服务上海经济社会发展。

(3) 人才发展机制体制的修正与完善

2020年,上海发布了《关于新时代上海实施人才引领发展战略的若干意见》,这是对以往上海在人才发展政策中所存在的遗漏进行有效补充,在内向吸引本土人才的同时,也加快招揽海外人才,不断提升海内外人才的集聚度和影响力。人才发展必须要依照社会发展的进程和市场主体的需要,及

时对体制机制进行完善和调整。为了更好地服务人才发展，上海还大力筹措建设保障性租赁住房，以《关于加快发展本市保障性租赁住房的实施意见》的配套发布为吸引人才提供支撑保障。在这些政策的利好带动下，上海不仅拥有"塔尖人才"，同时也有强大的"基础人才"作保障，显示出上海对全球人才的强劲吸引力。

三 国内外先进地区人才发展对河南省的启示与借鉴

河南在近十年之间，政治经济文化实现了跨越式的发展。特别是从传统农业大省向工业强省的迈进，标志着河南开始步入智能化、高端化的创新型社会发展阶段，这在一定程度上也对全省人才工作提出了新要求。通过对国内外先进地区人才发展政策、模式、机制的梳理，能够对河南未来人才发展之路提供经验借鉴，有效实现人才助推经济社会高质量发展。

（一）人才发展既要重视"人"也要重视"才"

推动人才发展，要妥善处理好人与才的关系。对于河南而言，要充分利用人口大省的资源优势，重视人口作为"量"的基础，发挥人口红利，解决好市场主体劳动力短缺的问题。在人才培养和人才引进过程中要维护人才资源的稳定性，保障各行业、各产业的人才需求，营造良好的人才环境，保证人才存量。同时，也要将"才"作为人才发展的"质"来对待，加速解决高精尖人才短缺的问题，以创新驱动为契机，以打造工业强省为带动，扩充河南省高层次人才的流入，提升人才质量。只有"人"与"才"同时发展，才能实现社会经济整体竞争力的可持续提升，这也是全面开启社会主义现代化河南建设新征程的决定性力量。

（二）多元协同参与人才发展

当前推动社会发展的核心力量就是科技创新，而其中人才作为主体所发挥出的关键作用已经昭示，人才不再是资源与资本的附庸，而是高于任何一类生产要素，在社会发展中突破其他意识的约束。这种变化也使得人才发展仅靠政府推动的传统理念已经过时，人才发展已经进入新阶段。这就需要政府首先要制定好宏观决策，在人才发展的推动过程中，积极搭建多元主体架构，发挥"指挥官"角色，聚焦人才的发展规划、体制机制建设和政策设计等方面。其次，企业作为用人主体，要通过市场化的运作参与到人才培养的全过程中，紧贴企业发展实际和需求，对人才进行对口的专业培训，提升人才的"岗位匹配度"，充分释放人才资源的优势。同时也能有效弥补政府在人才发展中的欠缺和不周。最后，要丰富人才资金投入的多元化，吸引非政府组织募集资金、扩大财力支持的渠道，补充国家财政，为人才发展和人才投入蓄力加能。

（三）全链条人才开发体系

人才发展是一项长效性而非阶段性的重要工作，需要有连续性的政策支持和畅通的上升渠道。当前，河南人才资源现状处于稳中向好的积极态势，但也存在前进动力不足、发展空间受限等问题。因此，建立全链条人才开发体系能够有效实现人才发展的可持续性。首先，重视高层次人才培养，以"引进高精尖人才""搭建高水平科创平台""提升高等教育质量"等为抓手，实现精英人才的培养开发和能者多劳。其次，加强社会急需专门人才培养，以企业及市场需求为导向，深度开发经济社会的急缺人才，着重聚焦职业培训和技能开发，确保用人主体对有效劳动力的掌握。最后，鼓励在职人才终身教育支持，为在职人才提供继续教育的平台和机构，实现人才资源的长效适用性，帮助其更新技能，提升职业素养，增强自身竞争力。

附　录　非凡十年河南人才发展大事记

1. 河南省实施急需紧缺人才培养计划

2012年11月20日，河南省人社厅和财政厅联合下发通知，河南省开始实施急需紧缺高技能人才培养计划，组织全省百所院校和千家企业培养急需紧缺的高技能人才，首批确定60个工种，每年培养1万人，将组织高技能人才培训基地和技能大师工作室、重点企业等各种培训力量，采取校企合作、委托培养、业务研修等方式，组织百所院校和千家企业培养1万名急需紧缺技师、高级技师。

2. 河南省正式启动聘任制公务员试点工作

2012年12月27日，经国家公务员局批准，河南省人社厅宣布正式启动聘任制公务员试点工作，首批列入试点的有焦作、郑州、洛阳、平顶山四个省辖市。聘任制公务员主要有两类：一是专业性较强的职位，是指需要特殊技能或经验资历、技术性较强的职位；二是辅助性职位，是指事务性较强，主要为机关日常行政事务提供一般性的行政辅助、后勤保障服务的职位。

3. 河南省实施留学人员来豫创业启动支持计划

2013年5月，河南省人社厅发布《关于实施留学人员来豫创业启动支持计划的意见》（豫人社留学〔2013〕7号）指出，进一步加大对留学人员回国创业的支持力度，以政府投入带动社会投入，营造留学人员来豫创业的良好环境。建立留学人员来豫创业专家指导委员会，加强留学人员创业园对入园企业的创业培训和指导工作。

4. 首届全国高校创业指导课程教学大赛全国总决赛在河南省举办

2013年12月14日，首届全国高校创业指导课程教学大赛全国总决赛在河南省圆满落幕。本次大赛由教育部高校学生司指导，全国高等学校学生信息咨询与就业指导中心主办，自启动以来得到全国高校积极响应，覆盖全国 27 个省区市，共 749 所高校 4329 名教师报名参赛。大赛采取"高校初赛、省级复赛、全国总决赛"三级赛制，创新设置了教案评审、现场教学、案例分析、模拟创业竞赛等多个环节，有力促进了教师交流和能力提升。

5. 河南省公布首批双创示范基地

2014 年 7 月 7 日，河南省人社厅公布首批创业孵化示范基地，此次最终认定的共有 9 家，均经过各市有关部门推荐申报和实地考核评估等环节确定。省级创业孵化示范基地将重点扶持大学生创业，对毕业年度大学生和毕业 5 年内的高校毕业生创办的实体在创业孵化基地内发生的物管费、卫生费、房租费、水电费，3 年内给予不超过当月实际费用 50% 的补贴。河南省每年对已认定的创业孵化基地进行一次复审，不符合要求的会被取消相应资格，截至目前已经先后组织了八次省级创业孵化示范基地的评审工作。

6. 全省首批人力资源诚信服务示范机构名单揭晓

2014 年 7 月 17 日，河南省人力资源和社会保障厅公布了首批人力资源诚信服务示范机构名单，包括河南天基咨询有限责任公司在内的 10 家人力资源服务机构入选。河南省组织开展人力资源诚信服务示范机构推荐工作，引导人力资源服务机构诚信经营，对于推进河南省人力资源服务机构诚信体系建设具有重要意义。

7. 河南省评选出首届杰出专业技术人才

2014 年 8 月 27 日，河南省委组织部、省人社厅等五部门组织开展了首届河南省杰出专业技术人才选拔工作，评选出首届河南省杰出专业技术人才 29 名。截至目前，河南省已经先后组织过 3 次杰出专业技术人才和专业技术人才先进集体评选，共计评选 89 人、12 个集体。

8. 河南省印发推进大众创新创业的实施意见

2015 年 5 月 15 日，河南省人民政府印发《关于发展众创空间推进大众创新创业的实施意见》（豫政〔2015〕31 号），提出要加快发展河南省众创空间等新型创业服务平台，激发全社会创新创业活力，营造良好的创新创业生态环境，打造经济发展新引擎。

9. 河南省实行教师资格定期注册制度改革

2015年6月28日，河南省教育厅制定全省中小学教师资格考试和定期注册制度改革实施方案，以促进教师专业化发展为导向，通过中小学教师资格考试和定期注册制度改革工作，严把教师职业入口关，强化教师职业道德与教育教学能力建设，不断促进教师队伍水平整体提升。

10. 省教育厅公布全省首批普通高中生涯教育试点学校

2015年8月19日，河南省教育厅通过综合考评公布了全省109所普通高中学校为河南省首批普通高中生涯教育试点学校。河南省以试点学校为先行，通过加强生涯教育课程教师队伍建设，保障普通高中生涯教育工作的有效实施，为全省普通高中生涯教育工作的全面实施奠定了良好基础。

11. 河南省实施优势特色学科建设工程

2015年12月8日，河南省教育厅和财政厅印发《河南省优势特色学科建设工程实施方案》（教高〔2015〕1085号），提出要加强优势特色学科建设，加快高水平大学和特色骨干大学建设，进一步提升高等教育整体水平，为经济社会持续健康发展作出更大贡献。

12. 河南省填补国家科技奖励的最后空白奖项

2016年1月8日，在北京召开的2015年度国家科学技术奖励大会上，河南省共荣获国家科技奖励28项，获奖数量创历史新高，并首次获得国家科技进步奖中的企业技术创新工程、创新团队两类奖项，填补了河南省获得国家科技奖励类别最后两块空白。

13. 郑洛新国家自主创新示范区正式设立

2016年3月30日，国务院常务会议确定设立郑洛新国家自主创新示范区，依托郑州、洛阳、新乡3个城市的高新技术产业开发区，举全省之力将其建设成为具有较强辐射能力和核心竞争力的创新高地。之后，河南省及相关地市出台系列政策措施支持自创区建设，郑洛新自创区已经成为河南省创新引擎和高层次人才的主要集聚地。

14. 河南两单位入选首批国家双创示范基地

2016年5月13日，国务院办公厅公布了首批国家级双创示范基地名单，包括17个区域示范基地、4个高校和科研院所示范基地、7个企业示范基地，其中郑州航空港经济综合实验区入选区域示范基地，洛阳中信重工入选企业示范基地。国家级双创示范基地重点围绕创业创新重点改革领域开展试点示范，入选单位要在拓宽市场主体发展空间、强化知识产权保护、加速科技成果转化、加大财税支持力度、促进创业创新人才流动、加强协同创新和开放共享等领域探索创新、先行先试，率先突破一批瓶颈制约，促进新旧动能顺畅转换。

15. 省政府印发支持大众创业万众创新的意见

2016年5月19日，河南省人民政府出台《关于大力推进大众创业万众创新的实施意见》（豫政〔2016〕31号），提出河南省创新创业要从"小众"走向"大众"，从"众创空间"走向"双创基地"、示范城市，成为全国重要的创新创业新高地。

16. 河南省备案登记首批新型研发机构

2016年11月22日，河南省科技厅公布了第一批备案登记的省级新型研发机构，共计23家单位入选。新型研发机构是高质量发展阶段集聚高端创新资源、开展产业关键技术研发、加速科技成果转化、支撑产业转型升级的新业态新动力新平台，对于吸引高水平创新人才和团队具有重要意义。

17. 河南省实施双创基地建设行动

2017年2月10日，河南省人民政府办公厅根据《国务院办公厅关于建设大众创业万众创新示范基地的实施意见》（国办发〔2016〕35号），提出《关于支持大众创业万众创新基地建设的实施意见》（豫政办〔2017〕28号），要组织实施一批重点工程，建成一批众创空间和公共服务平台。河南省实施双创基地建设行动着力推动大众创业万众创新向纵深发展，发挥创新创业在发展新经济、培育发展新动能、打造发展新引擎中的引领支撑作用。

18. 中国（河南）自由贸易试验区挂牌

2017年4月1日，中国（河南）自由贸易试验区正式挂牌成立，范围共计119.77平方公里，涵盖郑州、开封、洛阳三个片区。河南自贸区是服务于"一带一路"建设的现代综合交通枢纽、全面改革开放试验田和内陆开放型经济示范区。获批建设自贸区对于河南省经济社会的转型创新发展具有重要意义，为河南省面向全球引进高层次人才提供了更加便利的政策优势。

19. 河南省深化人才发展体制机制改革

2017年4月13日，河南省委省政府印发《关于深化人才发展体制机制改革加快人才强省建设的实施意见》（豫发〔2017〕13号），提出在人才管理体制、人才集聚机制、人才开发机制、人才激励机制等方面大胆改革创新，着力构建具有河南特色和更具竞争力的人才制度优势，最大限度激发人才创新创造创业活力。

20. 河南省两所高校获批首批双一流高校

2017年9月20日，国家发改委、教育部等公布世界一流大学和一流学科（简称"双一流"）建设高校及建设学科名单，其中河南省的郑州大学与河南大学榜上有名，郑州大学进入一流大学建设高校行列，河南大学进入一流学科建设高校行列，这是继"985工程""211工程"之后我国高等教育领域的又一国家战略，郑大、河大喜迎历史发展新机遇。

21. 河南省举办首届"豫创天下"创业大赛

2017年9月29日，河南省人力资源和社会保障厅联合省妇联、省邮储银行主办了河南省首届"豫创天下"创业大赛决赛评选活动。创业大赛自4月份启动以来，全省共有1000多个项目报名参赛。对大赛中涌现出来的优秀项目，河南省大众创业导师团队将为其提供1~2年的免费创业咨询服务和指导，并由邮储银行设立融资"绿色通道"，优先给予融资支持。河南省首届"豫创天下"创业大赛的成功举办，进一步激发了全社会的创新潜能和创业活力。

22. 河南省首个诺贝尔奖工作站正式挂牌

2017年10月11日，诺贝尔化学奖得主丹·谢赫特曼工作站在郑州大学正式挂牌，这是河南省首个诺贝尔奖工作站。之后，又有"诺贝尔奖厄温·内尔工作站""诺贝尔医学奖巴里·马歇尔工作站""哈特穆特·米歇尔诺贝尔奖工作站"等相继落户,大幅提升了河南省在前沿科学领域的创新能力,也标志着河南省顶尖人才引进工作取得重大进展。

23. 河南省加强高层次专业技术人才队伍建设

2017年10月18日,河南省人才工作领导小组研究通过了《关于加强河南省高层次专业技术人才队伍建设的实施方案》,这是河南省首个专门针对高层次专业技术人才队伍建设出台的政策文件,提出要坚持服务发展、改革创新,"育""引"结合、统筹兼顾,问题导向、精准施策,优化环境、强化服务的原则,以"高精尖缺"、创新型、引领型专业技术人才为重点,着力打造一批具有创新创造活力、能够推动河南创新发展的高层次专业技术人才。

24. 河南省深化职称制度改革

2017年11月17日,河南省委省政府出台《关于深化职称制度改革的实施意见》,提出了河南省深化职称制度改革总体目标,逐步完成健全职称制度体系、修订各系列评审标准、改进职称管理服务方式等工作。之后,省政府又相继出台相关配套措施,推动职称评审权限下放、畅通职称评聘"绿色通道"、向基层一线实施倾斜等重点改革事项。

25. 河南省出台高层次人才认定和支持政策

2017年11月20日,河南省人才工作领导小组通过了《河南省高层次人才认定和支持办法》(豫人才〔2017〕5号),之后省人社厅又进一步明确了高层次人才认定工作的实施细则。提出要建立科学、规范的高层次人才选拔、评价和激励保障体系,充分发挥高层次人才在加快推进经济社会发展中的高端引领和关键支撑作用。

26. 河南省首个国家级人力资源服务产业园启用

2018年1月3日,中国中原人力资源服务产业园区启用仪式在郑州航空港经济综合实验区举行,该园区是全国11家"国字头"人力资源服务产业园区之一,也是唯一不按照行政区划限制而设立的跨区域性的专业园区。

27. 河南省启动中原学者科学家工作室

2018年4月17日，河南省科技厅宣布启动建设中原学者科学家工作室，为有潜力成长为院士的中原学者设立科学家工作室，实行有针对性的特殊支持政策，加快为河南省培养一批科学家。进一步加大院士工作站等柔性引才力度，鼓励企事业单位、新型研发机构等建设院士（专家）工作站，广泛吸引海内外人才来河南创新创业。

28. 河南省举办首届招才引智创新发展大会

2018年10月27日，由中共河南省委、河南省人民政府、欧美同学会（中国留学人员联谊会）共同主办的首届中国·河南招才引智创新发展大会胜利开幕，这次大会是河南省委省政府实施人才强省战略、打造人才"磁场"的一个缩影。至今河南省已经连续举办了五届招才引智大会，累计签约各类人才20万余人，其中，硕士、博士以及副高以上职称人才9.4万人，落地人才合作项目2289个，招才引智大会已经成为河南广聚英才的平台。

29. 河南省启动实施中原英才计划

2018年11月，河南省委组织部、省人社厅等部门相继公布中原学者、中原领军人才和中原青年拔尖人才名单，并计划用5~10年时间，打造中原人才系列品牌，该计划于2020年7月正式更名为"中原英才计划（育才系列）"，设有中原学者、中原领军人才、中原青年拔尖人才3个层次13类项目。

30. 黄河流域生态保护和高质量发展上升为国家战略

2019年9月18日，习近平总书记在郑州主持召开黄河流域生态保护和高质量发展座谈会并发表重要讲话，标志着黄河流域生态保护和高质量发展升级为国家发展战略。黄河流域高质量发展有利于河南省与沿黄河相关区域实现优势资源互补，对于扩大人才交流合作具有重要意义。

31. 河南省启动职业教育改革

2019年12月9日，河南省人民政府印发《河南省职业教育改革实施方案》（豫政〔2019〕23号），提出河南省将重点支持建设100所左右省级高水平职业院校和150个左右高水平专业群，推动每所职业院校重点建设2~3

个骨干专业群，职业院校、应用型本科高校相关专业教师原则上从具有3年以上企业工作经历并具有高等职业以上学历的人员中公开招聘，鼓励有条件的企业特别是大型企业举办高质量职业教育等。

32. 河南首批产教融合型企业入库培育名单

2020年6月28日，河南省发改委、河南省教育厅发出公示，经企业自愿申报、省相关部门联审、实地考察、专家评估，将25家企业纳入河南省第一批产教融合型企业培育名单。截至目前，河南省已经有三批次共计232家产教融合型企业进入培育库。

33. 河南省人才创新创业试验区启动建设

2020年9月15日，河南省（中原科技城）人才创新创业试验区揭牌成立，并同步发布了《关于在中原科技城建设河南省人才创新创业试验区的实施意见》重磅政策，这是河南省落实推进黄河战略、转变发展方式的重要举措，对于快速集聚人才和项目具有重要意义。

34. 河南贯通技能人才与专业人才职业发展通道

2021年6月11日，河南省人社厅发布《关于进一步贯通技能人才与专业技术人才职业发展通道有关问题的通知》，进一步扩大了技能人才和专业技术人才的职称互通申报领域，从事工程、农业、工艺美术、文物博物、实验技术、艺术、体育、技工院校教师等领域工作的技能人才和专业技术人才，均可在职称上互通申报。同时，支持技能人才取得经济、会计、统计、审计、翻译、出版、通信、计算机技术与软件等专业技术人员职业资格。

35. 河南省加快推进新型智库建设

2021年7月14日，河南省委书记楼阳生到省社会科学院调研并主持召开座谈会，研究事关河南现代化建设的重大问题，并推进新型智库建设等工作。强调要注重高水平人才培养引进，打造结构合理、梯次衔接的社科人才队伍，要通过体制机制创新引进人才、留住人才、用好人才，完善人才政策体系和评价激励机制，让近者悦、远者来，优者上、庸者下，打造人才集聚的大平台，建成国内一流的哲学社会科学研究机构。

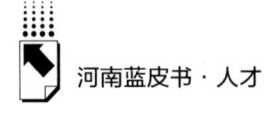

36. 河南省首家省实验室揭牌并启动建设

2021年7月17日，河南省第一家省实验室嵩山实验室正式揭牌运行，这标志着河南省重塑实验室体系、搭建一流创新平台迈出了实质性步伐。省委书记楼阳生出席并讲话，省长王凯出席。建设省实验室将重点集聚高层次创新人才，将坚持以事业留人、平台留人、环境留人、待遇留人，着力完善以增加知识价值为导向的分配政策，创新科研管理和评价激励机制，解决好住房保障、子女就学等具体问题，更好地吸引人才、培养人才、用好人才。截至目前，河南省已批准建设10家省实验室，已分三批挂牌运行8家。

37. 河南省乡村人才振兴五年行动计划正式启动

2021年8月20日，中共河南省委农村工作领导小组印发《河南省乡村人才振兴五年行动计划》（豫农领发〔2021〕6号），提出将培育五类重点人才，分别是农业生产经营人才、农村二三产业发展人才、乡村公共服务人才、乡村治理人才、农业农村科技人才等。力争到2025年基本形成乡村人才培养开发、评价发现、选拔使用、流动配置、激励保障等制度框架和政策体系。

38. 河南以赛代练促进全民技能振兴

2021年8月25日，河南省政府办公厅印发了《河南省职业技能竞赛管理办法（试行）》，旨在以赛代练激发技能人才素质大提升，加快技能河南建设。将划拨专项经费予以支持举办赛事活动、奖励参赛选手等。此外，世赛获奖者、国赛金牌获得者被纳入事业单位招聘"绿色通道"，可适用人才编制政策，按规定办理入编入岗手续。

39. 河南省成立科技创新委员会

2021年9月22日，河南省成立科技创新委员会，河南省委书记楼阳生、省长王凯担任双主任，省委省政府有关领导担任委员，建立党政"一把手"抓创新的工作机制，落实地方领导和组织本地创新发展的主体责任，表明河南省委省政府对构建一流创新生态、建设国家创新高地的高度重视。截至2022年底，河南省科技创新委员会已召开八次会议，分专题研究了河南科技创新的相关问题。

40. 河南开放大学综合改革方案出炉

2021年9月30日，省政府办公厅印发《河南省开放大学综合改革方案》，提出要主动适应数字化、智能化、终身化、融合化教育发展趋势，经过5年左右时间，通过改革和优化办学体制机制，把开放大学建成河南省终身教育的主要平台、在线教育的主要平台和灵活教育的平台、对外合作的平台，成为服务全民终身学习的重要力量和建设技能社会的有力支撑。河南开放大学在承担国家开放大学办学业务的同时，将在省教育厅指导下自主开展本、专科学历继续教育，颁发相应的学历教育证书，依法依规申请学士学位授予权。

41. 河南省推进"人人持证、技能河南"建设部署

2021年10月15日，全省高质量推进"人人持证、技能河南"建设动员部署电视电话会议召开，省委书记楼阳生出席并讲话，省长王凯主持。会议深入贯彻习近平总书记关于职业教育和技能培训的重要论述，落实省委工作会议要求，安排部署"人人持证、技能河南"建设工作。

42. 河南省首批省产业研究院与中试基地揭牌

2021年10月16日，河南首批省产业研究院和中试基地揭牌仪式在郑州举行。省委书记楼阳生出席并讲话，省长王凯出席。楼阳生为首批10家省产业研究院和8家省中试基地揭牌。河南省成立省产业研究院、中试基地，意义重大、影响深远，这是贯彻习近平总书记视察河南重要讲话和重要指示精神的重大举措，也是河南省打造一流创新生态、产业生态，建设国家创新高地的又一具体行动。截至目前，河南省已经分批次建设25家省产业研究院、21家省中试基地。

43. 全国"双创"活动周首次将主会场设在河南

2021年10月19日，全国"双创"活动周启动，郑州首次作为主会场举办全国"双创"周活动，这也是组委会首次将主会场设在中部城市，这是对河南和郑州创新创业工作的充分肯定、激励和鞭策。活动将采取线上与线下相结合的形式，突出河南创新创业特色，全面展示创新创业工作成效，营造良好创新创业创造新生态，纵深推进大众创业万众创新，助力经济高质量发展。

44. 河南省首个智慧岛揭牌

2021年10月21日，2021数字经济峰会暨新型智慧城市大会在郑州举行，省委书记楼阳生出席并为河南省首个智慧岛——中原龙子湖智慧岛揭牌。智慧岛是河南的一张名片，也是探索创新支持经济高质量发展的河南模式。河南省政府办公厅印发了《加快推进智慧岛建设实施方案》等一系列支持政策，加紧布局各地智慧岛建设，实现智慧岛省辖市和济源示范区全覆盖。

45. 人才强省被列入河南省十大战略之首

2021年10月26日，中国共产党河南省第十一次代表大会做出了实施"十大战略"的重大决策，"创新驱动、科教兴省、人才强省战略"作为首位战略被写入大会报告，对构建一流创新生态、建设国家创新高地作出了系统安排。河南省将从多个方面着力推进建设国家创新高地，采取超常规、突破性政策措施，实施一流人才生态建设、大规模常态化招才引智、高端人才培养引进等专项行动。

46. 河南省聚焦"六个一流"建设国家创新高地

2021年11月3日，河南省科技厅相关负责人表示将紧紧围绕"建设国家创新高地"这一宏伟目标，着力在"六个一流"方面协同发力，即建设一流创新平台、凝练一流创新课题、培育一流创新主体、集聚一流创新团队、创设一流创新制度、厚植一流创新文化。

47. 河南省重点增强高等学校的科技创新能力

2021年12月8日，河南省下发《关于提升高校科技创新能力的实施意见》，为全省高校科技创新工作定下新目标、制好"施工图"。力争到2025年，全省所有省辖市和济源示范区实现本科高校全覆盖，填补电子科技、航空航天、体育、美术等类型本科高校空白，理工类高校占比达60%以上，全省高校区域、层次、类型布局趋于合理。到2035年，全省高校布局有力支撑产业发展和国家创新高地建设，成为高质量发展的创新驱动器、人才孵化器。

48. 重建重振河南省科学院揭牌仪式举行

2021年12月28日，重建重振河南省科学院揭牌仪式在郑州举行，标志着这艘河南科研新"航母"正式起航。重建重振的省科学院设立了基础学部、产业学部、未来学部，同时创新实施"以实验室办院、以研究所办院、以产业研究院办院"模式并赋予其独立法人资格，赋予首席科学家决定性的技术路线决定权。

49. 河南省"十四五"人才发展规划正式发布

2021年12月31日，河南省人民政府印发《河南省"十四五"人才发展人力资源开发和就业促进规划》（豫政〔2021〕62号），提出以人才引领发展、技能促进就业、就业推动增收为主线，全方位培养、引进、用好人才，全面推进"人人持证、技能河南"建设，推动实现更加充分更高质量就业，为建设现代化河南提供重要支撑。

50. 河南省启动"银发人才库"建设工作

2022年1月6日，河南省委老干部局印发通知，部署"银发人才库"建设工作。采取省、市、县三级分别建库的方式，由各地各单位在广泛动员、自主报名的基础上，经审核遴选、分类建档，形成本级银发人才库。省委老干部局在各地各单位推荐的后备人选中，择优组建省级银发人才库。银发人才涵盖党建、宣传、管理、经济、法律、科技、农业、教育、医疗卫生、文化艺术等十大领域。

51. 河南省出台意见加快建设国家创新高地

2022年1月16日，河南省委省政府印发《关于加快构建一流创新生态建设国家创新高地的意见》，明确河南阶段性发展目标任务，提出到2035年，河南省创新能力进入全国前列，国家创新高地基本建成。

52. 河南省省级科技研发计划联合基金签约仪式举行

2022年2月18日，河南省省级科技研发计划联合基金签约仪式举行，联合基金由省财政厅、省科技厅发起，郑州大学、河南科技大学、河南农业大学、河南中医药大学、河南工业大学以及省农科院、省气象局等共同参与，集中资源推动河南省重点学科建设和产业关键技术攻关。

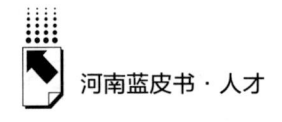

53. 河南省国企改革成效受到国务院通报表扬

2022年4月23日，国务院国有企业改革领导小组公布2021年度地方国企改革三年行动重点改革任务评估结果，河南省被评为A级，并予以通报表扬。河南省管企业在战略重组、企业领导人员管理、经营性国有资产集中统一监管等方面实现新突破，河南能源改革重生、河南资产市场化改革等一批新的改革经验叫响全国，实现"整体领先、个体出彩"。

54. 河南省诞生首个工业互联网平台"国家队"

2022年5月18日，工信部公布全国"2022年新增跨行业跨领域工业互联网平台"名单，全国共有14个平台入围，河南省推选的天瑞集团信息科技有限公司天信工业互联网平台榜上有名，这是河南省入选的首个双跨平台，实现了河南工业互联网平台跻身"国家队"零的突破。

55. 河南省支持科技型中小企业发展

2022年5月20日，河南省科技厅印发《关于营造更好环境支持科技型中小企业研发的实施方案》，统筹实施科技型中小企业主体培育、研发支持、质量提升、金融供给、人才引育、转化示范六大工程，其中进一步加大了对科技研发活动的支持力度。

56. 河南省出台"1+20"一揽子人才政策

2022年6月10日，河南省制定出台以《关于加快建设全国重要人才中心的实施方案》为引领，涵盖引才措施、推进机制、服务配套等各环节"1+20"一揽子人才引进政策措施，积极实施人才强省"八大行动"，吸引人才快人一步、礼遇人才超常力度。

57. 河南人才集团揭牌成立

2022年6月16日，河南省人才集团有限公司在郑州举行揭牌仪式，标志着中部六省首个省级人才集团正式起步。河南人才集团将创新服务理念，在市场化的引才机制、市场化的人才认定标准、市场化的人才服务体系等方面勇于突破，建设全省统一的人才数据服务平台；发挥资本的力量，建设人才发展基金，实现人才链与产业链、金融链的融合发展。致力于打造高端人才的提供者、重点行业的智囊团，加速一流创新人才集聚河南。截至目前，河南人才集团旗下已经拥有46家分子公司，业务覆盖北京、上海等全国20余个省市，累计为河南省引入各类高层次人才6000多名。

58.河南新出台高考改革方案

2022年6月23日，河南省人民政府印发《河南省深化普通高等学校考试招生综合改革实施方案》（豫政〔2022〕22号），确定河南省2022年启动高考综合改革，实行基于统一高考和高中学业水平考试成绩、参考综合素质评价的普通高等学校考试招生模式。进一步完善高职院校分类考试招生制度改革，2025年起实行"3+1+2"模式的新高考。

59.河南省举办第一届职业技能大赛

2022年6月25日，河南省第一届职业技能大赛开幕，共有18个代表团围绕35个比赛项目展开激烈竞争，大赛共有参赛选手1412人，其中比赛项目参赛选手1187人、表演赛项目参赛选手225人，是目前河南省规格最高、赛项最多、规模最大的综合性职业技能竞赛活动。大赛是深入实施创新驱动、科教兴省、人才强省战略的重要举措，也是"人人持证、技能河南"建设的战略工程、惠民工程、德政工程。

60.河南实施基层骨干医师培训计划

2022年7月13日，河南省卫生健康委印发《"百县工程"县域医疗中心综合能力提升工作方案（2022~2025年）》，正式实施基层骨干医师培训计划，即"栋梁521计划"。通过专业理论知识培训和专业技能培训相结合，计划利用5年时间，为市、县两级医疗机构培养1万名骨干医师，持续提升基层医疗机构队伍素质。省卫生健康委选定河南省人民医院等10所医疗机构作为全省"栋梁521计划"实施的培训基地，并安排专项资金用于培训基地经费保障。

61.首批"科创中国"创新基地河南6家入选

2022年8月10日，中国科协发布了首批认定的194家"科创中国"创新基地，河南省共有6家创新基地入选。"科创中国"创新基地是中国科协推动产学研协同创新和科技成果转移转化的合作载体，也是"科创中国"各类资源下沉汇聚的承接平台。创新基地分为产学研协作、创新创业孵化、国际创新合作三种类型，依托创新型企业、重点高校、科研院所、新型研发机构、产业技术研究院、创新创业孵化园区等进行建设。首批创新基地获得认定后，即进入3年建设周期，根据"科创中国"的工作整体推进情况，创新基地除将获得经费支持，还将获得"科创中国"科技服务团等专家资源服务。

62. 河南省举办青年科技创新论坛

2022年8月10日，由团省委等单位举办的河南青年科技创新论坛在郑州举行。河南省要发挥各级共青团的作用，围绕科技创新"六个一流"构建，深入实施青少年创新创造登攀行动，持续搭建创新平台，引领青年投身创新实践；各级党委政府加强领导，各职能部门密切配合，完善体制机制，形成良好氛围，让青年人才来得了、住得下、留得住。

63. 河南省科创委召开会议研究人才工作

2022年9月1日，河南省科技创新委员会召开第七次会议，研究了高校学科布局、省实验室建设和人才工作等，省委书记楼阳生主持并讲话，省长王凯出席。会议强调要引导省内高校全面提升办学质量和人才培养水平。会议高度评价了河南人才集团的工作成效，指出要坚持对标一流、强化创新，健全市场化引育机制，做好人才资源开发、智库咨询、综合服务等工作，打造具有中原特色的知名人才供应商，为建设国家创新高地和重要人才中心提供坚实支撑。

64. 河南省确定首批产业创新中心

2022年9月5日，河南省确定了首批8家河南省产业创新中心，作为河南创新体系的重要组成部分、国家产业创新中心"预备队"。未来，这8家中心将突破一个个"卡脖子"问题，重点部署建设创新生态、关键技术研发、推动技术成果转移转化、深化创新体制机制改革和加强产业创新人才培养等方面的重点任务，在各自领域开辟应用研究和产业化双向链接的"快车道"。

65. 河南省加快建设省管企业人才新高地

2022年9月12日，河南省国资委印发《关于加快建设省管企业人才新高地的若干措施》，吸纳全省国企改革三年行动经验做法，着力解决省管企业人才工作短板弱项，整体布局突出目标导向、市场导向、能力导向、价值导向、效果导向"五个导向"，聚焦系统谋划人才强企战略、精准引用高精尖缺人才、大力提升人才素质能力、持续改进人才评价激励、全面提升服务保障水平"五大部分"，提出了20条具体措施。

66. 河南聘任"第一战略"首席科学家

为充分发挥战略科学家的引领作用，省委人才工作领导小组决定聘请8名顶尖科学家担任"河南省实施创新驱动、科教兴省、人才强省战略首席科学家"，2022年9月24日，在第五届中国·河南招才引智创新发展大会开幕式上，省委书记楼阳生为首席科学家代表颁发聘书。

67. 河南省国家级高新区数量达到9家

2022年12月14日，国务院批复同意许昌高新技术产业开发区升级为国家高新技术产业开发区，至此河南省国家级高新区数量达到9家。目前河南省已建设高新区39家，其中包括9家国家高新区，数量位居中部地区第2、全国第5。国家高新区聚焦"发展高科技、实现产业化"，是实施科技创新的重要平台，也是高层次人才的主要集中地。

68. 第一届河南省博士后创新创业大赛举行

2022年12月22日，第一届河南省博士后创新创业大赛在郑州举行，经过两天角逐，共有5个项目获得金奖，10个项目获得银奖，15个项目获得铜奖。根据赛前发布的政策，获得金奖的项目核心成员为博士后的，可不受事业单位岗位结构比例限制申报正高级职称；获得银奖、铜奖和优胜奖的项目核心成员为博士后的，可不受事业单位岗位结构比例限制申报副高级职称。此外，获奖项目落地，各地人才项目予以优先支持，并享受减免场租等政策支持；同时，大赛获奖项目择优推荐给各类投资机构，大赛合作银行等金融机构择优给予贷款授信支持。

69. 河南省科学院院长聘任仪式举行

2022年12月28日，河南省科学院举行理事会成立大会暨第一次会议，会议决定聘请中国科学院院士徐红星担任河南省科学院院长，省委书记楼阳生出席并讲话，省长王凯颁发聘书。会议同时产生了第一届理事会理事名单，通过了理事长、副理事长人选，审定了《河南省科学院章程》等5个文件，这标志着重建重振河南省科学院进入了全面规范化运行的新阶段。

Abstract

This Book is jointly compiled by the Organization Department of CPC Henan Provincial Committee, Henan Academy of Social Sciences and Henan Talent Group, with the theme of "Building Important Nationwide Talent Center". It aims to take new development, new requirements and new reform as the keynote in the context of the new era, summarize and display the overall situation of Henan's talent work and talent development in the new era, focus on the implementation of such strategies as innovation-driven, reinvigorating Henan through science and education, and strengthening Henan through talents, and conduct in-depth research and analysis on the opportunities, challenges and key tasks faced by accelerating the construction of the national innovation hub and the nationwide important talent center. The whole Book is divided into such five parts as General Report, Sub-reports, Special Report, Regional Report and Appendix. It focuses on the forward-looking, originality, applicability and operability of the research, strives to transform the guiding ideology, strategic objectives, key tasks and policy measures of talent work in the new era determined by the CPC Central Committee, the CPC Henan Provincial Committee and the People's Government of Henan Province into development ideas, countermeasures and suggestions, which provides reference for Party committees and governments at all levels in decision-making, and provides valuable information for all sectors of the society.

The General Report mainly and systematically describes the historic achievements made by and the situation and opportunities faced by Henan Province in talent construction in the past ten years, as well as the prospects and suggestions for the future. According to the report, in recent years, Henan has conscientiously implemented the various decisions and arrangements of the CPC Central

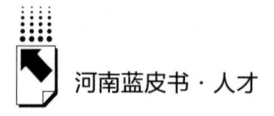

Committee, the CPC Henan Provincial Committee and the People's Government of Henan Province on talent work, unswervingly implemented the strategy of strengthening Henan through talents, making the talent policy system constantly improved, the talent service guarantee constantly strengthened, and the talent base constantly consolidated and the Wild Goose Queue effect of talent development being accelerated. At present, it is in the period of seizing strategic overlapping opportunities to build the national innovation hub and the nationwide important talent center. The whole Province should keep abreast of the pulse of the times, adhere to the strategic position of talent leading development, and strive to create the new hub for talent convergence, the preferred place for talent innovation, and the place with full talent vitality.

The Sub-reports of this Book analyzes the current situation and problems of the talent teams construction in such key fields as science and technology, innovation and talents of the whole Province, shows the practical exploration, work achievements and ideas and measures of various departments in promoting talent work from different angles, and then makes analysis of and prospect on how to accelerate the construction of talent teams in various fields in the future.

The Special Report of this Book focuses on such hot and difficult points of development as creating a first-class talent development ecology, guiding the development of young talents, deepening the reform of talent system and mechanism, promoting the construction of "Technical and Skillful Henan through the Large-scale Holding of Certificates by the Public", promoting entrepreneurship, and puts forward targeted countermeasures and suggestions based on the reality and forward-looking development.

The Regional Report of this Bookmainly focuses on the regional practice and exploration of talent development in Zhengzhou, Luoyang and Nanyang, and carries out in-depth research and discussion on the collaborative development of talents in Zhengzhou Metropolitan Area. At the same time, it compares and summarizes the experience of talent development in developed areas at home and abroad, with a view to providing reference for accelerating the development of talents in Henan region.

The Appendix of this Book systematically collates the important events and

Abstract

policy documents of talent development in Henan since the 18th National Congress of the CPC, enabling readers to have a full understanding of the overall context of talent development in Henan during this period.

Keywords: Talent Development; National Innovation Hub; the Important National Talent Center; Henan

Contents

I General Report

B.1 Accelerating the Construction of an Important National Talent Center: Analysis and Prospect on the Development Trend of Henan's Talent

Research Group of Annual Report on Development of Henan's Talent / 001

Abstract: Since the implementation of the 13th Five-Year Plan, Henan has deeply implemented the strategies of innovation-driven development, provincial rejuvenation through science and education, and provincial consolidation through talents, thus promoting Henan's talent work to achieve significant achievements and changes. Now Henan's talent work has accumulated valuable experience in terms of work layout, team building, institutional reform and ecological optimization. There will be lots of opportunities and challenges in the process of accelerating the construction of a national innovation highland and an important national talent center via the 14th Five-Year Plan period. It's necessary to strengthen the Party's overall leadership over the talent work and establish the concept that talent is the first resource. Also, it's quite important to "cultivate, introduce and use" talents in an all-round way, build a high-quality talent platform, create a first-class talent development ecology, and to transform the "first resource" into the "first power" of high-quality development.

Keywords: Talent Work; the Important National Talent Center; Henan

II Sub-reports

B.2 Analysis and Prospect of the Construction of Scientific
and Technological Innovation Talents in Henan

Xing Yuhui, Xie Yu / 034

Abstract: Technology is the primary productiveforce, talent is the primary resource, and innovation is the primary driving force. Henan's implementation of "innovation-driven, science and education to revitalize the province, and talents to strengthen the province" is inseparable from many high-level scientific and technological innovation talents. In the past two years, the construction of Henan science and technology innovation talent team has achieved outstanding results: the policy system of scientific and technological innovation talents has been continuously improved and upgraded, the introduction and cultivation of scientific and technological innovation talents team has achieved outstanding results, the innovation output of scientific and technological innovation talents team has achieved remarkable results, and the reconstruction and revitalization of the Provincial Academy of Sciences has made remarkable achievements in gathering talents. Achievements, high-end carriers of scientific and technological innovation talents continue to emerge, the internationalization of scientific and technological innovation talents has been further accelerated, investment in scientific and technological innovation talents has increased significantly, and a first-class innovation ecology for scientific and technological innovation talents has initially formed. At the same time, there are also problems that the high-quality development of higher education needs to be further improved, the structure of the scientific and technological innovation talent team needs to be further optimized, and the "five first-class" reform measures need to be further deepened. In order to build a national innovation highland and an important talent center, it is recommended that Henan make efforts in six aspects: strengthen the construction of "double first-class" universities, focus on promoting the quality and efficiency of higher education; adhere to the leadership of high-end talents, and actively implement the "eight major actions to strengthen the province with talents"; implement the integrated development of "industry, city and people", and take multiple measures to break through the problem of brain drain; optimize the distribution of regional talent resources, explore the sharing mechanism of scientific and technological talent resources; strengthen the carrier of high-end innovation platform, and speed up the construction of first-class technological innovation platforms; reshape and rebuild the scientific and technological system mechanism, and improve the governance system for scientific and technological innovation talents.

Keywords: Scientific and Technological Innovation Talents; Innovation Highland; Talent Center; Eight Major Actions; Talent Sharing

B.3 Analysis and Prospect of the Construction of Professionaland Technical Talents in Henan Province

Zhang Cheng, Pan Yong, Yang Fenglei and Ai Xiaoguang / 049

Abstract: The professional and technical talent team is an important phalanx in Henan's talent team, and it is the backbone force to implement the strategy of innovation-driven, science and education to revitalize the province, and talents to strengthen the province. In order to build a national innovation highland and create an important national talent center, the report analyzes the development status of professional and technical personnel in Henan, points out the difficulties and challenges in its current development, and puts forward countermeasures and suggestions on how to strengthen the construction of professional and technical personnel under the new situation: focus on gathering high-level professional and technical talents, build a platform for high-level professional and technical talent, accelerate the reform of the personnel system of public institutions, build a support mechanism for diversified capital investment, form a multi-party cooperation mechanism for training professional and technical talents, improve the management system of professional and technical talents, and continue to deepen the system and mechanism of talent development and stimulate the innovation vitality of the whole society.

Keywords: Professional and Technical Talents; High-level Talents; Talent Gathering Carrier; Henan

B.4 Analysis and Prospect of the Construction of High Skilled Talents in Henan Province

Mei Letang, Tian Hua, Wu Deqiang and Li Wenle / 063

Abstract: High-skilled talents are the main force of industrial development. In recent years, the construction of high-skilled talent team in Henan Province has made remarkable achievements. This paper summarizes the development experience of the highly-skilled talent team in Henan Province, analyzes the international situation, the domestic situation and the Henan's situation of the highly-skilled talents, and finds that there are some problems in Henan's highly-skilled talent team construction, such as insufficient quantity and scale, insufficient allocation of social resources, insufficient characteristics of the evaluation mechanism, and insufficient comprehensiveness in the cultivation and innovation experience. Put forward policy suggestions such as improve the training system for highly skilled talents with multiple linkages, build a platform for highly skilled talents to adapt to China's modernization, constructing a scientific and standardized evaluation mechanism for highly-skilled talents, establish and improve the incentive mechanism for highly-skilled talents.

Keywords: Skilled Henan; High-skilled Talents; Henan

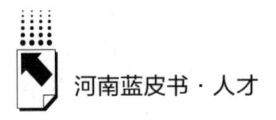

B.5 Analysis and Prospect of Advanced Manufacturing Talent
Team Construction in Henan Province

Fang Runsheng, Zhang Xiaoxia / 074

Abstract: In recent years, Henan has deeply implemented the strategy of innovation-driven, talent strong and digital transformation, firmly focusing on high-quality development of manufacturing industry, and increasing demand for manufacturing talents, especially advanced manufacturing talents. The Provincial Party Committee and the Provincial Government attach great importance to the work of advanced manufacturing talents, and have introduced a series of policies and measures. The policies and systems and mechanisms in the field of advanced manufacturing talents have been continuously improved, the scale of talents has continued to expand, the demand for talents has maintained a strong momentum, and talents in key fields have continued to be enriched. The level of professionalization of talents has also been continuously improved. At the same time, in the process of building a talent team for advanced manufacturing, Henan still faces problems such as the overall effectiveness of talents to be improved, carrier construction to be strengthened, and a large gap in digital talents. Therefore, it is necessary to further improve the overall strategic planning, the introduction of world-class talents, the training of digital transformation talents, the construction of talent team training carrier and the optimization of talent ecology. Accelerate the realization of the modernization of Henan with the advantages of advanced manufacturing talent team.

Keywords: Advanced Manufacturing; Talent Recruitment; Technological Innovation

B.6 Current Situation and Prospect of Digital Economy
Talent Construction in Henan Province

Wang Changlin, Sun Ke and Si Linsheng / 087

Abstract: The digital transformation strategy is one of the top ten major strategies of Henan Province, and creating a highland of talents in the digital economy is the key to implementing the digital transformation strategy. In order to provide strong support for the construction of a highland of talents in the digital economy, the report summarizes the main achievements in the construction of digital economy talents in Henan Province in recent years from six aspects: the continuous improvement of talent policies, the improvement of both the quality and quality of talents, the significant improvement of talent efficiency, and the accelerated development of talent platforms, the talent ecology is better, and the talent management is intelligent and efficient; the new situation facing the construction of talents in the digital economy in Henan is analyzed from six aspects: the talent strategy needs to clarify the new missions, the talent recruitment needs to anchor the new demands, and the talent training needs to adhere to the new concept s. Talent governance needs to reflect new ideas, talent quality improvement needs to focus on new tasks, and talent policy evaluation needs to highlight new orientations; put forward countermeasures and suggestions for creating a digital economy talent highland from six aspects: strengthen the top-level design of the digital economy, and recruit talents well. Combination of wisdom, adhere to the collaborative education of industry, academy and research, deepen the reform of talent system and mechanism, improve the digital literacy of leading cadres, and strengthen the evaluation of policy implementation effects.

Keywords: Digital Economy; Digital Literacy; Talent Ecology; Talent Governance; Talent Highland

B.7 The Construction and Prospect of Rural Revitalization
Talent Team in Henan Province   *Zhang Daoming* / 103

Abstract: Rural revitalization, talent is the cornerstone, is the key to the formation of self-hematopoietic ability in rural areas. The report of the 20th National Congress of the Communist Party of China proposed that the whole party and the whole society should be used to comprehensively promote rural revitalization, adhere to the priority development of agriculture and rural areas, and promote high-quality and efficient agriculture, livable and workable countryside, and prosperity for farmers. Henan is a province with a large agricultural population, and it is particularly crucial to cultivate a team of rural talents to comprehensively realize rural revitalization. In the decade of the new era, the revitalization of rural talents in Henan has reached a new level and achieved new results, the training mechanism has been continuously improved, the service system has been gradually constructed, and the growth environment has been continuously optimized, but there are still problems such as insufficient total supply of rural talents, unreasonable professional structure, "difficult introduction" of foreign talents, "difficulty in retaining local talents", and training accuracy needs to be improved. In promoting the strategy of rural revitalization, Henan needs to continue to strengthen the support of rural education, medical care, health and other guaranteed talents, solve the restrictive problems of talent team construction, accelerate the realization of agricultural and rural modernization to provide talent guarantees, and continue to make efforts to optimize the environment for talent revitalization and cultivation.

Keywords: Rural Revitalization; Talent Team; Talent-strengthening Province

B.8 Research on the Current Situation and Countermeasures of Talent Development in Modern Service Industry in Henan Province　　*Fang Xueqin, Zhang Shan* / 117

Abstract: The high-quality development of modern service industry is a solid support for the construction of modern Henan. To build a strong province with a modern service industry, the key is to gather a large number of talents in the modern service industry. The report analyzes the status quo of talent development in the modern service industry in Henan Province: the role of industrial development in the gathering of talents is increasing, the policy of talent team building is strong, the construction of talent platforms is heavily focused, the scale of talent teams continues to increase, and the talent structure continues to optimize. The construction of the modern service industry talent team in Henan Province is still difficult to effectively meet the needs of the fast-growing modern service industry for talents. The specific manifestations are that the growth rate of talents needs to be further improved, the structural distribution of regions and industries needs to be further improved, and the cultivation of scarce talents needs to be further strengthened. Large scale, talent ecological environment needs to be further optimized and other issues. Therefore, efforts should be made to ensure the supply of talents in the modern service industry, improve the imbalance in the regional industry structure of talents, refine the training and introduction mechanism for talents in short supply, and optimize the hard and soft environment of the talent market to meet the needs of the future modern service industry for talent development.

Keywords: Modern Service Industry; Talent Team; Henan

B.9 Analysis and Prospect of the Construction of Managerial and Administrative Talent Team in Henan Province

Zhang Donghong, Cheng Baolong and Deng Jing / 129

Abstract: Entrepreneurs are the power source of economic and social development, and the primary driving force of enterprise growth and development. At present, Henan Province is undergoing industrial transformation and upgrading, High-quality enterprise management talents will supply important support to achieve "two guarantees" and "ten strategies" for Henan Province. The report analyzes the construction effect of enterprise management talents in Henan Province, combine with the future development trend point out the main problems currently, and puts forward relevant countermeasures and suggestions simultaneously. Specifically, Henan Province strengthened personnel policy guarantee, broaden the talent introduction channels, provided a boarder development prospects for talents, the improvement of overall talent team quality lead enterprise develop to a high level; But there still exist some problems, such as a large talent gap, the environment for talent development needs to be improved, the prefessional level of talent is insufficient. In the future, Henan Province should strengthen the talent introduction and cultivation, optimize the environment of talent development, promote enterprise management talents reach a professional, market-oriented and standardized level.

Keywords: Management Talents; Entrepreneurs; Talent Team Building; Talent Development Environment

B.10 Analysis and Prospect of Medical and Health Talent Team Construction in Henan Province

Sun Zhaogang, Zeng Xin and Chu Tao / 142

Abstract: We systematically summarize the achievements of the construction of talents team in the health system of Henan Province. Our researchshowed the overall characteristics of steady growth of the total talent resources, the continuous improvement of talent quality, the continuous optimization of the structure, the accelerated development of talent incubation platform, the continuous improvement of the talent system and mechanism and the continuous optimization of the development environment. However, there are some problems that the construction of health talents in Henan Province does not meet the requirements of high-quality development of health undertakings in the new era. It is necessary to strengthen the idea that talents are the first resource. We should take promoting high-quality development as the theme, vigorously strengthen the construction of health professionals, and develop high-level talents at home and abroad to build high-quality talent support. Finally, we should deepen the reform of the system and mechanism of talent development, so as to provide strong talent support for accelerating the construction of Healthy Central Plains and safeguarding the health of the people.

Keywords: Health Talents; Talent Building; Talent Development Mechanism; Henan

B.11 Analysis and Prospect of the Talent Team in the Educational Field in Henan Province

Wang Xigang, Zhang Shouheng and Shen Xuewu / 156

Abstract: Henan province attaches great importance to the development of talents, deeply integrates into the construction of a new development pattern, formulates and implements ten strategies headed by the strategy of "innovation-driven, revitalizing the province through science and education and strengthening the province through talents", and introduces a series of concrete measures to promote the high-quality development of education. At present, Henan's talent training conditions continue to be optimized, the talent reserves are getting better and better, the ability to exert the value of talents continues to increase, and the talent development and management mechanism is more effective. However, the construction of talent teams in the field of education in Henan still faces some challenges. For example, the carrier of first-class talents needs to be improved in quality and efficiency, the talent gap is large, and the problem of weak competitiveness in attracting talents still exists. Among them, the shortage of high-level top talents has become the major issues restricting the development of education in Henan province. For this reason, Henan province should continue to implement the instructions of the Party's 20th National Congress and the decision-making and deployment of the CPC Central Committee in the future education work, adhere to the strategy of giving priority to the development of education, coordinate the responsibility of all parties, promote the construction of local talents cultivation system with coordinated reform and high-quality innovation, implementing more favorable and sincere talent development policies and measures, building a resource-rich, flexible and smooth talent service management mechanism, creating a highland of excellent talents with digital empowerment and intelligent integration, and will integrate the idea of building virtuous and cultivating human beings, quality and efficiency, service society into the whole process of Henan's education modernization.

Keywords: Education Field; Talent Team; Education Modernization

Ⅲ Special Reports

B.12 Research on the Development Ecology Offirst-class Talents in Henan Province

Research Group of Innovation and Development
Institute of Henan Academy of Social Sciences / 171

Abstract: "Human resources are the first resource". Talent competition, in the final analysis, is the competition of talent ecology. In recent years, Henan has focused on building a national key talent center, constantly improving the top-level design of talent development, promoting the orderly iteration of talent policies, creating a closed-loop ecology of industry talent integration, deepening the reform of the talent development system and mechanism, building a talent recruitment highland, launching the talent introduction brand of "hometown Henan", and creating highlights of first-class talent development ecology. However, there are still some problems, such as insufficient talent, poor talent structure, weak service ability, and poor system and mechanism. It is urgent to put the creation of a first-class talent development ecology in a more prominent position. By building a talent introduction pattern of "taking production as the key and matching production with talent", building a talent cultivation system of "multi-party cooperation and complementary advantages", and creating a talent retention ecology of "deep fish gathering, lush forests and birds roosting" Stimulate the reform dividend of talent development system and mechanism innovation, create a "tropical rainforest style" talent service system, and constantly open up a new situation of building a strong province with talents in an innovative era,

Keywords: Talents; Develop Ecology; Talent Concept; Talent Policy; Henan

B.13 Research on Accelerating the Introduction of Young Talents to Promote the Construction of Talented Province

Hao Yingying / 186

Abstract: As a new force of scientific and technological innovation, young talents have very important strategic significance in the process of realizing high-quality development of the whole society. In recent years, Henan Province has implemented a series of new talent policies in promoting scientific and technological innovation and the construction of national important talent centers, and has achieved outstanding results in the construction of a strong talent province. Therefore, this report takes the work of attracting and cultivating young talents in Henan Province as the main content, sorts out a series of policy measures in the process of attracting and cultivating young talents in Henan Province in the past, summarizes the outstanding achievements, and points out the opportunities and challenges faced by young talents at this stage. On this basis, it is proposed that Henan Province should do a good job in design and optimization from the aspects of top-level design, talent introduction path, diversified training and environmental construction, accelerate the establishment of a provincial youth talent echelon, and promote the construction of a strong talent province in Henan Province to create a new situation.

Keywords: Youth; Talent Policy; Talent Cultivation

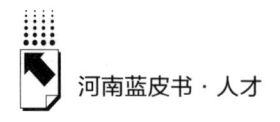

B.14　Deepen the Reform of Talent Development System and Mechanism, and Promote the Construction of National Key Talent Highlands　*Tang Xiaowang* / 198

Abstract: Talents are the first resource and innovation is the first power. In the new journey of building socialist modernization in an all-round way, the competition around talents is becoming increasingly fierce. As far as Henan is concerned, there are rare opportunities and challenges to promote the development of talent cause. At present, the talent management in our province has an administrative tendency, the talent evaluation has the problem of "four only", and the use, incentive and flow of talents are insufficient. Therefore, it is necessary to further deepen the reform of talent development system and mechanism, and promote the innovation of talent management mechanism, evaluation mechanism, use mechanism, incentive mechanism and mobility mechanism. At the same time, we should adhere to the principle of the Party governing talents, accelerate the construction of a diversified talent input system, improve the talent development policy guarantee system, and provide intellectual support for building an important talent highland in China.

Keywords: Talents; System and Mechanism Reform; the Important National Talent Center; Talent Building

B.15　Research on the Construction Effects and Countermeasures of "Everyone Should Have Certificate and Skill in Henan"
　　　Han Xiaoming, Zhang Xiaoxin and Chen Xiangying / 208

Abstract: In the report of 20th CPC National Congress, the General Secretary Xi Jinping pointed out that: Invigorating China through Science and Education and developing a strong workforce for the modernization drive. Skilled talents are an important force of "Made in China" and "Created in China", which strongly support the Modernization drive. Henan Provincial Party Committee and the Government attach great importance to the construction of skilled talents. Lou Yangsheng, the secretary of Henan Provincial Party Committee, put forward a construction requirement of "Everyone should have certificate and skill in Henan", and the 11th Provincial Party Congress ranked the construction as the top of the "Ten Strategies". Based on the actual situation of Henan Province, this research systematically sort out the construction background of "Everyone should have certificate and skill in Henan" through the policy research method, objectively evaluate the construction effect, and explore the problems in the construction process one by one; Then we put forward countermeasures and suggestions for the construction of "Everyone should have certificate and skill in Henan" from improving the system, adjusting and optimizing the training professional structure, adhering to demand orientation, finding out the employment needs, lifelong training evaluation, accelerating the transformation of government functions, optimizing the training subject, innovating the training mode, improve the analysis of skills training data and promote skills competitions and other ten aspects.

Keywords: Professional Skills; Talent Construction; Skill Training

B.16 Research on the Monitoring and Evaluation Index System of Talent Development Level　　　　　*Liu Qianqian* / 223

Abstract: The 20th National Congress of the Communist Party of China proposed to implement thestrategy of rejuvenating the country through science and education, and strengthen the talent support for modernization. Henan has put the strategy of innovation driven, science and education invigorating the province, and talents strengthening the province at the top of the "ten strategies", and wants to build a national important talent center. The monitoring and evaluation of talent development level is of great significance for Henan to implement the strategy of strengthening the province with talents. With reference to the talent evaluation system of other countries and advanced provinces, indicators are selected from five aspects: talent environment, talent quantity, talent quality, talent structure, and talent effectiveness. Analytic hierarchy process (AHP) is applied to give weight to the indicators, and a talent development level monitoring and evaluation indicator system is established for research. Finally, it puts forward relevant countermeasures and suggestions for Henan to improve the level of talent competitiveness.

Keywords: Talent Development Level; Talent System and Mechanism; Talent Work; A Province with Strong Talents

B.17 Research on Promoting Outstanding Entrepreneurship and Building a Team of Entrepreneurs

Research Group of Institute of Digital Economy and Industrial Economics of Henan Academy of Social Sciences / 238

Abstract: Entrepreneurs in Henan economic and social development plays an important role in economic and social development, Henan has always attached great importance to the entrepreneur talent team construction, built with distinctive characteristics, leading the regional development and enterprise matrix, outstanding entrepreneurs leading development, new generation entrepreneurs thrive, transformation of state-owned entrepreneurs reshape, private entrepreneurs, driving the industrial upgrading and economic transformation. Facing the future, Henan should focus on creating a growth atmosphere for entrepreneurs, promoting the relay innovation of Henan business, updating the concept of entrepreneurs, guiding the cooperation and development of Henan business, creating a first-class business environment, carrying forward the excellent spirit of Henan business, promoting the entrepreneurial spirit, and building a team of entrepreneurs.

Keywords: Entrepreneur; Entrepreneurship Spirit; Business Environment

Contents

Ⅳ Regional Reports

B.18 Report on Talent Development in Zhengzhou City

Zhang Kan / 250

Abstract: Talent is the most important resource for the development of a country and region, and plays a key role in scientific and technological innovation and high-quality economic and social development. Zhengzhou has always attached great importance to talent development. Especially in recent years, by fully anchoring the talent development goal, taking a new path of gathering and using talents, vigorously cultivating young talents and creating a good environment for talent innovation and entrepreneurship, the city's talent work has achieved fruitful results. The talent scale has continued to grow, the talent quality has steadily improved, the talent structure has continued to optimize, and the investment in talent capital has continued to increase The contribution of talents is outstanding. However, we should also be soberly aware that there are still some outstanding problems in Zhengzhou's talent development, such as the small total number of talents, the lack of high-end talents, and the poor talent ecological environment. Zhengzhou needs to further take the initiative and optimize services, vigorously implement the Zhengzhou talent plan and youth innovation and entrepreneurship action with more powerful measures, constantly optimize the talent ecological environment, and gather domestic and foreign talents to innovate and start businesses in a deeper and broader field, in order to build Zhengzhou into a domestic first-class and internationally famous innovation highland, advanced manufacturing highland, open highland The talent highland provides strong talent support and intellectual security.

Keywords: Talent Development; National Talent Highland; Zhengzhou City

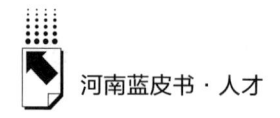

B.19 Talent Development Report of Luoyang City

Pan Yanyan / 264

Abstract: In recent years, Luoyang city has taken a series of important measures in promoting talent development, focusing on building a whole-chain and whole-cycle talent policy system, improving the scientific and efficient talent system and mechanism, gathering strength to build a youth friendly city, and building a friendly talent development environment. After years of efforts, Luoyang city's talent work has achieved remarkable results, the scale of talent team continues to expand, talent quality rapid improvement, talent carrier platform constantly perfect, talent effectiveness increasingly prominent. At present, Luoyang city must further strengthen the ideological understanding of the work of talents in the new era, build the longboard support of talents for modern Luoyang construction, and speed up the construction of a new highland of regional talents.

Keywords: Talent Policy; Talent Team Building; Talent Development Environment; Luoyang

B.20 Annual Report on Development of Nanyang's Talent

Li Yujing / 275

Abstract: This report introduces the remarkable achievements of talent work in the city of Nanyang, and summarizes its rich experience of talent gathering, work layout, platform construction, policy iteration and ecological optimization. Basing on that, the report deeply analyzes the realistic basis of its talent work in the new era, and puts forward its future development trends and prospects. In the new era, the development concept will focus on high quality and the whole life cycle, the strategic design will highlight trinity model, the system and mechanism reformation will focus on openness and integration, and the policy innovation will emphasize continuative, forward-looking and intensive. It is in the hope that all of these will provide meaningful reference for comprehensively promoting the high-quality development of talent work in the city of Nanyang in the new era.

Keywords: Talent Work; Talent Policy; Talent Ecology; Nanyang City

B.21 The Research on the Collaborative Development
of Talents in Zhengzhou Metropolitan Area

Wang Jianguo, Zhao Zhi / 287

Abstract: The collaborative development of talents is the internal requirements of promoting the complementarity and collective development of urban talents, building the regional community of talent development, and enhancing the overall talent competitiveness of the region. Zhengzhou metropolitan area has made positive progress in promoting the collaborative development of talents, and efforts still need to be made from the following aspects, such as strengthening the top-level design, promoting the mutual integration of policies, strengthening the mechanism innovation, optimizing the construction of platforms, and creating a good ecology.

Keywords: Talent; Collaborative Development; Zhengzhou Metropolitan Area

B.22 Compare on Domestic and Foreign Advanced Areas
Talent Development and Its Insights *Yan Ci* / 298

Abstract: Talent is the foundation of science and technology innovation, is the foundation of a strong country, is the decisive factor of national strength competition in the world. The world today is undergoing profound changes unseen in a century. With the new round of scientific and technological revolution sweeping the world, all countries and regions in the world are undergoing the reversal and restructuring of the economic pattern. From agricultural civilization to industrial civilization and then to post-industrial civilization, human resources have shown an increasingly important and irreplaceable advantage energy, and have comprehensively surpassed energy, capital and other elements to become the most powerful strategic resources in social drive. As a province with large population, how to realize the transformation into a province with large talents should be an urgent practical problem to be solved in the current stage of high quality social development. Exploring the veins and successful experience of talent development in advanced areas at home and abroad is of great benefit to the in-depth implementation of the strategy of talent strengthening province and the modernization construction of talent development system in our province.

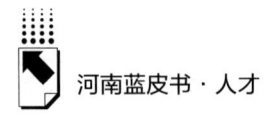

Keywords: Talent Development; Talent Resources; Talent Environment; Henan

Appendix: Milestone Events in Henan's Talent Development in the Past Extraordinary Decade / 310

社会科学文献出版社

皮 书
智库成果出版与传播平台

❖ 皮书定义 ❖

皮书是对中国与世界发展状况和热点问题进行年度监测,以专业的角度、专家的视野和实证研究方法,针对某一领域或区域现状与发展态势展开分析和预测,具备前沿性、原创性、实证性、连续性、时效性等特点的公开出版物,由一系列权威研究报告组成。

❖ 皮书作者 ❖

皮书系列报告作者以国内外一流研究机构、知名高校等重点智库的研究人员为主,多为相关领域一流专家学者,他们的观点代表了当下学界对中国与世界的现实和未来最高水平的解读与分析。截至2022年底,皮书研创机构逾千家,报告作者累计超过10万人。

❖ 皮书荣誉 ❖

皮书作为中国社会科学院基础理论研究与应用对策研究融合发展的代表性成果,不仅是哲学社会科学工作者服务中国特色社会主义现代化建设的重要成果,更是助力中国特色新型智库建设、构建中国特色哲学社会科学"三大体系"的重要平台。皮书系列先后被列入"十二五""十三五"" 十四五"时期国家重点出版物出版专项规划项目;2013~2023年,重点皮书列入中国社会科学院国家哲学社会科学创新工程项目。

皮书网

（网址：www.pishu.cn）

发布皮书研创资讯，传播皮书精彩内容
引领皮书出版潮流，打造皮书服务平台

栏目设置

◆ **关于皮书**
何谓皮书、皮书分类、皮书大事记、
皮书荣誉、皮书出版第一人、皮书编辑部

◆ **最新资讯**
通知公告、新闻动态、媒体聚焦、
网站专题、视频直播、下载专区

◆ **皮书研创**
皮书规范、皮书选题、皮书出版、
皮书研究、研创团队

◆ **皮书评奖评价**
指标体系、皮书评价、皮书评奖

◆ **皮书研究院理事会**
理事会章程、理事单位、个人理事、高级
研究员、理事会秘书处、入会指南

所获荣誉

◆ 2008年、2011年、2014年，皮书网均在全国新闻出版业网站荣誉评选中获得"最具商业价值网站"称号；

◆ 2012年，获得"出版业网站百强"称号。

网库合一

2014年，皮书网与皮书数据库端口合一，实现资源共享，搭建智库成果融合创新平台。

皮书网　　"皮书说"微信公众号　　皮书微博

权威报告·连续出版·独家资源

皮书数据库
ANNUAL REPORT(YEARBOOK) DATABASE

分析解读当下中国发展变迁的高端智库平台

所获荣誉
- 2020年，入选全国新闻出版深度融合发展创新案例
- 2019年，入选国家新闻出版署数字出版精品遴选推荐计划
- 2016年，入选"十三五"国家重点电子出版物出版规划骨干工程
- 2013年，荣获"中国出版政府奖·网络出版物奖"提名奖
- 连续多年荣获中国数字出版博览会"数字出版·优秀品牌"奖

皮书数据库　　"社科数托邦"微信公众号

成为用户

登录网址www.pishu.com.cn访问皮书数据库网站或下载皮书数据库APP，通过手机号码验证或邮箱验证即可成为皮书数据库用户。

用户福利

- 已注册用户购书后可免费获赠100元皮书数据库充值卡。刮开充值卡涂层获取充值密码，登录并进入"会员中心"—"在线充值"—"充值卡充值"，充值成功即可购买和查看数据库内容。
- 用户福利最终解释权归社会科学文献出版社所有。

数据库服务热线：400-008-6695
数据库服务QQ：2475522410
数据库服务邮箱：database@ssap.cn
图书销售热线：010-59367070/7028
图书服务QQ：1265056568
图书服务邮箱：duzhe@ssap.cn

社会科学文献出版社　皮书系列
卡号：485792275895
密码：

基本子库
SUB DATABASE

中国社会发展数据库（下设 12 个专题子库）

紧扣人口、政治、外交、法律、教育、医疗卫生、资源环境等 12 个社会发展领域的前沿和热点，全面整合专业著作、智库报告、学术资讯、调研数据等类型资源，帮助用户追踪中国社会发展动态、研究社会发展战略与政策、了解社会热点问题、分析社会发展趋势。

中国经济发展数据库（下设 12 专题子库）

内容涵盖宏观经济、产业经济、工业经济、农业经济、财政金融、房地产经济、城市经济、商业贸易等 12 个重点经济领域，为把握经济运行态势、洞察经济发展规律、研判经济发展趋势、进行经济调控决策提供参考和依据。

中国行业发展数据库（下设 17 个专题子库）

以中国国民经济行业分类为依据，覆盖金融业、旅游业、交通运输业、能源矿产业、制造业等 100 多个行业，跟踪分析国民经济相关行业市场运行状况和政策导向，汇集行业发展前沿资讯，为投资、从业及各种经济决策提供理论支撑和实践指导。

中国区域发展数据库（下设 4 个专题子库）

对中国特定区域内的经济、社会、文化等领域现状与发展情况进行深度分析和预测，涉及省级行政区、城市群、城市、农村等不同维度，研究层级至县及县以下行政区，为学者研究地方经济社会宏观态势、经验模式、发展案例提供支撑，为地方政府决策提供参考。

中国文化传媒数据库（下设 18 个专题子库）

内容覆盖文化产业、新闻传播、电影娱乐、文学艺术、群众文化、图书情报等 18 个重点研究领域，聚焦文化传媒领域发展前沿、热点话题、行业实践，服务用户的教学科研、文化投资、企业规划等需要。

世界经济与国际关系数据库（下设 6 个专题子库）

整合世界经济、国际政治、世界文化与科技、全球性问题、国际组织与国际法、区域研究 6 大领域研究成果，对世界经济形势、国际形势进行连续性深度分析，对年度热点问题进行专题解读，为研判全球发展趋势提供事实和数据支持。

法律声明

"皮书系列"（含蓝皮书、绿皮书、黄皮书）之品牌由社会科学文献出版社最早使用并持续至今，现已被中国图书行业所熟知。"皮书系列"的相关商标已在国家商标管理部门商标局注册，包括但不限于LOGO（ ）、皮书、Pishu、经济蓝皮书、社会蓝皮书等。"皮书系列"图书的注册商标专用权及封面设计、版式设计的著作权均为社会科学文献出版社所有。未经社会科学文献出版社书面授权许可，任何使用与"皮书系列"图书注册商标、封面设计、版式设计相同或者近似的文字、图形或其组合的行为均系侵权行为。

经作者授权，本书的专有出版权及信息网络传播权等为社会科学文献出版社享有。未经社会科学文献出版社书面授权许可，任何就本书内容的复制、发行或以数字形式进行网络传播的行为均系侵权行为。

社会科学文献出版社将通过法律途径追究上述侵权行为的法律责任，维护自身合法权益。

欢迎社会各界人士对侵犯社会科学文献出版社上述权利的侵权行为进行举报。电话：010-59367121，电子邮箱：fawubu@ssap.cn。

社会科学文献出版社